JN134073

こどもにスマホをもたせたら

親のためのリアルなデジタル子育てガイド

デジタルネイティブ子育ての会
デボラ・ハイトナー 著
星野靖子 訳
NTTドコモ モバイル社会研究所 解説

SCREENWISE

Helping Kids Thrive (and Survive) in Their Digital World

Devorah Heitner, PhD
Founder of Raising Digital Natives

NTT出版

ダンとハロルドへ

Screenwise: Helping Kids Thrive (and Survive) in Their Digital World
by Devorah Heitner
©2016 by Devorah Heitner

All Rights Reserved. Authorised translation from the English language edition
published by Routledge, a member of the Taylor & Francis Group LLC
Japanese translation rights arranged with Taylor & Francis Group, New York
through Tuttle-Mori Agency, Inc., Tokyo

はじめに

「うちの6年生の娘には、もう、まったくついていけません。ネットでわけのわからないオンラインツールやSNSサイトばかり見て。親として、娘のネット生活をもっとなんとかしなくちゃ、とは思ってるんですが」

「子どもがパソコンやスマホの画面を見る時間は1日1時間から2時間まで、なんてよく言われますけど、そんなにきっちり時間を決められるものでしょうか。今は毎日学校でそういうデバイスを使ってますけど、1日何時間画面を見ているかなんて、誰も把握していませんよね。放課後、家に帰ってきてちょっとテレビでも見て息抜きしたら、またすぐ宿題のために、タブレットを見なくてはならないようですし。子どもが画面を見る時間を制限するなんて、現状では、どうやっても無理に思えるのですが」

「親の私が子どもの頃は、テレビ番組の放送時間が決まってたんですよね。番組が終われば、嫌でも見るのをやめていました。最近はついネットで、フェイスブックをのぞいたり、しょうもない動画を延々と再生したりしてしまって。なんだかもう、毎日そんな生活でいいのかなって。子ども時代の生活を取り戻して、うちの子にも同じようにすごしてもらうには、どうしたらいいでしょうか」

私はデジタル世代の親を対象としたワークショップを主宰しているが、どの会でも必ず聞かれるのが、冒頭に挙げたような親たちの不安の声だ。今育てているわが子は「デジタルネイティブ」というが、それって一体何なのか？　子どもを取り巻く今の状況は、親の頃とどう違うというのか。このデジタル時代に子育てをする方法について、共通のガイドのようなものはまだない。そのため、この時代ならではのさまざまな問題について話し合おうにも、善悪の判断をしようがなくて悩んでしまう。私が「デジタルネイティブ子育ての会（Raising Digital Natives）」を立ちあげたのは、そのような状況に戸惑う現代の親や教師が安心して子育てできるようにさまざまな情報を提供するためである。「デジタルネイティブ」という言葉が初めて用いられたのは、２００１年のことだ。作家マーク・プレンスキーが、デジタル技術に囲まれて大人になっていく若い世代を指してそう呼んだ。この世代は「情報をすごい勢いで得ることに慣れている。複数の作業を抱えて同時に進めるのが好き。昔とは逆に、文章よりも先に写真やイラストを見たい。投稿したらすぐに反応がほしいし、〝いいね！〟やコメントをたくさんもらうのが何よりの喜び。〝マジメに〟こつこつ系よりゲームっぼくやる方が好き［★1］」。

このように、生まれながらにテクノロジーに囲まれて育った人を「デジタルネイティブ」と呼ぶのに対し、テクノロジー普及以前に子ども時代を過ごした人を「デジタルイミグラント（移民）」と呼ぶ。しかし、そこまできっちり分類できるわけでもないようだ。複数の研究者によると、「デジタルネイティブ（native）」は、同時に、デジタル「ナイーブ（naive）」でもあるという。ネットで目にする情報の質を判断できない人や、個人情報が第三者に利用されるしくみについてわかっていない人が、無知がゆえにだまされやすくなってしまうというのだ［★2］。

本書のねらいは、デジタル時代の現在、子どもたちが直面するさまざまな問題――時間の使い方や人や物との関係づくりなど――を親世代のみなさんに知ってもらうこと。そのうえで、私たちが大人としてこれまで培ってきた生きる知恵でデジタル世界に生きる子どもたちを支える術を親のみなさんと考えていくことにある。そういうわけで、本書でいう「デジタルネイティブ」とは、「タッチスクリーン世代」――デジタルコンテンツを消費するだけでなく、自分で創ったり発信したりすることを当たり前にこなす世代――を指す。現代の子どもはコンテンツオンデマンド、つまり「誰もがクリエイターになる時代」にいる。そういった未知の世界を生きる子どもに対し、私たち大人は、子どもが世間の荒波にもまれて「生きぬく知恵（streetwise）」をどのように授けていけるだろうか。

ここで勘違いしてはならないのは、デジタル社会のよき住人となるための知恵とは、ネットやデバイスに長けることではない、ということ。わが子は最新のテクノロジーやプラットフォームに慣れ親しんでいるようだから、ちゃんと使いこなしてるのだろう、と親は考えがちである。これこそが子を危険にさらす考え方だ。たしかにお子さんは、いろいろなアプリやオンラインサービスをあっという間に使いこなしているのかもしれないが、親のみなさんのアドバイスを求めていることには変わりないのだ。

タッチスクリーン世代の子どもたちは、さまざまな体験をする機会に恵まれている。仲間との共同作業、コンテンツ制作、完成品の共有は、これまでにないほど簡単になり、見た人から多くの反応も得られるようになった。その一方で、デジタルデバイド（情報格差）の問題は今も大きく立ちはだかり、（たとえ経済的に豊かな国々の子どもたちであっても）必ずしも全員がＷｉ－Ｆｉやタブレットに自在にアクセスできるわけではないという現状がある。それでも親や教師としては、今デジタル端末を利用している子どもが、スマートフォンやタブレット、交流型ゲーム、さまざまなアプリやＳＮＳに備わる多彩な機能を上手に使いこなしていけるよう、その方法を探っているところだ。

アメリカ、カナダ、イギリスなどの国々では、タブレット端末が広く普及しており、赤ちゃんほどの小さな子でも利用しているのが現状である。世界規模の子ども関連ビジネスの研究機関デュビット社の調査結果によると、3歳から4歳には、数あるアプリの中から自分好みのものを選べるようになり、5歳で動画の作成や写真の撮影方法がわかるようになるという。コンテンツを消費するだけでなく自ら創り出す子どもが急激に増えているのだ。これはかなり大きな変化といえるだろう。リモコンでテレビ番組を選ぶことや、オンラインで見たいコンテンツを選ぶこともひとつの変化にちがいないが、自分でコンテンツを創り、それを公開できるようになることは、まったく別の話なのだ。

この変化し続けるテクノロジー世界で、デジタルネイティブの子どもたちが生きていく知恵を授けることがなぜそれほど重要なのか。今何が、問題となっているのか。

●**関係性**　最近はデジタル世界で人とつながる機会がますます増えている。ではあなたのお子さんは人間関係の達人？　まったくの素人？　それともその中間あたり？　デジタル世界で人とうまく交流して人間関係を築くスキルは、きちんとした評価基準で人を見る目があってこそ。その評価基準は、親のあなたが手本となって示していける部分なのだ。

●**ネットでの評価**　投稿やツイート、シェアするごとに、あなたのお子さんは自分をさらけだしている。たとえ本人が、いつもと違う自分を演出しようとしていても。それは綱渡りみたいに危うい行為だし、いつ足を踏み外したっておかしくない。どうにか渡り終えたとしても、来た道をもう一度渡り直すなんて到底無理な話だ。

●**時間管理**　デジタルの世界には無限の時間が流れている。どこでどんな時間を過ごすか、適切に選ぶのは、これまでになく大変になっている。相談相手や手ほどきがなくては、子どもは白ウサギを追ってネットやSNSという「不思議の国」へと入り込み、そこで過ごすうちに子ども時代のかけがえのない時間をごっそり失ってしまうことになりかねないのだ。

今の子どもを取り巻く環境は、親の時代とはまるで違う。その環境に対する決まりごとも、おそるべき速さで変わり続けている。子ども自身や親がそうとは気づかなくとも、子どもが大人の助けを必要としていることはたしかだ。子どもには「世の中をうまく渡っていくための知恵」(streetwise) と同じくらい、「デジタル世界で生きる知恵 (screenwise)」を備えた人になってほしい。そのために必要ないろいろな知識や技を身につけられるかどうかは、私たち親や教師たちにかかっているのだ。そういった知識や技を学ばないことには、子どもは現在、そして将来のデジタル世界で、きっと苦労するはめになる。

デジタル世界を生きる知恵とは、操作や機能の話などではない。キーボードの使い方やプログラミングのやり方を教えようというわけでもない。アプリや端末の使い方なんて、やり方を知って練習すれば、誰だって身につく。本当の意味でデジタル世界で必要な知恵とは、さまざまな人やものとの「関係性」を身につけること。人や物とのつながり。信頼関係。そして両者のバランスを取ることなのだ。

ほんのちょっとした工夫が大きな違いになる。その「ちょっとした」が難しい。ソーシャルメディア研究家のアレクサンドラ・サミュエルが実施した調査によると、親に相談し、アドバイスを受けた子ほど、デジタル世界でトラブルに巻き込まれるケースが少なくなるという[★3]。そして、この調査結果は、これまで筆者自身が、多数の親子と毎週対話をするなかで得た結論と一致していることを言い添えておこう。サミュエルが重要だとする「ちょっとした」コツとは、「オンラインのコミュニケーションならではの、目に見えない相手について理解すること」、「さまざまなサービスやサイトでのルールやマナーを知ること」、「安全かつ責任ある行動」などだ［★4］。どれも難易度が高いうえ、大切なことばかりだし、大人にだって身についていない部分が多い。文の行間を読み取る方法、過剰にならず落ちついて対応する方法、自分の判断が誤っていないか確認する方法、そしてこの超ハイスピードな世界で責任やプライバシー、安全性について理解できるよう、背景知識を活用していくコツ。それらを子どもに教えるのはかなり大変だし、時間もかかるだろう。

技術などのしくみやデバイス、アプリは変化し続け、これからも進化していくだろう。でも、親から子へと伝える、人との上手なつきあい方や時間の上手な使い方は、たとえ最新の超人気アプリがいつか廃れて、別のものに代わっても、いつまでもずっと子どもの支えになるものなのだ。

本書は、大人のみなさんが子どもと対話していくためのさまざまなヒントを提供する目的で書かれている。お子さんがネットやSNSで問題に直面した時に、よき相談相手となり、お子さんを支えてあげられるよう、ぜひ本書を活用してほしい。さらに、大人のみなさん自身の人間関係やテクノロジーとのつきあい方について振り返るきっかけとなれば幸いだ。お子さんにとって、デジタル世界を賢く生きる知恵を見せてくれる最良のお手本となるのは、みなさん自身であるということを、どうか忘れないで。

目次

5 〈共感〉という名の必携アプリ——124

6 デジタル時代のリビングルーム——158

7　デジタル時代のトモダチと恋愛――199

8 デジタル時代の学校生活——246

9 「公開」設定の子どもたち デジタル時代に大人になること――276

1　デジタル時代の子育て

みなさんは、今どきのネット世界にどんな印象を持っているだろうか。家庭生活をすっかり侵略されてしまったみたい？　親しい仲間の食事会に、知らない人がひとり混じったような感じ？　できれば古きよき「あの頃に戻りたい」なんて思ってる？　暮らしがどんどんデジタル化していって、もうスマホがない時代は思い出せない？

今や親世代だって、仕事で年中テクノロジーを使っている人は、仕事を離れたプライベートな時間の確保に苦労するし、家庭生活への影響が気がかりになるときもあるくらいだ。家族でボードゲームやドールハウスで遊んだ日々が懐かしい。あの頃、世の中はもっとシンプルだった。テレビだってそうだ。アメリカの一般家庭に今も昔も当たり前にあるテレビ。今のテクノロジーと比べれば、扱いはずっと楽だった。

家庭にやってきたテクノロジーの先駆けはデスクトップのパソコンだった。でも、それが家庭の必需品になりはじめたばかりの頃は、家の目立つ場所にでんと置かれるのがふつうだったので、とりあえず子どもが画面に向かってしていることには目が届いていた。その後ノートパソコンが登場し、自在に持ち運べるようになると、幼児や小学生（そして中高生）が親の目の届かない場所で使えるようになり、だんだん宿題などそっちのけで画面に向かうようになっていった。そして今は、自分専用のスマートフォンを持つ子も多い。つまり、四六時中インターネットと一緒にいるのだ（使い方はピンキリだけど）。それに学校によっては、宿題や授業用として生徒にタブレットやノートパソコンを貸与したりする。そして、残された親たちはハタと気づくのだ。至るところに存在するテクノロジーが、子育てや家族の日常の中で、すっかり存在感を増していることに。親の中にはポケベルや携帯電話に囲まれて育った世代もいるが、そんな親たちでさえ、最新のソーシャルメディアやゲームが、これまで経験したことのない新たな子育ての問題を生み出していると気づいている。

そういった問題に取り組むには、どこから手をつければいいのか。まずは家庭生活の風景から、その全体像を見てみよう。

家族とテック——好奇心、共感、創造性

本書の内容は、読者のみなさんが親子で情報リテラシーを育んでいくきっかけとなるもの。それ

は決して、デバイスやアプリをバリバリ使いこなす達人を目指そうという話ではない。自信を持ってお子さんの相談相手になってほしいというねらいだ。本書を通じてみなさんは、最新のテクノロジーの可能性、そして危険性について知っていくだろう。また、お子さんがネット上のつながりで経験するさまざまな感情についての理解が深まり、お子さんにアドバイスしてあげられるようになるだろう。さらに、他の親同士とこの問題について本音で話し合えるようになれば、みなさんの家族はもちろん、他の親たちにとっても役立つ話が得られるようになる。というわけで、さっそく本題に入ろう。

デジタル時代にバランスの取れた生活を送ろうとすると、時に私たちは、なにかと気を散らすネットという存在から家庭を守らなくてはならない。筆者の家族では、何を隠そう私自身がネットに気を散らされている張本人である（そしてきっと多くの親御さんにも当てはまるはずだ）。私は、保護者や教師に子育て情報を提供する「デジタルネイティブ子育ての会（Raising Digital Natives）」を設立し、その代表を務めている。朝から晩までソーシャルメディアに投稿し、メールに対応し、ブログ記事を書き、その他毎日いろんな作業を休みなくこなしている。とは言え、私のような自営の事業主だけでなく、組織で働いている人にとっても、家庭と仕事をきっちり分けるのはやはり難しいものだ。現代の親は、以前と比べて同僚や取引先と連絡が取りやすくなっている。職場にいなくても、子どもたちと過ごしている時であっても、どこからでも仕事の連絡が取れるのだ。早朝や深夜にまで仕事のメールチェックに追われるうちワークライフバランスを失い、家庭生活の崩壊につながるおそれもある。それに、これはみなさんにも身に覚えがあると思うが、メールやツイッターに向かうと、なんだかほっとする。子どものおやつに宿題、流しにたまった食器などなど、リアルな家庭生活で身も心もボロボロな状態に比べたら、ね。

もちろん、ネット上のつながりは家族の生活にメリットをもたらすものでもある。離れて暮らす家族や親類とだって簡単に交流できる。しかし一方で、テクノロジーが家族をばらばらにしてしまう面もある。SNSやスマホを研究するシェリー・タークルの言葉「つながっているのに孤独」[★1]を聞いて、家族関係の崩壊のことを指していると感じた方もいるのではないだろうか。

私たち大人は、ネットに公開する内容を、家族の立場で考えなくてはならない。家族同士で何を見せ合うかだけでなく、家族の話題を外部に公開する時もだ。かつてはどのご家庭にもあった、家族の写真アルバムが、今はすっかりソーシャルメディアに移行した、という人はみなさんの中にもけっこういるはずだ。もはや写真をプリントしたり、それを誰かに配ったりする機会などほとんどない。では、ネットに子どもの写真をどれくらい投稿していいのか。親が子の写真を公開することについて、当人の気持ちを聞いたことはあるだろうか。今はそういった事柄に気を配る時代なのだ。なかには、わが子の写真や近況をひっきりなしにシェアする親もいる。その際によく考えなくてはならないのは見せる相手——もっとくわしく言うと、今日のネット世界におけるさまざまな公開先の設定だ。公開にあたり、お子さん本人に承諾を得る必要だってある（ええ、冗談ではなく）。本書後半では、わが子に公開許可を取ることが、将来子ども自身がソーシャルメディアを賢く使いこなすための準備につながるという点についてくわしくふれていく。

今日の子どもはコンテンツを消費するだけでなく、自らメディアを創り出している。子どもが作成し、発信したコンテンツを見ることで、親も子どもの世界やカルチャーを理解できる。親が興味を持てば、子どものデジタル世界への理解が深まるし、その中で子どもが日々感じる喜びや失敗をわかることもできる。親が共感すれば、子が失敗し、そこから立ち直る方法を学んでいく際に手を貸してあげ、ネットの交流でトラブルが起きたときにも、それに立ち向かう心を育んであげられる。本書では、子どもの創造力と親のみなさん自身の力を生かしながら、日々ネット生活で直面する問題に親子で取り組むための、実践的なアイデアをご紹介したい。

子育ての悩み

ではここで、今日のネット世界における子育て環境について考えてみたい。私たち親世代が育った時代はテレビに電話、それに、デスクトップパソコンがあるかないか程度だったが、常時ネットにつながっている環境にある現代の子どもは、当時と比べて、テクノロジーやデジタル生活に関する判断を試される場面が増えている。かつて私が大学を受験するとき、入試の出願書類の作成に、当時家にあったコンピュータ（Apple IIe）を使い、文書処理のすばらしさを初めて知った（それまで宿題はタイプライターですませていた）。でもその頃は、インターネットの邪魔が入る心配はなく、気が散る要因といえば友だちからの誘いだったり、せいぜい読みかけの小説やテレビ番組くらいだった。今の子どもは、宿題しようと席に着いても、集中を妨げる誘惑が周囲にあふれ返っている。そのような誘惑をうまくあしらい、やるべきことに集中し、さっさと宿題を終わらせるノウハウを大人から教わらなくてはならない点は、どの子どもにも共通していえるだろう。

また、子どもが親の知らないソーシャル世界に接していることに悩む親御さんもいるだろう。こういうとき、子にアドバイスをしたくても、親のこれまでの人生経験がまるで通用しないと考えてしまう方がいるのではないだろうか。だって、(1)子どもがいる世界はまるでどこか知らない異国のようだし、(2)すごいスピードで変化するからついていくのは大変だし。

画面に向かう時間ルールはどうだろう。わが家のルールが長いのか短いのか、つい他の親と比べたくなる。ルールのとらえ方は家庭によって本当にさまざまで、長くても短くても、間違っているような気になってしまう。人によっては放任しすぎと思われるかもしれないし、厳しすぎる、もっとおおらかに、と言われるかもしれない。そういった他人の評価が気になるために、親同士でオープンに話し合う状況から遠ざかってしまう。親同士の情報交換という絶好の機会を有効に活用しなくてはもったいない。私が本書を著わし、子育てプログラムを主宰する主な目的は、親同士がデジタルネイティブの子育ての喜びや悩みについて、もっと心を開いて本音で話し合う場を作ることだ。本書によって、みなさんがお子さんとの対話のきっかけを見つけ、さらにみなさんのパートナーや、一緒に子育てをする方、お子さんと接する教師や保育士、そして周りの親友たちとの対話のきっかけとなることも願っている。本書をお読みのみなさんは決してひとりではない。私自身もデジタルネイティブを子育て中だし、一緒に悩みを解決していきたいと思っている。

周りの親同士でもっとオープンに話す機会を持てば、子どもの世代感覚がもっとよくわかるようになり、それに合った対策が取れるようになる。また、心を開いて話ができる場所に身をおいて、互いに力になろうという純粋な気持ちを持った人同士が話し合いをすると、実に興味深い本音の意見がたくさん出てくるものだ。周りの親とまだ打ち解けていない人は、まず、こんな風に切り出してみてはいかがだろう――「最近はなんだか新しいテクノロジーだらけですよね、もうほんと、どうしたらいいのか……子どもにルールっていっても何から手をつければいいんでしょう。みなさんはどうしてます？」。こんなふうに話しはじめることが、本音トークのきっかけになるだろう。

もうひとつ、私がしょっちゅう耳にするのは、親が最新テクノロジーをわかっていないと、子が仲間はずれになってしまうのでは、という悩みだ。この悩みには2つの側面があって、ひとつは「今度出る新製品」の情報を知らなければならないということ、そしてもうひとつはそれを購入するということを気にしなくてはならない。たとえば3年生のお友だちが、何かのデバイスやアプリを持っていたら、わが子にもそれを「買わなきゃならない」という気になってしまう。それはおそらく、お弁当のおかずとかふだん履かせる靴などと同じで、「みんなと一緒」でなければならないような気にさせられているからだ。しかし、スマホやタブレット、ウェアラブルデバイスなど、ネット接続デバイスの購入には、弁当や靴よりも大きな決断が必要になる。わが子に全世界への扉を開く道具を与えることになるからだ。わが子にその準備ができているか、よく確かめたうえで買い与えたいものだ。

地域性や近隣との関係で、みんなと同じ「最新のもの」を持っていないと居場所がないという場合、わざわざその流れに逆らうことは勇気がいる。しかし、そのような地域にだって、きっといるはずだ。ごく質素な誕生日パーティを開いたり（プレゼントの持参も不要だったり）、人に見せびらかすために親や子ども用の最新機器を買ったりしないような人たちが。そういった人たちを見つけて仲間になろう。6年生くらいのお子さんになれば、話してわかるようになるだろう。最新機能満載の新商品ガジェットを手に入れるのが、なぜ家族の価値観に合わないのかということを。

ここで問題となるのは、金銭面のリテラシーだ。小中学生のうちは、いろいろな商品の値段を正確にわかっていなかったりする。欲しい物の値段と、自分の小遣いやベビーシッターのアルバイトの時給を結びつけられるようになれば、安易にそれを買いに走ることができない理由もすぐにわかるようになる。

一台のデバイスは、家族の予算内で購入した単なる一商品にすぎないが、そのデバイスでできること――メールの送受信やインターネットサイトの閲覧――については、いつからでも子どもに始めさせてよいわけではない。子の年齢によっては、買う買わないどちらを選ぶにしても、「かなり」決断に苦労する時期がある。子どものお友だちが何かデバイスを持っていてそれをソーシャルに活用しているとしたら、子どもをなんとかそこから遠ざけるのに苦労するだろうし、かえって親に負担がかかる（たとえば「あなたの」携帯をお子さんに貸してメッセージを送らせてあげるなど）。とはいえ、子ども専用のデバイスを与えることはやはり大変だ。そのデバイスのベストな使い方について常に話し合わなくてはならなくなるからだ。現実を甘く見ない方がいい。デジタル時代に小学校高学年から中学生の子どもを育てることは、それはもう大変なのだ。

もうひとつ別の話。お子さんがとにかくあっという間に大きくなってしまう、といって心配する親御さんの話もよく聞く。子どもにそんなに早く大人になってほしくないと願う親心のせいもあって、よけいにそう感じる。実際の話、ソーシャルメディアやメッセージは、お子さんを数々の影響にさらす存在でもある。一方で、より低年齢の子ども（9歳から10歳程度）だと、「小さい子」のいたずらをパソコンやスマホでやりたがる。リアル生活でいうと、お人形に最新のバリギャルファッションを着せてみたり、トイレで大をした後の「事後写真」を撮ったり、といったことだ。子の成熟段階には個性があり、わが子が常に世間の9歳と同じであるとは限らないものだ。だから私は、子どものそういった行動（特に後者）にショックを受けた親や教師に対し、オフラインの精神年齢もあわせて考えるようアドバイスしている。子どもはしょせん子ども。デバイスを使っても本質は変わらないのだ。

お子さんにテクノロジーについて助言するため、親としてもっと積極的に関わっていこうと考えるなら、あなた自身がテクノロジーの賢い使い方のお手本を見せていくのはどうだろう。たとえばネットを遮断する時間を意識して作ったり、トラブルを修復する方法を教えてあげたり。親としては、お子さんがネットゲームやグループチャット、ソーシャルメディアで仲間と交流するなかで、怖ろしい事態に巻き込まれないよう見守ってあげたい。そうした場でのトラブルを修復する方法は、大人の私たちでもどうすればいいか、わからなくなることもある。しかし、トラブルは必ず起きるものだ。デジタルの安全性について研究する専門家が口をそろえて言うのは、デジタル世界でのトラブル修復は、チューブから出た歯みがきを元に戻そうとするようなものだということ。なんでもさわりたがる乳児期の子育てを経験したみなさんなら、きっとわかるだろう。一度出てしまった歯みがきは、もはやチューブの中に「おかたづけ」はできないが、外に出ちゃった以上はとにかくキレイにしなくちゃ、ね？

子どもの気持ち――親だって見られてる

親にとって子育ては困難の連続だ。しかし子どもにとっても、この未知の世界が生活に及ぼす影響は大きい。ここでちょっと視点を変えて、子ども側の気持ちを見てみたい。次に挙げる「親たち向けNG集」は、小学5年生が「親の」みなさんのテクノロジー利用についての感想を集めたものだ。

- 運転中ずっと黙ってるの禁止。――うちの母さん、運転中にヘッドフォンして、家に着くまで車の中でひと言も話してくれない。あれ、ほんとイヤだ。
- テレビを大音量で見るの禁止（夜遅く見るのも）。うるさくて眠れない。
- お母さんの運転中、代わりにメッセージを送らされるのすごくイヤ。
- 親がフェイスブックに無断でわたしの写真を投稿するの、やめてほしい。
- 通話は30分までと制限時間を決めてほしい（「たまに叔母さんと2時間も話しこんでるし！」）

● 「あと5分だから」とか言いながら、通話（やメール）を2時間も続けるの禁止。

子の成長につれ、親の時間が奪われることはだんだん少なくなっていくが（親は相変わらず必要とされるにしても）、その分、子は親の恥ずかしい行動を気にするようになる。中1（米国の学校制度では日本の中学にあたるミドルスクールの7年生。州によって異なるが学校制度は小学5年・中学4年・高校3年、あるいは小学5年・中学2年・高校4年が一般的）の女の子たちは、母親が「セルフィー」などの若者言葉を使ったり、「LOL」（爆笑　laugh out loud）「BRB」（すぐ戻るね　be right back）のような略語をメッセージに使うのが恥ずかしくてたまらないと語ってくれた。

私は幼児・小学校低中学年のほか、小学校高学年から中高生グループを対象としたワークショップや実地調査を通じ、子どもたちのさまざまな声を聞いている。本書では、そんな子どもたち側の意見もできるかぎり紹介していく。なかには、親や教師に語ることのない、私にだけ打ち明けてくれた本音もあるのだ。

親の心配事

私は、米国内外各地の学校で、親を対象としたワークショップを開いているが、その中で必ず耳にするのは「子どもが画面に向かって何をやっているか」が心配という親たちの声だ。たとえば子ども部屋に入ったとき、10歳前後の子とその友だちが画面を覗き込んでいるような状況である。

「うちの子、ネットのソーシャルスキルなんてぜんぜんないと思います。ゲーム中毒かもしれません。いろんなSNSやチャットをやって、勉強やほかのことに集中できなくならないでしょうか。エッチな写真とか撮ったりしてないでしょうか。エッチな画像の情報を仕入れたり、友だちからエッチな画像が送られてきたり何にも知らない純粋なうちの子がいろいろ知ってしまって。ネットいじめしてないでしょうか。ああそれかまさか、いじめられる側だったりして。ブラックメール（脅迫メール）を受け取ってるかも。とにかくネットで子どもが何してるかなんてぜんぜん知らないけど、もうとにかく心配で心配で」……こういった親の心配が、子どもにデジタルデバイスを使わせる際の先入観になっているのだ。

▼子どもの対人スキルは悪化している？

親の目に映る光景はこうだ。子どもは画面に釘付け、まったく受け身の状態。デバイスを握りしめ、ゲームかなにかのアプリに食いついている。1時間（かそれ以上）があっという間にすぎ、その間、身動きひとつしない。他の世界は完全に遮断された状態。子を引き離したいのはやまやまだが、親子関係がダメになるかもしれない覚悟を背負うことにもなる。

親の心配は尽きない。わが子がそのうちデバイス中毒になってしまうのではないかという相談をよく受ける。わが子が社会から断絶して、リアル友だちもなく、孤独で、不健全な大人になってしまうのが怖いのだという。そしてデバイスを使うほど、わが子のソーシャルスキルが悪い方に向かっていくのでは、と不安に感じている。

こういった不安こそが、子が親をこれまで以上に必要とする理由なのだ。今どきの子どもを取り巻く世界がますます複雑になっていくなか、子どもに対人スキルがもっと必要かもしれない、と気づかせてくれる要因が、まさにこのテクノロジーの存在なのだ。

▼子どもの見守りはどうなっている？

今どきの子どもは、親の目がすぐそばにある環境で過ごす時間が長くなり、逆に、暗くなるまで外で遊ぶ時間がかなり短くなっている。親は子のネット生活にいっそう積極的に関わり、管理するようになっているのだ。ただし、ある程度の年齢になるまでだ。中学に行くようになると、子ども同士で悩みを解決したり、いろいろな問題に取り組む機会がぐっと増え、親があまり積極的に関われなくなってくる。親の監視下で遊ぶ期間を卒業し、ソーシャルに独り立ちする時期へと移る（「はいこれ、あなた専用のスマホ。お友だちと楽しくメッセージのやりとりしてね」）、この移行段階は、あまりに唐突であり、そのうえ小4から中2くらいの子ども特有の思春期と年齢特有のさまざまな変化も手伝って、陥りがちな罠がごまんとあるのだ。しかもこのような段階にある子どもは、少しずつ慣らしていく段階もなく、自転車でいう補助輪期間や大人からの助言もほとんどないままに、いきなり親の監視下を卒業して、自分のデバイスでソーシャルライフデビューを飾ってしまうのだ。

しかし、悪い話ばかりではない。子どもに必要なソーシャルスキルを教えてあげる方法はいくらでもある。私たち親の時代には、「ごく自然に」「成り行きで」人づきあいをするやり方で育ってきたが、そのやり方では、人づきあいが苦手な子や、さまざまな社会的問題を抱える子が自立できないまま取り残されていた。どんな特性の子にも、みな同じように社会性や人間関係スキルを教える必要があるという考え方は、近年学校のカリキュラムで大きな比重を占めるようになっており、その結果、対人関係が元々苦手な子であっても、より上手な友だちづきあいができるようになってきた。そしてテクノロジーを使った交流も実際に役立っている。いずれにしても、社交性の高い子を含むほとんどの子には、デバイスがもたらすソーシャルな関係とうまくつきあっていくために手を差し伸べる必要がある。

子の思春期に、これまでになかった悩みに直面するのは、どの家族も同じ。しかし、親には子を導いていく力があり、子がテクノロジーをしっかり使いこなせるよう助けてあげられると私は信じている。デバイスのせいでネガティブな発言がエスカレートするおそれもある。あるいは、親の時代にはなかったようなコンテンツを発信しているために、単に子の言動がいっそう大人の目につくだけなのかもしれない。とにかく私たち大人は、子どもが健全にデバイスを使っていけるよう、前向きな言動や振る舞いを教えていきたい。それを子どもが身に付ければ、テクノロジーは子どもの生活に――そして親の生活にも――、プラスの効果をもたらすだろう。

▼子ども同士の「事件」は増えた？

ソーシャルネットワークデビューしたばかりの小学校中学年から中高校生の子が、感情の高ぶった状態にあることを、多くの親が認めている。自分専用のデバイスやＳＮＳアカウントの有無に関わらず、思春期へと移行する時期になると、たいていの子どもは仲間と自分を比べたり、仲間の中で疎外感を感じるようになり、そんな頃決まって子ども同士の「事件」が起きるものだ。もう少し下の年齢でも、いわゆる「事件」というほど複雑ではない、軽いケンカ程度のものにせよ、ゲームをプレイ中にちょっとしたいざこざが起きる場合がある。デバイス自体はそれを引き起こす原因ではないが、事をこじらせる存在であることはまちがいない。

なんでも「事件」に結びつけたがる年頃――それに性格――というのはある。みなさんの周囲にも、職場の同僚や大人の友人でなんでも首を突っ込みたがる人がいるのではないだろうか。人との衝突や「事件」は、生きていくうえで避けては通れないもので、それをどうあしらっていくかこそが大事なのだ。親のみなさんは、お子さんがその「事件」を経験のひとつとして楽しんでいるか、あるいはうまく回避し、スルーできているかを探りたいだろう。もしお子さんが、今まさにその渦中にいるなら、相手にズルやいじわるをせず、誠実な態度で接するようお子さんを指導するチャンスだと思えばいい。しかし、その「事件」によってお子さんが孤立したりつらい思いをしたりしているなら、親がもっと積極的に関わって、お子さんを問題から切り離すために手を差し伸べる必要がある。

デジタル時代における「ソーシャル世界の事件」については、本書でのちほどくわしく述べていくが、現代の子が生み出す事件例をいくつか挙げてみよう。

- 友だちのケータイを取り上げて、下品でくだらない内容のおバカなメッセージを勝手に送る
- わいせつな画像をシェアする
- 根も葉もない噂を広める
- 友だち同士の仲をわざとこじらせるようけしかける
- 誰かがフォローをやめたことを「さりげなく」教えてあげる
- 匿名のサイトで、実在の人について匿名で質問をする
- SNSサイトのコメント欄でもめごとを起こす
- グループチャット中に、特定のメンバーを指して、「グループから抜ければいいのに」と遠回しにほのめかす

もしこのような行為がお子さんのストレスになり、生活に悪い影響をもたらす要因になっているなら、お子さんを助けることを考えていいだろう。別のコミュニティや、ボーイスカウト／ガールスカウトなど健全な若者のグループに参加させてもいいだろうし、ネットから離れたっていいだろう。オフラインの時間を意識的に作り出せば、毎日ネットのトラブルにまみれてボロボロになった心も癒やされる。基本的に私は、テクノロジーを積極的に活用する考えだが、だからといって、年中無休でネット漬けになるべきとは思っていない。休息は大切だ。それでリセットできることもある――子どもに限らずだ。

まずはお子さんに聞いてみよう。グループチャットやSNSでいじわるな目にあっていないか。お子さんの話を聞いていちいち驚いてはいけない。トラブルはあって当たり前だ。何より大事なのは、おおげさな反応をしないこと。本書ではそういったトラブル例を多数挙げ、親としての対処方法を紹介し、さらに第三者の支援を依頼すべきタイミングを、みなさん自身で判断できるようになればと願っている。

子どもはプライバシーをわかっていない？

親御さんからよく聞くのは、最近の子は「プライバシーってものをわかってない！」という声だ。実際はそうではなくて、今の子どものプライバシーに対する考え方が、親の私たちと違っているということなのだ。現代の若者は、昔とはまるで違った「オープンな」環境で暮らし、「公開（パブリック）」という概念の下で、自分についての出来事などを発信している。この件について私は、こう強く言いたい。親が、最近の子のこういった特性について批判的な見方をすれば、子の相談相手になるための絶好のチャンスを逃すことになる。それよりも、現実としっかり向き合うことで、子がプライバシーをもっとうまく管理できるよう助けてあげたいものだ。

今は若者同士、そして多くの大人同士の間で、「シェアする」という文化がすっかり定着しており、それ自体をなくすことはちょっと考えられそうにない。私たちが目指すのは、プライベートとパブリックを自分できちんと線引きできるよう、子どもに手を差し伸べること。それに、なんでもかんでもシェアすることがいかに危険かを教えることだ。発信する内容に責任を持ち、慎重になることを、親としてわが子に伝えてあげなくてはならないのだ。

●子どもにとってのプライバシーとは

子どもたちはよくわかっている。自分がSNSにアクセスしていることが公開の場にさらされていることを。私が実地調査で接する小学校中学年から中高校生の子どももみなそうだ。ただし、そのアクセス方法は私たち大人とは違っている。子どもはプライバシーの「作成」にあたり暗号を使う。仲間内だけにわかる間接的な表現を用いるのだ。そうすれば、一定のプライバシー――少なくとも子どもの考えるプライバシー――を保ったまま、公共の場でも友だち同士で交流できる。それでも、子どもは「非公開」の存在になりたくない。仲間に気づいてもらい、反応してもらいたい。いつのまにか存在を忘れられてしまうことは、子どもにとって何より避けたい事態なのだ。

私は、中学生を対象として、ある練習問題に取り組んでもらっている。次々に問題を出題し、それがプライベートかパブリックかを答えてもらうのだ。子どもたちの反応は内容や年齢によってさまざまだ。たとえば、両親の離婚といった家族関連のニュースをどのように扱うか聞いてみた。ほとんどの子どもは、もし自分の友だちの両親が離婚することになっても、その友だちは仲間に情報をシェアすべきでないという。もし友だちが家族の話題を本人たちが納得しないままにシェアしたなら、その子の家族が怒るというのだ。ただし、多くの子がこうも続けた。「そんなのたいした話じゃないし」。もしくはこんなことも言っていた。「僕は知らせてほしいと思う。そうすれば友だちの力になってあげられるから」。このような回答からも、子どもによって考え方はそれぞれ違うことがわかる。

●安全性かプライバシーか

多数の子どもとの対話に基づく私の仮説では、ポスト911時代の子どもは、プライバシーよりも安全性を重視する。これは中高校生からよく聞く話だが、仮に政府が個人情報を監視していたとしても一向にかまわないという。「隠すものなんてなにもない」からだそうだ。それに彼らは、お気に入りの店やブランドが自分の好みを把握していてもキモいとは思わず、むしろ便利だと思っている。

この利便性こそが、人がさまざまな個人情報をやりとりする理由であり、ふつうはそれで問題ないということは、子に教えておこう。そのことの是非について、くわしい議論はここではしない。ただし、子どもを犯罪から守るため、親としては、そういった情報の悪質な面を知っておくべきだ。それは今すぐ知っておくべきことなのかって？　その通り。子どもが一定のプライバシーを望んでいるのはたしかだが、そのプライバシーとは親の感覚とは別物だからである。しかも子どもにとってのプライバシーとは、親や教師、あるいは仲間に内緒で何かをすることだったりするからだ。

▼ずっと消えない記録を作っている？

「うちの子、中1の時におバカな投稿をしてしまったんですけど、将来困ったことにならないでしょうか」。これもよく聞く親の心配事だ。おそらくそこは心配不要だが、たしかに、ネットで発信した情報が長時間世界中の人の目にされるのは心配の種になる。ひとつひとつの投稿が公開され、長く記録されることを、私たちはよく考えなくてはならない。そう聞いて、投稿する手が一瞬止まった人もいるのでは。

こういったデジタルプライバシーに関して、学校の対応方法は千差万別であり、学校ではちゃんと教えてくれないと思っておいた方がよいだろう。ネットで軽率な行動を取った際にどう対応するか、その方法は私たち自身で考えなくてはならないが、今のところこれというやり方は決まっていない。18歳になる前の投稿は、少年犯罪歴と同様に、抹消されるのならば安心かもしれない。それがかなわないなら、せめて子ども時代に投稿した内容を軽くスルーしてくれればいいのだが。第9章では、子どもが公共の場にさらされたとき、現実的にアドバイスする方法を述べる。子どもが幼いうちは、親が投稿する子どもの写真などがネットに残る記録になる。投稿や公開する内容について、親自身が真剣に考えるべきだ。そして子が少し大きくなったら（6歳から8歳くらい）、SNSに子の写真を投稿する際には、事前に本人の許可を得るようにしよう。それより下の年齢であっても、子自身が写真掲載に反対したら、子の考えにしたがうべきだろう。

▼いじめのリスクは高まっている？

いじめというものは今に始まったわけではなく、はるか昔、子どもの遊び場が誕生して以来ずっと存在してきた。子どもはしょせん子ども、時には一線を越えて危険な行動に走ることもある。いじめそのものは昔からあるが、テクノロジー時代の最新事情が加わった今、その手口はこれまでにない形に変わっている。そして私たち親（そして教師）はそういった新たないじめの形態を知り、その対策を考える必要がある。

まず、子どもがふつうに傷ついているのか、深刻な状態にあるのか、その違いに気づいてあげなくてはならないのは、実世界とまったく同じだ（具体的な問題は第6章参照）。では危険が増すタイミングをどうやって知ればいいのか。そこは、親として自分の直感を信じること。いじめの度合いとは別に、いじめの頻度は、その問題を重要視すべきレベルになっていることを知るひとつの目安になる。わが子がしつこく責められているとか、脅しやブラックメールといった問題があるなら事態はきわめて深刻だ。親子が一緒になって問題解決に向けて懸命に取り組まなくてはならない。

その際、親の私たちは子どもに対し、どのタイミングで助けを求めるべきか、はっきりとガイドラインを示す必要がある。子ども同士でブラックメールを送りつけたり、相手を脅したり、さらにもっとひどいことをしている話はいくらでもある。親の私たちは、子どもが脅しを受けたり、何かを強制されたりしたときに、親に安心して助けを求めてこられる状態にしておきたい。誰かがあなたを傷つけようとしたら、いつでも助けになるよ、と日頃から子どもに伝えておこう。子が知るべきは、親の助けは無条件であるということ。たとえ子がルールを破っているときや、親に禁止されているSNSを使っているときであっても、子どもの安全が第一であり、それは誰にも侵されないということ。いじめっ子や虐待者の脅し文句は決まっている。「お前がやってることを、お前の親に言うからな」。でもそんな脅しは通用しない。親がいつでも助けてくれると子がわかっていれば。

もちろん、ルールを作ったり境界線を設けることは、親のあなた次第だ。子ども同士のいじめやいやがらせ行為といった問題に対処するといっても、それを取り締まる学校や地域の法や条例、規制などない。今起こっているいやがらせに対し、あなたにできる重要なことのひとつは、わが子といやがらせ行為をしてくる子との関係を断ち切ることだ。それによって子の安全は保たれるが、当のお子さんには、あなたに叱られて、罰としてお友だちとの関係を切られたと思われるかもしれないということをふまえておきたい。

親がいじめやいやがらせに気づいても、子どもはその状況をいじめやいやがらせとは気づかない場合があることも知っておこう。たとえば「これを誰かにばらしたら……」とは、よくあるわかりやすい脅し文句だ。それを子どもに説明すれば、子は自分に人権があることや、そういった行為は挑発的で、即効中止されるべきだということを知るだろう。

おそらく子どもは、そういった「事件」のもめごとをうまく処理できるけれど、いじめやいやがらせにあうことよりも、仲間はずれにされることの方が心配なのだ。そこで大切になるのは、実際に仲間はずれにされたときにどんな気持ちになるかをあらかじめ知っておくこと、そして、いざそうなったときに自分の気持ちと真剣に向き合っていくことだ。一部の学校では、いじめ問題へのすばらしい取り組みを行っている。学校側のいじめ対策方針がしっかり定まっていれば、仮にわが子が学校で同級生にひどい扱いを受けても、学校と協力して子どもを支援できるだろう。また、地域のソーシャルワーカーやカウンセラーに相談してもいいだろう。彼らは、社会生活で問題を抱える青少年との相談経験が豊富にある。

▼アダルトコンテンツを見る可能性

言うまでもなく、インターネットには子どもに見せるにふさわしくないコンテンツがあふれている。暴力、わいせつ　性的コンテンツ、その他刺激の強いアダルト向けコンテンツは、子どもの世界にあってはならないものだ。子どもの目にふれる場所にそのようないかがわしいコンテンツがあふれるという危惧は現実となっており、実際に問題となっている。たとえ子どもたち自身が求めていなくても、不適切な画像を目にしてしまうのだ。

では、もしお子さんが、親の見せたくないわいせつな画像やいかがわしいコンテンツを、うっかり目にしてしまったら、どうするか。まだ幼い子（未就学児から2年生）なら、淡々と対処するのが一番だ。子にこう話してみよう。「何かあったの？　びっくりしたね」。親が決して怒っているわけではないことを伝えて、お子さんを安心させたうえで、「子ども向けでない」ものを見てしまったお子さんをかわいそうに思うという、あなたの気持ちを伝える。そして「見てどうだった？」とお子さんの気持ちを聞いてみよう。

こういった対処方法や対話の方法は、年齢によって異なってくる。ある母親が私に話したところでは、6歳の娘が同年齢の友だちの家で、わいせつなコンテンツを見せられたそうだ。その親は娘に対し、そういうことをしたら「子どもの牢屋」に入れられると話したという。子にふさわしくない性的体験から守るため、パニック状態になった末に、そのような言葉をつい漏らしてしまったのだ。

その母親の気持ちはよくわかる。不安な気持ちが引き起こす反応は、裏目に出るものだし、子の興味を逆にかきたてることにもなる。親としてはできるだけ落ちついて、子どもに言い聞かせよう。その目にしたものは大人向けのものであり、子どもが見るものではないということを。そして大人でもその手の動画をほとんど見たいとも思わないし、「今度はそういうものを見ることがないように、私も助けてあげるからね」と伝えよう。

子どもは仲間同士の関係からの圧力に呑まれてしまっている。「仲間はずれになる不安（FOMO――fear of missing out）」は、現実にある。だからこそ、親は子に、言葉という武器を与えて、子が重圧を感じる場所から逃げられるようにしてあげたいものだ。パソコンやスマホの電源を切るようすすめて、こう伝えよう。「ほら、それは子どもが見るものじゃないよ」。そして「大人の私だって見たくないな」。そしてできれば、なにか問題が起きるよりも前に、子どもと話し合うきっかけにつなげよう。

●偶然ではなく意図的に見ていた場合

小学3年生から中学2年以上の場合、子ども自身が見たいと思って、わいせつなコンテンツを探しに行く可能性が高いという心づもりが必要になってくる。親にとってはちょっとした試練だ。わが子がそんなものを見たいだなんて、信じたくないだろう。でも子どもが好奇心旺盛なのは当たり前。今は善悪の境界を実地に学んでいる最中なのだ。しかし、親のあなたは今すでに、絶好のタイミングで子を助けようとしているのだから、前向きにとらえたい。

「大人向けのコンテンツを作るのは大人自身だ」と伝えてもかまわない。そのうえで、大人だって見れば不快に思う人の方が多いと子どもに知らせよう。また、そういったコンテンツは女性の名誉を傷つけるし、セックスのごく限られた一面を描いたものにすぎないということも伝えよう。親のあなた自身の考えを話そう。きっとみなさんは、このテーマに関してしっかりとした意見をお持ちだろう。それを子に伝えることが何より大切だと思う。

あるお母さんは、9歳の息子さんがネットで「セクシー 裸 女性」と検索していた話をしてくれた。このような場合は、そういう関心がごく当たり前で、おかしなものではないということを、本人にさりげなく伝えてあげたいところだ。それと同時に、その子には――どの子でもそうだけど――、親の目の届かないところでネット検索をしないようにさせた方がいい。

性教育の専門家であるデボラ・ロフマン［★2］は、幼い子どもたちにポルノコンテンツを見せないようにするためには、親の最大限の努力が必要だ、と述べている。ロフマンの考えでは、前後関係の欠落した状態でセックス画像を目にすると、リアルな対人性行為が無意味に思えてしまうという。また、もしわが子がわいせつ画像を目にしたなら、実際のセックスとの違いを親から子に伝えよう、とロフマンは助言する。また、子どもが自力でインターネット検索をするほどに大きくなったときには、何かを検索したはずみに、偶然「ヌード」画像を目にする機会がきっとあるはずだが、そんなときは親にひと言話してね、と事前に子どもに伝えておこう、とも述べている。

シンディ・ピアスは著書『性的搾取――ポルノで性を知る現代の子どもたちへの健全な性教育』（未邦訳）［★3］で、こう指摘する。中高生の親に取材すると、息子はポルノ画像など閲覧しないと答えるのだそうだ。調査の結果、初めてポルノ画像を目にする平均年齢が11歳だと示しているにも関わらず、だ。ピアス氏はこう述べている。「私が取材した青少年男子ほぼ全員が、親がこのまま何も知らない無邪気なままでいてほしいと願っていましたね。男の子なら誰でもする笑い話があるでしょ。親同士が自慢し合うのよね。息子が自室でどれくらい長い時間〝お勉強〟してるかってね」。成長にしたがって性的な欲求や妄想が増すのは当たり前。ただし、ポルノやＡＶばかり見ていると、実際にパートナーとセックスをする時期を迎えたときに、相手との関係をかえって楽しめなくなるおそれもあるという。

セミナーで出会ったある母親に聞いた話。8年生の息子さんがスマートフォンでポルノ画像を見るのにハマってしまったという。それを見つけたご両親が問い詰めたところ、息子さんはどうしても見るのを止められないという気持ちを認めたそうだ。こういった状況では、息子さん自身が変えたいのにどうしてもやめられない習慣を断ち切るため、スマホにフィルタリング設定をかけ、家にあるデバイスにも同様の設定をするといいだろう。もちろん、フィルターのかかっていない状態のデバイスを持っている友だちはいるし、ひょっとしたら、地元の図書館のタブレット類にもフィルタリング設定がかかっていないかもしれない。しかし、ネットのポルノ画像が常に表示されている状態を少し不便に変えるだけで、このような子どもを救うのに十分役立つだろう。

●無防備な子どもに見せたくない映像を見せてしまったら

ポルノ関連だけではない。テレビやYouTube、フェイスブックなどのメディアやサイトには、子どもに見せたくないコンテンツがあふれている。実際に私の家庭でもこんなことがあった。ニューヨークの学校で親向けセミナーがあり、家を留守にした時のこと。5歳の息子と過ごしてもらうため、私の父に来てもらっていた。夜になり、父が10時のニュースを見ていたところ、寝室からこっそり息子が階下に降りてきた。そこで息子は、画面いっぱいに映し出された凄惨な映像を目にした。現場で目撃者が撮影した映像が、ニュース番組やインターネットで何度も映し出されていたのだ。私としては、その手の映像は子どもに見せたくなかった(大人だって見たくない)。私は息子と話し合い、その恐ろしい映像についての感想を聞き、質問には年齢相応の形で誠実に答えてあげた。そして夫、父、私の3人で、今後もっと子どもに見せるものに気をつけていくよう話し合った。

子どもの興味関心は、時として想定外の場所に子ども自身を連れて行くことになる。たとえば、知り合いの若い男性は、天気予報の災害映像を見るのが大好きで、ある時竜巻のあと、期せずして負傷者の映像を観たという。こういった凄惨な映像は、YouTubeをはじめとする各種ウェブサイトでも目にする機会があるので、わが子がひとりでインターネットにアクセス、操作するのに十分な年齢かどうかを親自身が自問すべきだろう。もし子どもが何か怖いものや悲しいものを目にしてしまったら、親子でよく話し合い、一緒に対処法を考えたい。

▼子どもが現在さらされている危険――一般論として

情報不足や理解不足は、恐怖や疑いを引き起こす。だからこそ私は、子どものデジタルライフに関する情報を親や教師、学校関係者にできるかぎり提供すべきだと考えている。一定の目的で収集した情報は、みなさんにとって、デジタル時代の生活を取り巻くさまざまな難題を乗りこえるための力となるだろう。ここで、多くの親に質問を受ける二つの問題を紹介したい。位置情報についてと、見ず知らずの他人と交流することだ。

●位置情報のタグ付け

モバイルデバイスは、私たちの生活文化を急速に変えてしまった。ほんの10年前には、友だちや配偶者、子どもたちの居場所なんて四六時中把握できるわけなどなかった。まあたぶん今は学校にいるだろうとか、歩いて家に向かってるだろうとか、外で遊んでるだろうとか、そういう想像図は描けたけれど、確実にわかるはずはなかった。ましてや私たちが11歳、12歳、13歳の頃、親は子の居場所を常に把握するなんて状況は絶対にありえなかった。

少なくとも、私の場合はそうだった……13歳のときのこんな出来事を今も覚えている。ニューヨーク市内を歩いていて、突然警官に「君はデボラ・ハイトナーさんかな？」と聞かれたのだ。男の子の友だちと一緒にマンハッタンに出かけていって、その子の誕生日を祝おうと、グリニッジビレッジの辺りをうろついていたのだ。郊外の子どもらしく、サングラスをかけて、1ドルピザをほおばりながら。そこで判明したのは、友だちの両親がサプライズパーティを企画していたこと。それを知らない友だちは、私と一緒に出かけてしまっていたのだ。警官はむっとして面倒くさそうな様子だったが、同時におもしろがってもいた。その子の両親が警察に通報したため私たちは発見されたが、こんな展開は現在では起こりえない。今だったら、たとえ息子が望まぬ時に望まぬ場所にいたとしても、親から息子にメッセージを送ればすむことなのだから。

しかも現代では、いつでも連絡が取れるばかりではなく、位置情報の特定が「新たな」悩みとなっている。今いる場所についてのSNS投稿、チェックイン情報、メッセージ、あらゆる手段で私たちは足跡を残している。子どもの居場所を知りたい親心はあるだろうが、果たして「全世界の人に」わが子の居場所を知らせたいだろうか。それがいかに危険であるかは明らかだ。

●見知らぬ人との交流

ＳＮＳやオンラインゲームを通じて、わが子がまったく見ず知らずの人とつながる場合がある。インターネットの特性によって匿名性を簡単に保てるようになったが、それを悪用して、子どもとつながりたいために、子どもになりすます者も現れている。まったく危険な話だが、まずはあわてず落ちついて。ある研究結果によれば、見知らぬ人とのつながりを持ちたいと望む子などほとんどいない。大半の子は、テクノロジーを利用する時間は、元から知っている人と交流してすごしたいと考えているという。

しかし、Minecraft（マインクラフト）〔日本をふくめ世界中で人気のあるレゴのようなブロックを用いたものづくりのオンラインゲーム〕で遊ぶとき、赤の他人と一緒にプレイしたってかまわないと思う。また、子どもたち自身がアプリの「おススメ」にしたがって、広い範囲の人々と話すのを楽しんでいるのかもしれない。だから一部のアプリ、ゲーム、サイトは将来的に問題となるおそれがある。

一番大切なことは、どんなアプリであれ、そこでわが子がしていることを親として知りたいという気持ち。アプリそのものに害はないのかもしれないが、子どもがそこで何をするかは重要だ。誰と一緒にアプリを使っているのか？　どんな経験や交流をしているのか？

出会い系アプリやデートアプリを子どもに使わせたくないのは明らかだし、赤の他人とつながる目的のアプリだってお断りだ。子どものアプリ利用に関して、提供側が保護者の承諾を求める方針は一見行き届いているように思えるが、子ども自らの手でアプリのアイコンを非表示にして隠し持つおそれがあることも覚えておきたい。一般的な話をすると、いったん監視を始めると、どんどん監視をすることになるので、子どもとそのアプリの使用について話し合うことのほうが、今やっていることを知るには有効な手段になる。

辛い出来事を経験した子どもを安心させてあげるには、困ったことがあったら親に相談するよう本人に伝えるのが何よりだ。仮にもし、子どもが何か後悔するようなことをやってしまったとしても、子どもはあなたにそれを話したいという気持ちになることが必要だ。自分がひとりぼっちじゃないと感じれば、まずは危険な事態を回避できる。

子ども同士の恐喝事件などのニュースを見たときには、犠牲となった子どもがどれほど孤独だったかを考えてみよう。恐喝した子に言われるがまま、本当はすべきではないとわかっていても「やらなければならない」気持ちにさせられていたのだ。自分を力づくで脅してくる相手は信用してはならない、ということをわが子に教えてあげよう。また、相手に何かを与えれば与えるほど、力関係が弱くなっていくし、もっとひどいいやがらせにさらされていくことになる。こういった重要なメッセージを子どもにしっかり伝えていこう。子どもはみんなこういった状況に陥る可能性があるし、いざそうなったとき、どうやって抜け出していいのかわからなくなるものなのだ。

まずは知ることから

デジタルの安全性やマナーについて意識するのは重要だ。あらゆる投稿を公開設定にして自分の居場所を全世界にさらすべきでないのはなぜなのか、お子さんと話し合い、その答えを子ども自身の口から聞き出してみよう。安全性の心配とは別に、子どもがネットで傷ついたりしていないか？たとえば、子どもは時々、何かのイベントやアクティビティに参加中、リアルタイムで投稿するのを避けて、わざと遅らせて投稿したりする。これは、その場に招かれていない仲間が疎外感を感じないような気配りだ。もっと簡単な方法は、位置情報通知をオフにすることで、そうした方が気が楽になるご家族も多いはずだ。

デジタルデバイスの最適な使い方について、親子で話し合ってみよう。テクノロジーを利用することにまつわる問題とは何だろう。長所と短所、利点と危険性とは。子ども自身はどう考えるか。使ってもよいとするアプリやゲームを家族でどう決めるか。接続していい時間と切断する時間はいつなのか。それに対する子どもの考えと家族全員の考えとは。これらの問題について、これから本書を通じてさらに考えていきたい。親として、子どもにテクノロジーでしてほしくないことはたくさんある。しかし、本書では、日々使うテクノロジーと共存し、現実にうまく使いこなす方法に注目していきたい。さあ、それではまず、子どものデジタルライフの舞台裏をのぞくことからはじめてみよう。

2　わりとフツーな子どもたち

子どもって、テクノロジーをパッと見てすぐ理解できるように見える。なにしろ、新しいアプリだってさっと覚えて、あっという間に使いこなす。だけど、それで全部をわかっているなんてとても言えたものじゃない。目的に合った使い方を、誰かにちゃんと教わらなきゃダメ——誰かって、それはもう親であるみなさんが教えてあげられるなら、何よりだと思う。

たとえばこんな時。5歳の息子が、私の入れたアプリを全部「おとなのアプリ（Grown-Up Apps）」というひとつのフォルダにまとめてしまっていた。実際のフォルダ名が自分で入力した「おトなのアふ。りい（GROONUPPP）」となっていたので、バレバレだったのだが。たしかに息子は、スマホのトップ画面を自分でカスタマイズできるが、だからといってアプリストアで良質な子ども用アプリを選べるようになったわけじゃないし、ネットで調べ物ができるようにもなったわけでもないし、ましてや自分専用のスマホを持たせてあげられるようになったわけでもない。

さまざまな研究結果によると、子どもはテクノロジーの操作には慣れてはいるものの、そのしくみや中身については、よくわかっていないようだ。たとえば、情報の内容についてきちんと評価したり、意味を読み取ったりできるとは限らない［★1］。ネットでサッと検索して、出てきた結果をそのまま信じ込んでしまう。「ググる」となんでも答えが出ると思っているようだ。でもやはり親としては、子どもに本当の意味でのデジタルリテラシーを伝えたいところだ。情報源の良し悪しを見きわめる方法や、情報の質や真偽を判断して優先度を決める方法を、ぜひ子どもに知ってもらいたい。

もちろん学校でも、デジタルリテラシーについてある程度は教えている。先生だって、昔に比べたらテクノロジーまわりにくわしくなってはいる。でもカリキュラムの中で、デジタルスキルの習得を重視しているとは限らない。なかには情報リテラシー教育に力を入れている学校もあるが、そういった学校の教師や親は口をそろえて私にこう話す。せっかく学校でいろんな決まりごとを教えても、子どもたちが自分で調べ物をしたりコンテンツを読んだりする段になると、その通りにやってるわけでもないんですよ、と。ちょっと試しに、子どもとネットで何か調べ物をしてみるといい。過去の出来事や最新のニュース、それか今度家族で旅行する場所でも一緒に調べてみると、子どものそっちまわりのスキルがよくわかるだろう。

とはいえ、子どもたち自身も、ネットをちゃんと使いたいという考えを持っている点は救いである。オンラインゲームやＳＮＳでの人間関係を、リアルな友だちづきあいと同じく良好にするため、ポジティブな自分を演出し、まわりと仲良くなりたいと思っているのだ。さらに高校生くらいになると、ほとんどの子どもが友だち同士のトラブルを避けようと考えるようになる。コンテンツを作ったり、同人作品を発表したりして、SNSを楽しく、適度に活用している。本章では、子どもたちの意見と将来の展望の一部をご紹介したい。そしてみなさんもぜひ、ご自身のお子さんにも意見を聞いてみてほしい。きっといろんな発見があるはずだ。

子どもはいったい何をしているのか

「子どもはネットでいったい何をやっているんでしょうか？」。よく親御さんたちからこういう質問を受ける――とても心配そうな面持ちで。筆者には、多数の子どもたちに話を聞いてきた経験から、お答えできることがいろいろとある。子どもたちが実際にやっていることを知ると、みなさんは意外に思うかもしれない。これまでの取材をまとめたところ、子どもたちのやっていることは、以下の４パターンに分類される。

- 子どもはコンテンツを消費（または創造）する
- 子どもはデジタル世界をコントロールする（いろんな裏技、抜け道を駆使して）
- 子どもはいつも誰かとつながっている
- 子どもはときにいじわるにもなる

では、それぞれのパターンをざっと見て、子どもたちのデジタル世界について知っていこう。

▼子どもはコンテンツを消費（または創造）する

すでに述べた通り、子どもは自分で見つけた情報の良し悪しについて、いつもちゃんと判断できるとは限らないが、検索のやり方を知っていることはたしかだ。YouTubeは子どもにとってメインの検索エンジンだし、世界最大（少なくとも本書執筆時点で）の検索エンジンGoogleも、子どもにとって重要な情報源である。ためしに子どもに何か調べてもらうといい。きっとあなたが質問し終えるよりも前に、子どもは答えを見つけ出すはずだ。コンテンツを消費することに関しては、一部には、中毒というくらいハマっている子もいるが、たいていの子は消費と同じくらい創造もしている。制作用のツールは、今ではとても使いやすくなり、たいていの子どもが自分でコンテンツを作れるようになった。5歳の子どもにだって動画が作成できてしまう［★2］。

サイトのフィルタリングやブロックには限界があるが、子ども向きの動画を子ども自身が安全かつ簡単に検索できるYouTube Kidsアプリや、Googleセーフサーチ、その他さまざまなフィルター機能は、未就学児や小学生の安全なネット利用に役立つ場合もある。実際にそういった機能を使う前に、お子さんがやっていることが本当にインターネットを必要とするのかどうか、確かめるようにしよう。未就学児や小学生なら、タブレットでゲームをしたり、お絵かきソフトや音楽アプリで遊ぶのにネットは必要ないかもしれないし、検索も不要かもしれない。親が一緒になって検索できないとき、子どもだけで検索する必要が本当にあるだろうか。

親として、お子さんに最終的に身につけてもらいたいのは、ネットできちんと検索をするやり方ではないだろうか。そこさえクリアできれば、あとはもう、お子さんを逐一監督しなくとも、必要なときにアドバイスをする役目に回ればよい。検索のやり方を覚えた後でも、役立つ情報の見つけ方や内容の判断という面で、子どもはやはり親の助けを必要とするのだ。次に挙げるのは、検索にあたって子どもに覚えてほしいいくつかのポイントだ。

- サイトURLの「.com」「co.jp」「org」「.edu」「.gov」の違いを知っている?
- ネットコンテンツの知的財産権に関して、著作権や帰属の意味を理解している?
- 無料で利用できる公開画像の探し方をわかっている?
- 公開情報と非公開(限定)情報の違いをわかっている?
- 話題集めの目的でいろんなサイトの画像や言葉を拾い集めた「まとめサイト」のしくみを理解している?

前章でも述べた通り、子どもたちは「デジタルネイティブ」といっても、デジタル生活のあらゆる面を知り尽くしているわけではない。ここで、現在の子どもたちの状況を知るため、前出のデュビット社の上級副社長デビッド・クリーマンに取材した際の談話を紹介したい。上級副社長としてグローバル動向を担当する同氏は、全米子どもとメディアセンター(American Center for Children and Media）の元代表でもある。同氏が示す、デュビット社の最新調査結果によると、

- 4歳までは、子のメディア選択の主導権は親が握っている
- 5歳から7歳になる頃は、YouTubeの影響が親の影響を上回る。しかし、友だちの影響よりも親の影響が強い。まだ字が読めない子どもは、音声でYouTubeの映像を検索する。
- 8歳から10歳になると、YouTubeがネット探索の中心になり、視聴するコンテンツを選ぶとき、友だちが親の影響を上回るようになる
- 11歳から15歳では、友だちからの影響以上に、YouTubeからの影響をより強く受けるようになる。検索エンジンやアプリストアも重要な情報源になる。

この結果は、お子さんやお友だちがどのサイトやコンテンツから影響を受けているかを知る手がかりになるし、これを参考にすれば、お子さんに対し、的確な質問をしやすくなる。

▼子どもはデジタル世界をコントロールしている

低年齢の子どもは、少し上の年齢の子に比べて、より早いうちからネット世界に親しんでいる。今やモバイル端末やネット接続デバイスが「そこらじゅうに」何種類もあって、子どもが自分専用の端末を（まだ）持っていないうちから、インターネット環境にアクセスしやすくなっているため

だ。

フィルタリングやブロックツールで、子どもにふさわしくないコンテンツを見せないようにすればたしかに便利だろうが、常にうまく行くとは限らず——それどころか、そういったツールを使うことで、親はつい、「よし、アプリも入れたし、これで安心。子どもの相談に乗らなくてもオッケー」と考えてしまう。そう、まさにそれ。監視用のアプリやツールは親代わりの相談相手になってくれるものではないのだ。

●ブロックツール。それが何か?

忘れてはならないのは、ブロックツールの導入によって、かえって制限サイトにアクセスするようになる子どももなかにはいる、ということ。ただし、こういった小さな「ハッカー」は、これまで通り「専門技術を生かせるお仕事」をどんどん続けさせてあげれば、将来有望になるかもしれないという点が救いだ! 今日多くの子どもたちは、学校で実施の「1人1台(ワン・トゥ・ワン)コンピュータ教育プログラム」で、ひとりに一台、PCやタブレットを使え、ネットでなんにでもアクセスできる環境にある。このような「1人1台」方式の学校に通う3年生男児のお母さんの話では、学校貸与のデバイスはフィルターがかかり「ロックされた」環境にあるが、それにも関わらず、あるとき、息子さんがGoogle Chromeで学校のセキュリティ保護を破る抜け道を発見し、授業中にネットサーフィンをしたのだという。

親が子に買い与える物だったら、なにかと注意が行き届くだろうが、学校で使うデバイスは学校に管理権限がある。子どもはその点をよく心得ていて、抜け道をちゃっかり利用している。「自分のケータイは親に取り上げられて使用禁止になっちゃったけど、学校のiPadならやりたい放題だよ」。中学1年生〔7年生〕の女の子の話だ。ネットにつながっていようが、デバイスそのものに罪はない。問題となるのは、その子がすでにSNSのアカウントやクラウドの共有スペースを持っている場合で、そうなったらもう、どのデバイスであろうが関係なく、好きなだけアクセスできてしまうのだ。

ここで私が言いたいのは、子どもはブロックツールをあっさり突破して、なんでも好きなように使いこなしてしまうから、21世紀の子育てなんてがんばっても無駄だよね、という話などではない。むしろ、子どもにはそういった能力があるということと、だからこそ親のみなさんには重大な任務がありますよ、ということ（筆者も親のひとりだ！）、そしてつまり、子どものデバイスにアプリやフィルタリングツールをインストールするだけでは不十分ですよ、と声を大にして言いたいのだ。子どもがネットやデバイスをうまく使いこなすために必要なスキルを、親として備えてあげたいものである。

●子どもだってテクノロジー全力LOVEというわけじゃない

子どもは、最新のガジェットやアプリをいつも欲しがるとは限らないし、テクノロジーならなんでも無条件に好きというわけでもない。私がこれまで話を聞いてきたところ、スマートフォンを買ったばかりの頃は、年中オンラインでいなくてはならないという気になって、しょっちゅうストレスを感じるという。また、学校でテクノロジーを使うことに否定的な意見の子もいる。大半の子どもは「1人1台」方式の環境で、自分専用のデバイスを与えられたり、お友だちと手軽に共同作業ができるようになったりすることを楽しんでいるが、なかには乗り気でない子もいるのだ。ある6年生の女の子は、学校での iPad 利用について、こんな不満をもらす。「もう、あのアップデートのお知らせとか通知がずーっと鳴ってるのが大っ嫌い。年中チェックするわけじゃないし……。ダウンロードを止めたって、どうせ先生は気づかないし、前に持っていたアプリはまたいつでも手に入るし。だからクラウドのフォルダに入れたまま放置してる。なにかゲームをダウンロードするときには、またすぐにクラウドから取り出せばいいし。ブロックされたって、リロード（再読み込み）すれば手に入るし」

もうひとり、1人1台方式の学校に通う6年生の声。「先生は私たち生徒が何をやってるか、わかってるつもりらしいけど、全っ然わかってないよ！　もう先生は、ホントの意味で教えてるなんて言えないと思う。ただ提出物を受け取って、なあんにも考えず成績つけてるだけ。学校なんて、教科書に書いてあることを読めというだけの場所になっちゃってる。私たち生徒は、去年パワーポイントをかなり覚えて、ノート機能を使ってテスト問題を書き込んだりしたけどね」

なかには、気分転換のはずが、かえって大きな悩みになっているという子もいる。やはり1人1台方式の学校に通う中1のターニャは、「たまに iPad なんてなければいいのに、って思う。楽しいことは楽しいんだけど、いろんな機能やなんかを覚えてられないし、これを使って宿題するとよけいに時間がかかるし、音声を聴きながら（同時に）入力もするなんて私にはムリだし、画面に向かって宿題してても、たまに自分の携帯とか他の画面が見たくなっちゃうし」。
もちろん、誰もが1人1台方式に批判的というわけではない。ここに挙げた例のように、テクノロジーの作用がかえってアダになっているという子どもたちは、ほんの例外にすぎない。それよりも、学校でICTを取り入れた勉強をすることが、ふだんの生活にどう関わってくるかをよくわかっていない子や、親がICT教育を批判しているのをなぞっているだけの子もいると、念頭におくことこそが肝心だ。筆者が見てきたところ、多くの学校では、1人1台方式のコンピュータ教育を好意的にとらえる子どもばかりだった。グループインタビューに参加した4年生の男の子は、3年生の頃に1人1台プログラムの試験版に参加したが、4年生になるとデバイスを渡してもらえなかったという。その子は自分の（デバイスのない今、ぱんぱんにふくれあがった）リュックを絵に描いてみせてくれ、比較として3年生のときのリュックを描き、当時はデバイス1つとノート1冊だけ持ち歩けばよかった、と語ってくれた。教科書やノートがすべてひとつのデバイスに入ってたから！

つまり私たちは、子どもはみんなテクノロジーと名のつくものが大好き、という勝手な思い込みを捨てなくてはならない。デバイスやインターネット学習だって、それをやる時間や宿題が増えれば、ストレスを感じる子がいて当然だし、そういうデバイスを使うことで、先生があまり勉強を見てくれなくもなる。子どもが好きなのは、デバイスを使って、これまでにないやり方でコンテンツを作ったり、学んだり、共有したり、人とつながったりすることなのだ。

▼子どもはいつも誰かとつながっている

子どもがオンラインで仲間とつながって交流を始めると、そのつながりはまたたく間にトラブルの原因にもなりうる。大人たちの場合、ネットで実生活について話題にしたり意見交換をしたりするが、子どもの多くは（それにネット依存度の高い、かなりの数の大人たちも）ネット世界の中に生き、ネットが生活そのものになっているのだ。子どもたちは学年を超えてグループチャットで交流し、SNSではどんな人かよく知らないフォロワーがいたりする。親としては、そういったつながりが元で、わが子の個人情報やプロフィールが全世界にさらされるなんて事態になってほしくない。

そこで本項では、子どもたちがSNSをどう利用しているか、当人たちの声をご紹介したい。友だちや仲間との関係については、のちほど第7章でくわしく述べる。

●子どものSNS利用の実態とは

親たちは、大人同士のSNSの使い方についてはある程度心得ているが、中高校生や小学生がそういう場所で一体何をやっているのか、ちゃんとわかっていなかったりする。子どもはそれなりに考えて、自分に合ったSNSを選んでいる。子どもたちに、今使っているアプリを選んだ理由を聞いてみたところ、ハイスクールジュニア（高校2年生）のマリアンナは、いろいろなSNSアプリの使い方を挙げてくれた。「友だちと時間をかけてじっくりとつきあうためのアプリがいくつか。あとは、毎日のおしゃべりとか遊びの予定を立てるのに便利なアプリかな。今やってることを知らせるためのアプリも使ってる。フェイスブックは友だちや知り合いと交流を深めるため。ツイッターは今やってることを投稿するため」。

子どもたちのチャットやメッセージの使い方は、大人とはずいぶん異なる。中高生（そしてチャットを始めたばかりの小学生）は、放課後に学校の仲間とつながる手段として、グループチャットを活用する。グループチャットをやりはじめたばかりの子どもが興奮してハマっていくのはしかたないことだ。大人たちの多くは、チャットを用件の連絡を取り合うために使うが、子どもたちの場合は、特に必要な用事なんてない。どちらかといえばやりとりを楽しんで、実際に集まらなくてもみんなと連絡を取り合い、仲間に入れてもらうために使う。

ハイスクールジュニア（高校2年生）のトビアスの場合。初めてケータイを持ったときは、たいしたことないと思ったという。「自分のスマホを初めて持ったのは11歳のとき。LG社のスマホでした。そのときはとにかく自分用のケータイがあるのが嬉しくて。友だちと連絡を取り合うのに使ってた。マインクラフトだったら、親に遊ぶ時間を制限されるけど、チャットはやりたい放題だった。2歳下の妹がいるけど、もう僕よりずっと長い時間スマホを見てる」

中3のダニエラの場合。「SNSは放課後仲間同士で、その日あった出来事を話す場所。誰がどこで何をやってるか、最新の恋愛ネタ（誰と誰がつきあってるとか別れたとか）、その他毎日あったことをいろいろ。夜はインスタグラムに投稿した写真をみんなで見せ合ったり。フォロー、フォロワーどちらも1200名くらい。おもしろネタにはツイッターを使ってる。そっちでは写真はあまり見ません。人が何やってるか、見るのが好き。見てると外に出かけたくなる。家でヒマしてるときに、誰かが外で楽しいことをしてるの見ると、お出かけしたくなる感じ」

SNSでのトラブルについては、同じく中3のマヤが話してくれた。「だいたいみんないい人だけど、ネット上で誰かの陰口を言う人には注意しないとね――直接本人に言わないけど、それとなく遠回しに噂話をしたり、第三者に悪口を言ったり。それって陰湿だよね。ネットの住人には感じ悪い人もいるってこと。まあたいていの人は『人それぞれよねー』ですませるけど。けっきょくは、自分がネットに投稿する内容が元で、いろいろ起きるってことなんだよね」。

仲間はずれになる恐怖――略してFOMO（Fear of missing out）――は、子どもがSNSを利用するなかで生じる副産物である。これについて、やはり中3のナタリアはこう話してくれた。「たいていは仲間はずれにされたって思うことはないんだけど、中には、世界中の人に向けて、自分についてめっちゃ語りたい人とか、ちょっともうムリってくらい写真を投稿しまくりな人がいる。そういう投稿は、さっと見る程度にしておくのがいいかなと思う。あと、たまに人がお出かけして楽しそうな様子を見ると、うらやましくなって自分も出かけたくなるけど、もし、それを見てちょっとでもイヤな気持ちになるようだったら、落ちこんじゃうしね」

●ネットに上げた写真はソーシャル世界の価値を決める

現代の子どもたちは、写真を撮ったり撮られたり、一緒に写ったりする（自撮りとか「セルフィー」とかいわれてる）のが当たり前の世界に生きている。子どもは、ネットに自分のプロフィール写真を公開することについて、どう考えているのか。子どもに限らず、大人であっても、公開プロフィールに対する考え方はなかなか理解しづらいところがある。子どものプライバシーに対する考え方は、私たちの感覚とはまるきり別物なのだ。他の子の写真を撮って、無断でSNSに投稿したり、相手の同意なくフェイスブックにタグ付けしたりしたら、ふつう私たちだったら、他人のプライバシー侵害だと思うだろう。投稿やタグ付けをしてもいいか写った当人に許可を求め、同意を得るという手順を踏むことで、「掲載の許可を得る」という考え方は育んでいけるだろうが、勝手にシェアするのは後ろめたいという気持ちについては、育んでいきようがないのだ。

私たちの子どもは、写真を撮るのが日常の世界に暮らしている。親のあなたはそれに対してどう思おうが、批判してはならないのだ。最近のドキュメンタリー『13歳――ティーンの世界の内幕(#Being13: Inside the Secret World of Teens)』では、自撮り写真を撮りまくる子どもたちのことを取り上げている。でもそれで、子どもをバカにしたり、ビョーキだと決めつけるのは間違っている。子どもが自撮り写真を撮るのは、大切な瞬間を忘れないためであり――写真は、視覚的にその瞬間を記録する役割を果たしているのだ[★3]。自撮りなどいろいろな写真は、子どもたちが生きる世界のリアリティを切り取るためのもので、その点は親としてどうこういうものでもない。

若い人たちは、写真1枚で、おそらく私たちが想像する以上に、実にさまざまなコミュニケーションができてしまう。デジタル世界に生きる若者の生活について分析した『アプリ世代』の著者である、ハワード・ガードナー、ケイティ・デービス両教授は、文字のみの場合に比べて、画像を組み合わせた方が子どもたちの学習効果が高いと述べている[★4]。お友だちがSNSに投稿したさまざまな写真をどう読み解くか?――それはそのお友だちとの関係性そのものについての話なのだ

――写真に写った出来事や体験そのものを共有し、場所に意味を持たせ、雰囲気や様子からお友だちの趣味や性格を知る。子どもはＳＮＳに投稿した写真が多数の人に見られることに対して実に敏感だし、その写真にこめた意味が本当に伝わるのは、見た人のほんの一部だということも、よくわかっているのだ。

●子どもはたまにいじわるにもなる

子ども同士、時にはいじわるになることもあるし（そこは私たちが子どもの頃と変わっていない）、みなさんのまわりにもいくらでも実例があるはずだ。オンラインでもそれは同じで、子ども同士でやりとりをする場であれば、いじわるな振る舞いが見られるのは、顔を合わせてつきあうときとまったく同じだ。

小学3年生と4年生のグループにインタビューをした結果、子どもたちがいじわるになるのはネットゲームで遊んでいるときだとわかった。少し上の学年になると、仲間から外し、プレイしたくない相手とは関わらなくなってくる。ＳＮＳでの交流は、微妙ないじわる（コメントがつかないことだって傷つく）、あるいはストレートないやがらせをする場所（「その服ぜんぜん似合ってないね」とコメントするなど）になる場合もある。時には、まったく思いもよらない場所でいじわるな目にあったりもする。たとえば、学校のグループ学習でGoogleドキュメントなどを使って共同作業をしているとき。ある小中一貫校のＩＴ科主任教諭ジョン・ストーパーは、子ども同士がGoogleドキュメントやEdmodo〔世界最大の教育ＳＮＳ。日本語版もある〕などで学校関係の共同作業をするなかで、ネガティブなやりとりをしているのを目にするという。ささいな言い争いだったり、他の子を出し抜こうとする子がいたり。誰かの意見に対して、「バーカ」とコメントしたり——わざと言う場合もあれば、なにも考えずに言う場合もある。こういうことがあるくらいなら、大人としては、オンラインでの子ども同士のグループ学習を禁止にした方がいいのだろうか？　まさか、とんでもない！　でも、もしそういったやりとりを実際に見たなら、子どもたちがやり直しをするよう導くのは私たち大人の務めだし、もしお友だちの気持ちを傷つけてしまったということなら、関係が元通りになるよう手助けをしてあげたい。

子どもが知っているつもりでいること

子どもたちはデバイスの使いこなしに自信を持っているようだ。新しいアプリやデバイスでも、まるで何年も前からその機能を知っていたみたいに楽々と操作する。テクノロジーと共にがっつり梱包された、紙版のユーザーマニュアルを知る世代にとっては、今の子どもたちが脅威に映るかもしれない。新しいソフトが出れば、もちろん使ってみたいとは思うが、子どもたちと同じくらい使いこなすまでに、かなりの時間がかかりそうに思える。

だけど、いくら子どもたちがデバイス使いに長けているからといって、なんだって知り尽くしているとは限らない。機能や操作だけを見れば、たしかに子どもたちはよく知っているかもしれない。

たとえば、オンラインで年齢を偽ることくらい楽勝でできる。複数のアカウントを作成して使い分けるのだって朝飯前だ。同年代の子どもですごい数のフォロワーがいる子と、ぜんぜんフォロワーがいない子の違いだってわかっている。見ず知らずの子とゲームで遊ぶのだって問題ないし、他の子とゲームをシェアすることだってできる。そのゲームを持っていない子でも、デバイスのシステム要件が合えば、友だち同士で共有することだってできてしまう。

ゲームを共有し、ブロックツールの制限をかいくぐり、年齢を詐称して13歳以上対象のアプリにアクセスし、親のパスワードを使ってアプリストアをダウンロードし、その他さまざまなテクを駆使してアプリやデバイスを使いこなす。それは、高校や大学の学生証を偽造するよりもはるかにたやすいことだ。こういった「処理作業」は、直接的なものではないし、それだけデジタル世界でのなりすまし行為は簡単なのだ。子どもたちは、低年齢のうちから自分のやりたいことをすべく、テクノロジー操作を覚えていく。でも、ちょっと待って。子どもたち自身が知っているつもりでも、実際にはわかっていないということが山ほどある。次に挙げるいくつかの例は、そのうちのほんの一部である。

子どもは友だち同士のトラブルの上手な対処法をわかっているつもりでいる

ワークショップに参加した5年生と6年生の話。もしもうっかり（またはわざと）友だちの噂を不適切な形で広めてしまい、信頼をなくしてしまったら、一番の解決方法は、「デマ情報をいくつか拡散すること」だという。そうすれば友だちの噂だって本当かどうか、誰にもわからなくなるから。また、友だち同士でルール違反を「仕返しし合いっこ」しているという。もし誰かに秘密をバラされたら、仕返しにその子の秘密をひとつ「友だちにシェア」する。しかし、そういったやり方は、どれも良い解決法ではない。他にどんな解決法があるか、親子で話し合ってみるといいだろう。たとえば、中学3年生のグループでは、5〜6年生の例よりもはるかにマシなやり方で、友だちや同級生とのもめごとを解決していることがわかった。つまり、年齢が上がるにしたがって、子どもはソーシャル上のトラブルを解決することにも慣れていく。私たちは親として、そんな子どもたちの成長を支えていきたい。

子どもは友だちグループ内の動向を仕切る方法を知っているつもりでいる

「ねえ、サラのことどう思う?」ライラがモニカにメッセージを送る。するとモニカは、「まあフツーかな。ちょっとつまんないけど」と返す。当のサラは、ライラと一緒にケータイを見ていた。それを知ったモニカがサイアクに落ちこんだのは言うまでもない。ふつうの会話だったはずのチャットがいつのまにか傷つけ合う会話に発展し、しまいには友情にヒビが入ることにもなってしまう、その原因は一体なんだろうか。この手の話はいくらでもある。ネットで交流する相手が、想像していたのとは違う人格だった場合に起きるのだ。子どもは上手なコミュニケーションを学ぶ途上にあり、同時にひとり以上の「読者」とやりとりをするグループチャットの場合、思いがけず深い落とし穴が待っているようだ。

子どもはプライバシー設定の方法を知っているつもりでいるが、きちんと設定できるとは限らない

子どもは年齢や成熟度によって、どの投稿をプライベートな内容ととらえるかが異なる。私のワークショップでは、子どもたちに、その日学校で行った投稿から、Geofeedia【SNSの位置情報付メッセージのみ抽出するツール】を使って画像を抜き出すことを試してもらった。結果を見た子どもたちは震え上がった。子どもたちはいろいろなSNSで位置情報設定をONにしたまま、さかんに画像をアップしていたのだ。そしてどの投稿も、どう見ても公開設定になっていた。つまり、その学校の位置情報で投稿を検索したら、誰でも位置情報付きの投稿が見えてしまうというわけだ。この話を聞いてゾッとした方は、Geofeediaなどのアプリを使って親子で話し合ってみるといいだろう。

子どもはテクノロジーの機能をわかっているつもりでいるが、自分が残したデータが追跡されることについては忘れがち

何人かの先生の話によると、学校ではGoogle Apps for Education suite【GOOGLEの学校教育向サービス】を活用して、Googleハングアウトで子ども同士グループで話し合い、Googleドキュメントやビデオチャットでグループ学習を進めている。その学習の一環で、他の子にコメントを残す機能があるが、多くの子どもはそのコメントを削除できないものだと思い込んでいるという。前述の教師ジョン・ストーパーの話では、同級生にいじわるなコメントをするために授業用アプリを使っている子がいる、といって証拠を見せると、子どもたちはよく不意打ちを食らったようになるという。

子どもはアプリの正しい使い方をわかっているつもりでいる

スナップチャットなどのアプリ（その他、一定時間を過ぎると写真が表示されなくなる〝消える系〟アプリ）では画像の保存が可能だが、それを本当はわかっている子どもたちでも、たまに忘れることがある。作業に夢中になっているとき、子どもはアプリの機能――あるいは誰かに画像や投稿の保存を許可することで解決する方法など――をまるで忘れてしまったかのような状態になるのだ。チャットで交わしたメッセージを誰かが保存する場合もあると言われても、おそらくその理由にまで考えが及ばないだろう。たとえば誰かが、これは笑えると思ったネタ画像を投稿したが、それを見た別の子は傷ついてしまい、画像を保存して管理人に報告する、といった場合だ。

子どもは盗作を避けて情報ソースを正しく引用する方法をわかっているつもりでいる

インターネット上ではなんでもタダで手に入るって？　とんでもない！　今の子どもは情報アクセス制約のない状態で育っている。探したいテーマを検索すればなんでも調べられる。ネットにはなんでも載ってるし、ほとんどの情報は正真正銘の無料だ。こんな風に無料の情報があふれかえる状況で、知的財産権というもののとらえ方について、子どもたちが影響を受けたって不思議ではない。これを子どもに理解してもらうには、かなりの手間と時間がかかる。なかには無料で手に入る画像や文章もあるのかもしれないが、だからといって、いろいろ寄せ集めて無断で使っていいわけではないし、ましてや他人の作品を自分のものだと主張することなんてできないのだ！

子どもには知識　大人には知恵がある

子どもの生活に存在するネット接続デバイス、さまざまなゲームやアプリの役目に関して、親はストレスを感じている。世の中のいろんなことのルールがすっかり変わってしまったことを親も知っているし、そんななかで、子どものやっていることからすっかり取り残されて「蚊帳の外」にいるからだ。最新トレンドについていけない気分になるのは当たり前のことだ。たぶんこんなことじゃないだろうか。3年生の娘に音楽プレイヤーやゲーム機を買い与えたところ、いつのまにかそれで友だちとチャットをしていた。おそらくあなたは、娘が友だちとチャットのやりとりをするようになることに対し、あなた自身の心の準備ができていないうちから、そのデバイスを買い与えてしまったのだ。またはこんな例もある。あるアプリをダウンロードしてもいいか息子に聞かれ、問題なさそうなので許可したところ、アプリ内課金をしょっちゅう「おススメ」されて、余計なお金がかかってしまったと。ダウンロード後に有害なアプリだと気づいても、削除する方法がわからない、と多くの保護者が話している。

子どものやることなすことすべてをコントロールする権限はないにせよ、親として積極的に関わったり、意見を伝えることはできる。たとえばさまざまな状況にどう対応するかをアドバイスすることができるし、家にあるデバイスやネットにつながっていない領域を整理して、メディアと慎重に関わっていくよう家族全員にすすめることはできる。

親というものは、自らの知恵に対して否定的である場合が多い。子どもはなんでもわかっているかのように振る舞うし、親の知識や経験を見下したりもする。でも、子どもには将来親になり、自分が教える立場になるまで分からないことだって、親の私たちはたくさん知っているのだ。

仲間はずれにされるのがどんな気持ちかは、私たち親にもわかる。仲間のひとりがグループを抜けて、別の友だちグループに入ってしまったときの気持ち、あるいは、自分があるグループを抜けて、別のグループに入るときの気持ち。切ない片思いの気持ちや、誰にも邪魔されたくない趣味を持つ気持ち。自分の言ったことが前後の文脈を離れて言葉だけ独り歩きをしたときの気持ち。そういったひとつひとつの経験は、ほとんどが、わが子の身にも必ず起きることであり、いくつかの状況は、ネットやグループチャット、SNSによって悪化するおそれがある。

お友だちの投稿した写真や、自分抜きのグループチャットの存在を知って、自分がのけ者にされたことを知る。あなたのお子さんにもそのような時が来るかもしれない。でも、あなたがお子さんと同じ年齢の頃、それとまったく同じ経験をしたことがないとしても、なにもなすすべがないわけではない。あなたには、これまで生きてきて、多くの人と関わってきた経験があるのだから、テクノロジーにはできないあなたならではのアドバイスができる。そのためには、子どもが日々経験することを、知ろうとする気持ちが大切だ。私たち親は、子どもが今何を考えているのかを聞くべきだし、問題に関して一緒に解決方法を探るとき、大人ならではの知恵や創造性でうまくリードしてあげられる。

親のあなたにできる大切なことは、自分を信じること、子どもについて知っていることと知らないことを見きわめること、そして問題が起きて子どもが助けを必要としたときに、周囲の意見よりもまず、子ども自身の声を聞くことだ。とにかく何をする場合でも、決してあきらめないで。元々SNSは、親としてのあなたのニーズを満たすべく設計されたものではない。SNSはつながるため（そして人の好みや趣味を知るため）に作られたものだが、年齢別や生活シーン別の細かな配慮はされていない。あなたはお子さんの人生に多大な影響力を持つ大人なのだから、子どものテクノロジーとのつきあい方や、子どもが関わるメディアにできるだけアドバイスをするのは親としてのあなたの役目だし、子どもが外の世界で間違った判断をしないよう、または自分自身のデバイスから世界へとつながることができるよう、さまざまなツールなどを備えてあげたい。

本書を読み進めていくと、子どもがオンラインで今していることや経験してきたことについて、直接話し合っていくためのさまざまなヒントが得られるはずだ。その前にまず、次章で、大人のみなさんがデジタル世界について知っていることを整理してみよう。

3　ところであなたのリテラシーは？

前章では子どものデジタル世界をのぞいてきたが、大人のあなたはどうだろうか？　仕事では表計算ソフトを使い、家ではオンラインバンキング、旅行チケットや宿の予約、ブログやツイッター、フェイスブック、といったところだろうか。それとも、そこまでのテクノロジー通ではなく、ほとんどメールのやりとりだけ、という人もいるだろうか。お子さんのSNSの使い方は、あなたのオンラインとの関わり方とはかなり違っている（または違うやり方にしたいと思っている）。なかには、けっこう長時間テクノロジーに触れている人もいるかもしれないが、それでもきっと、お子さんのやっていることと同じではないはずだ。

タブレットやスマートフォンなどのデバイスを自分の分身みたいに思っている子どもは大勢いる。よく私は、親御さんからオンラインゲームやSNSが年中変わり続けるのでついていけない、子どもがそういうもので何をしているのかさっぱりわからないという話を聞く。それどころか、子どもに聞きたいことがあっても、何をどう聞いて良いかもよくわからないという親御さんだってけっこういる。でも、親にわかっていないことってけっきょく何？　どうすればいいのだろう。

なにか新しいことを学ぼうとしても、デジタルの操作を覚えるのは亀の歩みのごとく一歩ずつだ。私自身を振り返ってみても、新しい情報がどっと押し寄せるなか、興味が湧くどころかアタマがパンクしそうになるのを必死にこらえなくては、という気にもなる。あなたもそうだろうか。同じ状況だという方は、まずその大変さを受け入れよう。現状になんとかしがみつくのだ。そして、ひと息ついたら、情報収集をして、できるところから手をつけていこう。家族の手前、最初の段階であきらめないこと！

親は相談相手——デジタル時代の新たな役割

本書冒頭で述べた「デジタル世界を賢く生きぬく知恵（screenwise）」とは、結局は親が子のよき相談相手になることにかかっている。それは、子どもがオンライン、そしてオフラインで将来生きぬいていくための最良の手段だと、私は固く信じている。子ども自身がきちんと判断できるよう手を差し伸べてあげることは、ネット上のさまざまな危険に子どもが巻き込まれないよう守っていくよりも、はるかに効果的だ。しかし、このデジタル時代において、お子さんに役立つ助言者になるには、彼らのテクノロジー世界に関わっていかなくてはならない。お子さんと一緒に画面をのぞき、実際にゲームをプレイしたうえで、コンテンツをただ消費するのではなく、創造的な活動の比重を高めていくよう、お子さんを少しずつ導いてあげることだ。そのうち親のあなただってきっと、「クラッシュ・オブ・クラン〔仲間と協力して対戦する世界中で人気のオンラインストラテジーゲーム〕」や「Agar.io（アガリオ）」なら職場の誰にも負けない、というくらいになるはず。もしくは、テレビゲームが予想以上に難しいということがわかって、子どもの才能にあらためて喜びを見出すかもしれない。

子どもが画面に向かってしていることはさまざまだ。みなさんも、お子さんの興味関心をよく見ればわかるはず。親のあなたは、まずご自身にとっての相談相手を見つけることが先決だ。まわりの親御さんにアツいゲーム好きの人や、「マインクラフト」で各種モード別の遊び方を教えてくれそうな人はいないだろうか。友だちや職場に最新のソーシャルアプリにくわしい人は？　13歳のお子さんに聞かれたアプリについて教えてくれそうな人は？　好奇心を忘れず、オープンな気持ちで子どもの相談相手になってあげれば、長い目で見て、このデジタル時代の家族生活がもっと楽しくなる。それぞれの分野にくわしい相談相手を見つけるのはとても良い方法だ。ただし、お子さんがそれほどゲーム好きでないなら、今すぐ知ろうとしなくてもいいだろうけれど。

あなたはどれ？——とにかくダメ、相談相手、ほったらかし

まず、みなさん自身について考えてみよう。みなさんはテクノロジーとどう向き合っているだろうか。それは、みなさんひとりひとりのマスコミや流行、テクノロジーに対する考え方によって左

右されるものだ。デジタル時代における幼少期のリテラシー形成について研究した『タップ、クリック、読む』（未邦訳）［★1］の著者らは、こう指摘する。アプリストアは未開の大西部みたいなもので、子ども向けのアプリをなんでも「教育関係」のカテゴリーに分類したがるけど、それぞれのアプリの内容を見ると、子どもの代わりに宿題をやってくれちゃうようなものもあれば、逆に、教師や親がぜひ子どもにすすめたいものまでさまざまだという。

そんなわけなので、子どもの生活にプラスとなるテクノロジーを選ぼうとしても混乱することが多いのは当たり前。世の中のあらゆる最新アプリやゲームを把握するなんてまず無理だし、そのうえみんながオススメしてくるものは、おじいちゃんおばあちゃんから学校の先生、まわりの親までいろいろだし、たまに押しつけがましかったり、上から目線だったりもする。いろんな意見がごちゃまぜになって、頭を抱えることがしょっちゅうだ。

ここでちょっと、ある最新の研究をご紹介したい。子どもがすることに対し、制限したり（あるいはスルーしたり）せず、相談相手になってあげて、応援することを良しとするものだ。テクノロジー研究家のアレクサンドラ・サミュエルは、全米の（1万件のサンプリングから抽出した）700家族を対象とした調査を実施し、その結果、各家庭でのテクノロジーとの向き合い方は、主に次の3種類に分類されることがわかった［★2］。

1　リミッター——とにかくダメ

デバイスを使う時間を親が制限する。子どものテクノロジーとの関わりについて、その特性や内容についてて理解したうえでの対策はなし。ともかく「少ないに越したことはない」と考える。サミュエルの研究によると、このやり方は特に、就学前の幼児の親たちの間で一般的である。

2 メンター――相談相手

子どものテクノロジーまわりに親が関わっていく。具体的には、「子どもとビデオゲームで遊ぶ」「テクノロジーやインターネット、特定のウェブサイトなどの利用方法について子どもと話し合う」「本や記事、テレビゲーム、プログラム（番組）などテクノロジーを学ぶ参考になるものを子どもに見せる」など。

3 イネイブラー――ほったらかし

子どものやっていることを親が放任する。時間を制限もせず、アドバイスもしない。そして子どもたちは自分のデバイスを使い放題。

サミュエルの研究結果によると、画面を見る時間を制限すると一定の効果が上がりはするけれど、このやり方そのものが子どもの実生活におけるテクノロジー全般のつきあい方を養ってくれるわけではない。「インターネットから子どもを遠ざけると、たしかに一時的には効果的かもしれないが、「リミッター」式で利用時間を制限された子どもは、オンライン時に、安全に落ちついて交流するスキルや習慣が欠けてしまうことがよくある」。さらに、「イネイブラー」式の子どもたちは、さまざまなデバイスやアプリ、ゲームにアクセスし放題で、それぞれの使い方について親の関与がほとんどない反面、使い方に悩み、時にはトラブルにも巻き込まれるという。結論としては、親が積極的になり、デジタル空間での過ごし方について子どもにアドバイスをする家庭であるほど、子どもが現実的になって、実生活を生きる備えを身につけるということだ。

「地獄、それは他の親たちである」

お子さんのデジタル環境や、デバイスでのオンライン交流を日々見守るうちに、きっとあなたも、だんだんわかってくるはずだ。お子さんは、まわりのお友だちの親御さんの方針に、必ず影響を受けるということが。レイチェルというお母さんは、お子さんのお友だちの親御さんの考え方や、学校の方針のせいで、お子さんのメディアの使い方に対して、ほとんどなすすべがない気持ちだと語る。「娘は去年、小学5年生でした。で、すごくびっくりしたんですけど、そのときクラスでかなりの数の子がスマホを持っていて、SNSやチャットも始めていて、他の親たちもそうするようすすめてて、でも、何をするのか、どうやるのか本当にわかっているわけじゃないし、なかにはかなりハマっている子もいれば、そうでもない子もいて、スマホを持ってる子もいれば持ってない子もいて、iPadやiPod TouchでSNSやチャットをしてる子もいて。それから学校では1人1台の話が出てきて、生徒全員がiPadを持つようになって。だから、もう親としては……なんかもう、なにもできることはないって感じなんですよ」。

　また、あるお父さんは自身のストレスについてこう話す。「他の親御さんがお子さんとどんな約束事をしているのか、わが家とどう違うのか、気になります。うちの子がお友だちの家に遊びに行ったとき、その家の親御さんがだらしなくて、子どもが見るコンテンツをチェックしていなかったら、と思うと心配で」。

　家の中であれば、まだ自分の支配下だと思えるだろうが、外との関わりはなにかと面倒である。お子さんのお友だちがみんな、去年のクリスマスプレゼントにXboxをゲットした？　娘さんの同級生が全員4年生で自分スマホ持ち？　お子さんのお友だちはみんな、親の見ていない地下室のパソコンでネットにアクセスしてる？　それはたしかに、ビミョーな話だ。仮にあなたが、12歳のお子さんにSNSを自由に使わせてあげるようにして、お子さんが年齢をごまかして自分でサインインするに任せて、なんてことをしたら――お友だちの家族は、あなたのことを、子どもに悪い影響を与える人物と思ってしまうだろう！

　自分の体験談を他の親に話すことがどれほど難しいか、私はさまざまな家族と接するなかでよくわかっている。うかつに何か話そうものなら、内情をよく知らないいろいろなご家庭の批判にさらされ、悪評を受けてしまうからだ。でももし、子育てやテクノロジーについてオープンに話し合いたいという気持ちが親同士で一致して、地域やコミュニティぐるみで子どもたちの行動について取り組んでいこうという話になれば、きっと全員にとってプラスになる。

　たとえば、大きいお子さんが、友だちの中で携帯電話などのデバイスを持ってないのは自分だけだ、と文句を言ってきたとしたら、だったらそれ以外の方法で、お友だちと連絡を取り合える方法を考えましょう、とみんなでじっくり考えられる。いつ買い与えるか、お子さんの納得する形で予定を立て、あなたの思う条件をすべてお子さんに伝えよう。たとえば、実際に購入を許可する前に、いくつかの目標を設定してお子さんにそれを達成してもらう。月額料金をお子さん自身に負担してもらう、デバイスの利用方法についてルールを決める、といったことだ。

ともかくみなさん、親として、自分の決めたことに自信を持って、そして他の人の意見に流されないで。お子さんにとってはあなたの価値観に基づいた、あなたの判断こそが頼りなのだ。親のあなたの手を離れて、他の親御さんに重要な判断を委ねたりするということのないようにしよう。

他の親御さんの決めたことに向き合うのはけっこう大変だ。なぜそう決めることにしたか、その親御さんの考え方を探ったり、その親御さんがデジタルまわりについてどんな基準でルールを決めているかを理解したり。もっと自分に合った仲間を探すこともできるのかもしれないが、ある時期をすぎると、お子さん自身が友だちを選ぶようになるし、親がコントロールできる部分ではない。そして、お子さんが新しい友だちの親を知り、その家のルールを知るようになると、あなたや家族に影響を及ぼすようになることは避けようがないのだ。

私はたまに親御さんから、自分以外の家族のことを心配する声を受け取る。最近もこんなメッセージが届いた。

私の友人の家庭では、小学生のお子さんに、好きなコンピュータゲームを時間制限なく遊ばせています。友人の話では、子どもにコンピュータを使わせないようにすると、攻撃的になるからだというのです。SNSを利用するときは、コンピュータの代わりにiPhoneを使っているようです。うちの子の話では、その子はデバイス中毒ではないかと言ってます。解決のために家族全員が専門家の支援を受けた方がよさそうに思えるのですが、いかがでしょうか。デバイスやコンピュータへの依存は、低年齢でも起きるのでしょうか？　こういった問題を抱える家族のためにしてもらえることはあるのでしょうか、誰に助けを求めたらいいのでしょうか？

他人の行動をどうこうするなんてできないが、わが子とつきあう相手となると、どう対応すればいいか気になるところだ。なにかシャレにならないような、不健全な事態が起きたとき、親として何をすればいいか。子どもがまだ小さいうちは、親が子どもをコントロールできる。お友だち同士で遊ぶなかで、わが子が好ましくない体験をしているなら、お友だちの保護者に対し、「シューティングゲームってわけがわからなくって。うちの子にはこの手のゲームはなるべくやらせたくないんですよね」とか、「怖い映画を見ると、娘は夢でうなされちゃうので、そういうのは見せないようにしてるんです」と言っておけばいい。子どもに対しても、「うちではこれで遊んじゃダメなのよ。だから今ここでもやらないで」と言えばいい。ただしそうしたなかで、けじめをつけるのが難しい子も出てくるだろう。

10代の子どもを専門に研究する第一人者アナ・ホマユーンは、仲間同士で良くないことを決めるのは、友だち同士のお泊まり会でのことが多いとする[★3]。だから、テクノロジーに対してかなりおおらかに考える親でさえ、お泊まり会のときには全員、ネット接続デバイスを使わないこと（デバイスをどこかにしまっておいたりすること）に賛成だという。

低年齢の子どもの場合、まだ子ども自ら人づきあいの輪を広げていくことはほとんどないので、親のあなたが子どもの遊ぶ場所や参加するイベントなどをコントロールした方がいい。仮にお友だちの家で何かトラブルが生じたとしても、お友だちの親御さんが問題視しなかったり、行動をあらためさせようと思わなかったら、その親御さんと話し合ってみるのも良いだろう。一番の解決策は、あなたの家でお子さんとお友だちを遊ばせること。そうすればお子さんは、あなたがよしとする環境でだけ遊ぶことになるから。

お子さんが遊びの誘いを受けたときに、誘いをきっぱり断らなくてはならないような場に身をおいてほしくないと思うだろう。それがシングルシューティングゲームであれ、気ままにネットアクセスしていかがわしいコンテンツをいろいろ検索することであれ。仲間からの同調圧力は昔も今も変わらず、親のあなたの子どもの頃と同じだ。まわりに流されずやっていける子もいれば、それが苦手な子もいる。お子さんの年齢や性格によっては、あなたの決めた境界線の内側に子をおくのは、現実として難しいかも知れない。こういうときこそ一歩踏み込んで、親のスキルと知恵を駆使して、お子さんをぜひ支えてあげてほしい。お子さんをお友だちの家で遊ばせると、トラブルが起きるのを待つだけというなら、公園やあなたの家で遊ばせるようにするといい。

もう少し上の年齢になり、子どもだけでお友だちの家に遊びに行くようになったら、何かよからぬ事態が起きぬよう、オンラインでもオフラインでも正しい判断ができる知恵を子どもに授けてあげたい。

子どもについていけない？

私のワークショップに来る親御さんには、テクノロジーについていけないと感じている人が多い。まずは現実に目を向けよう。だいたい子どもというものは、いつだってテクノロジーやSNSなどの最新トレンドには親よりもくわしいもの。それはそれでオッケーだ。

忘れてならない大事なことは、子どもたちがデジタルにくわしいとしても、大人には、子ども以上に人づきあいの知恵があるということ。この知恵にはとても価値があるし、軽んじてはならないのだ。子どもがチャットやメッセージアプリを使いたがるのはなぜ？　なぜソーシャルアプリを使いたいという衝動に駆られるの？　SNS以外につながりを保つ方法はないの？　親子共通のアカウントを始めてみるのは？　あるお母さんは、家族で飼っている犬の写真を投稿するため、11歳半の娘と共通のアカウントで、インスタグラムを始めた。投稿は親子一緒に行い、フォロワーは家族中心にした。これは親子それぞれにとっていい機会になり、アプリの使い方を覚えたし、1年半後、娘が13歳になって自分のアカウントを持つ頃には、母親もアプリの使い方をよくわかっていて、娘が投稿する際、何を投稿するかを判断するところをちゃんと把握できるようになった。これはデジタル「補助輪」訓練としてすばらしいやり方だ。初心者に自信をつけさせ、新しいスキルを学ぶなかでのうっかりミスを防げるようになる。

▼子どもに教えてもらおう

否でも応でも、現代の子どもたちがデジタルネイティブであることは間違いない。その事実についてはもう変えようがないので、とにかく心を開いて、素直な気持ちで対応していこう。家族のテクノロジーカルチャーをあなたが作り上げていけばいいし、お子さんのデジタル世界について一度知りはじめてみたら、子どものテクノロジー漬けの生活だって、案外フツーに思えてくるかもしれない。

お子さんがデジタル生活の中で何をしているか関心を持って、一緒に学んでいこう。一緒にマインクラフトをプレイしたり、インスタグラムに写真を投稿したり。あなたがオンラインでしていることをお子さんにも見せ、あなたのフェイスブックの投稿やリンクトインのプロフィールについて、子どもに意見を聞いてみよう。その目的は、テクノロジーにくわしい人になることではなく、子どものテクノロジーに対する考え方や交流の形を理解することなのだ。

アプリをどう判断するか

なんでも全部わかろうとしなくたって大丈夫。子どもに何かのアプリを使いたいと頼まれたら、次のような方法も、それを許可してもいいかどうかを判断するための参考になるだろう。

1 はじめの一歩

お子さんに、そのアプリについて知っていることをすべて話すようお願いして、なぜそれをインストールしたいのか説明してもらおう（「だってみんな持ってるから」はナシで）。

- □そのアプリのどこに魅力を感じるのか？
- □どんな使い方をするつもりなのか？
- □それはSNSアプリなのか？　ゲームなのか？　個人情報はどれくらいシェアするのか？
- □そのアプリのメンバーはどんな振る舞いをするのか？　それを見た他のユーザーはどんな気持ちになるのか？

ダウンロードや購入の準備をする前に必要な条件を、お子さんとじっくり向き合って、一緒によく話し合おう。

身近にいる「専門家」にアドバイスを求めよう。年上の子ども、子どものベビーシッター、大学生の姪、誰だっていい。お子さんより2、3歳年上の、信頼できるお友だちからいろいろな事情を聞いてみよう。私のウェブサイト（raisingdigitalnatives.com）やオンラインのさまざまな情報もチェックしてみよう。

2 もっと踏み込んで

お子さんと一緒にアプリを検索してみよう。そうすれば、お子さんがどんなジャンルのアプリに興味があるのか、よくわかるようになる。また、お子さん抜きで、ひとりでアプリ検索をしてみるのもいいだろう。

ゲーム　未課金、無料のゲームをチェックしてみよう。無料体験版を試したり、YouTubeでプレイ動画をお子さんと一緒に見たり、Amazonでユーザーレビューを読んだりしてみよう。

SNS・コミュニティアプリ　「中学生　アプリ　人気」「小学生　YouTube」など、インターネット検索をしたり、PC版のインスタグラムなどのSNSを使って子どもに人気のアプリを調べてみよう。ほかにも「ジャスティン・ビーバー」「かわいい　猫」など、いろんなキーワードで検索してみよう。または、ちょっと悪い言葉も試してみて。12歳のお子さんが検索しそうなものって？検索結果に何が出るか知っておこう。大手の人気SNSメディアでは、サイトの一部にポルノが表示されることがあるが、だからといって、お子さんがアカウントを取りたいと言ったそのサイトに、ポルノ情報が載ってることをお子さん自身はおそらく知らないだろう。お子さんがそのサイトを見たい理由は、新しいＳＮＳ空間で友だちと交流したいからという可能性の方が高い。

3　とにかく関わってみる

お子さんが使いたいアプリにゴーサインを出すにあたり、よく調べたいと思うなら、お子さんと次のようなことを話し合ってみよう。

□お子さんが使いたいアプリの中で、よくないと思うアカウントやフィード（一覧画面）と、ちゃんとしていてクールだと思うアカウントとを、それぞれお子さん自身に聞き、実際の画面を見せてもらう
□その新しいアプリですること、してはいけないことリストを、お子さんと一緒に作成する
□ＳＮＳアプリで誰かとつながるとき、どんなルールにするか
□トラブルが起きる可能性はないか。それを回避する方法について、お子さんにアイデアはあるか。
□お子さんはそのアプリをどれくらいの時間使っていいことにするか。どんな条件で使っていいことにするか。
□お子さんのプライバシー設定はどうなるか
□お子さんの使用条件に、あなたとパスワードを共有することはあるか。お子さんはあなたと「友だち」になる必要があるか。あるいはお子さんを「フォロー」できるか

□お子さんが投稿するもの／しないものは、どうやって決めるか。
□お子さんは「位置情報のタグ付け」について解除して、データの足跡を残さないようにする方法を知っているか。

まず一歩、それからもっと踏み込んで、お子さんとじっくり話し合うこと。お子さんが使うアプリを理解する良い手段であり、お子さんがダウンロードするものが安全で楽しい内容かを確かめることにもなる。もしそのアプリを使うことでストレスがたまり、他の日常的なこと（睡眠、宿題、家族の時間）を奪ったり、その他マイナスの影響が出ているなら、もう一度考え直そう。

ＳＮＳの知識を得るのに、なにも大学院で専門に勉強するなど構える必要はなく、やり方はいくらでもある。家族全員で自分のお気に入りアプリを互いに見せ合うのはどうだろう――イチオシアプリの「発表会」を企画してもいい。お子さんと一緒にアプリストアを覗いて、いろいろなアプリを評価してみてもいい。操作や機能についての使い方ヒントや便利技を調べてみると、時間や手間が省けるだろう。子どもがイライラをつのらせてしょっちゅう不機嫌になるアプリやゲームがあるなら、積極的に解決に関わっていい（おそらくそのゲームで遊ばせないようにしたり、アプリをアンインストールしたりして）。

あなたのツイッターアカウントを設定する際に、お子さんにも手伝ってもらって、関連ユーザーからフォローする相手を一緒に探してみよう。こういったツイッターユーザー仲間からいろいろなことを学ぶやり方を、多くの教育家は「パーソナルラーニングネットワーク」と呼んでいる。あなた自身のパーソナルラーニングネットワークを築く過程を見せて、お子さんのお手本になってみるのはどうだろう。自分の興味関心を支えてくれるSNSなどのサービスがないか、あなた自身で調べてみよう。お子さんがすでにツイッターや他のSNSアプリをやっているなら、お子さんの興味関心に合った投稿をしているユーザーをフォローするのを手伝ってあげてもいいだろう。

あなたのデジタル意識を高めるもうひとつの方法は、ネットで自分の名前をキーワードにして検索「エゴサーチ」することだ。アカウントにログインしていない状態でやってみると、他人から見える検索結果を確認することができる。あるいは、ウェブサイトの新着コンテンツ通知サービス（たとえば「Googleアラート」など）に自分の名前を登録しておくと、オンラインで自分の名前がメンションされたときに通知が届くようになる。自分についてどんな情報がネットにあるのかを知るのも悪くない。けっこう意外な結果が出ることもある。ふだんの生活における具体的な情報、それこそ訴訟手続きから自宅の購入価格までがネットにあふれているはずだから。

こういった実地訓練をお子さんとやってみると、ネット上に行動の足跡（Digital Footprint）を残すことの問題がいろいろとわかってくる（この問題については第9章でくわしく述べる）。単にテクノロジーの知識やしくみを教えたって意味はないのだ。子どもと一緒にデジタル世界を探ることでこそ、将来起こりうる失敗を示してあげたり、もっと言えば、双方向からの話し合いを生み出していけるだろう。お子さんはきっとあなたが味方になってくれると感じるし、あなたもまた、お子さんの気持ちに寄り添えるはず。

だからどうか、肩の力を抜いて。とにかくテクノロジーについて何から何まで知り尽くさなくたって大丈夫。親のあなたがすべきなのは、お子さんの世界を十分に知って、お子さんと一緒につきあっていくだけのことだから。

子どもの世界を知ろう

お子さんの世界についてだんだんわかってきたところで、意識的にできるだけくわしく知るようにしよう。たとえば、そう、お子さんがSNSについて、どのサイトやアプリがそれぞれどんな用途で役立つかを話してくれたなら、こう聞いてみよう。

- なぜチャットは、友だちと出かける約束などについて話し合う手段に向いていると思うか
- サイトやアプリを使っていて、時間のサイアクな無駄遣いだと思うのはどんなときか
- チャットをしていてケンカの原因になるのはどんなときか
- できれば表に出さず非公開にしておきたい情報は、どのサービスに投稿する？

しっかりと突っ込んだ質問をしよう。黙ってやり過ごさないこと。ちょっとアンケート、とでも言って、お子さんからいろいろ話を聞き出そう。

「パニクるな」

お子さんがネットやアプリでしていることは、きっと、あなたが思っているほどおそろしいことではないはずだ。では、今あなたが、友人やニュースなどで聞いているさまざまな問題はなんなのだろうか。ちまたにはネットやSNS、スマートフォンが子どもたちをダメするといわれるおそろしい話があふれている。その点、子どもたちはたぶんあなたが考える以上にしっかりしている。そう、子どもは親の助けやアドバイスを必要とはしているが、基本的には自分で善悪の判断はできるのである。

例として、友情とは何かを考えてみたとする。小学3年生グループにインタビューを行ったところ、彼らの思う良い友だちとは、（1）親切で、（2）一緒にいると楽しい気分になれて、（3）秘密を守ってくれて、（4）一緒に遊んで楽しい、というものだという。同じ質問を、テレビゲームで一緒に遊ぶ友だちについて聞いてみても、似たような答えが返ってきた。

子どもたちは自分がどのような人になりたいかわかっている。一緒にテレビゲームで遊びたくないタイプについて聞いてみると、ズルをする子、自分の作品を壊す子、いさぎよく負けを認めない子という答えが返ってきた。

このような結果を見ると、子どもには自分の望む友だちづきあいのあり方がわかっていて、リアルな友だちづきあいがデジタル世界の交流でも基準となり、そのようなつきあい方を望んでいることがわかる。それに、子どもたちは安全についての知識も驚くほど知っている。たとえば、見知らぬ人が一緒にテレビゲームをして遊ぼうと誘ってきても——ネット（サーバー、ネットワーク、プラットフォーム）でつながったゲームではありがちだ——、子どもはこう答えちゃダメとわかっている。「知らない人と遊んじゃダメって言われてるから」。だってそんな風に答えたら、子どもだってことバレバレじゃん！　またなかには、他人とのつながりを保つ達人のような子もいる。いずれのケースも、親が相談に乗ってあげる絶好の機会である。

ソーシャルゲーム

もしお子さんが見知らぬ他人とゲームで遊んでいるなら、ゲームをプレイするということは、同時にコミュニティスペースで他人と交流することにもなるとお子さんに知ってもらい、そこで守るべきルールをお子さんと確認することが大切だ。マインクラフトのようなオンラインゲームはもちろんのこと、プレイステーションやXboxのような家庭用ゲーム機を用いたコンソールゲームシステムや他のゲームプラットフォームでも、ユーザー同士がチャットで交流できる。そこでは本名や年齢を明かさなくてもよい。多くのゲームシステムでは、ユーザー同士が個人的にチャットをすることができる。なかには、オプションで「全員」「友だち」「非公開」を選べばプレイヤー自身が交流相手を限定できるものもある。

ただし、ゲーム別の仕様情報は常に変わるため、本書をみなさんがお読みになる頃には内容が変わっている可能性が高い。そこでおすすめするのは次の方法だ。（1）あなたのお子さんと同じシステムを持っている、他のご家庭の親御さんや、同じゲームで遊んだことのあるお子さんに、いろいろと話を聞いてみる。（2）特定のシステムやゲームの安全性に関する最新の動画や紹介記事を検索してみる。（3）子どもと一緒に遊んでみたり、少なくとも子どもが遊んでいる部屋で一緒に過ごす――どんなゲームで遊んでいるか確かめて、誰と交流しているかを知る。子どもに対し、どういう事態になったらあなたに相談するべきかを例を挙げて話す（たとえば相手が個人情報に関する質問をしてきたり、オフラインで個人的に会いたいと言ってきたり、脅してきたり、など）。

結局は、子どもの体験を見守ることに尽きる。お子さんはプレイ中楽しそうにしているか、それともイライラしているか？　そのゲームはお子さんの興味や友人関係を育むものか、それとも妨げになるものか？　もしお子さんや家族の様子が少しでもおかしいようなら、一緒に解決策を探ってみよう。

親同士で情報交換

あなたはデジタルまわりで何かを決定するとき、誰にも相談できず孤独な気持ちになっていないだろうか。それならば、思いきって他の親御さんと話してみよう――まずは身近な知り合いから。それに、あまりよく知らない親御さんと話すのもオススメだ。ふだんの人づきあいの輪のなかでは気づきもしなかったヒントが、思いがけず得られるかもしれない。相手についてよく知らないまま決めつけたりせず、心を開いて正直に話してみよう。

まだ心の準備もできていない段階で、子どもたちみんなが新しいもの（スマホとかインスタグラムのアカウントとか）を持つようになるなんて、裏に何かの陰謀でもあるんじゃないか、と勘ぐりたくなるほどだ。人と同じにしようとか、子どもが仲間はずれになる原因を作らないようにしようといった動機ではなく、わが子のことは、自分の決めたペースでひとつずつ進められるようになりたいものだ。

デジタル時代の子育てに関するさまざまな問題を親同士で考えるネットワークを築きたいと考えているなら、まずはフェイスブックなどで少人数のディスカッショングループを作ることから始めてみよう——これなら手軽にできる！　少人数の友人同士で始めれば管理しやすいし、あとでグループを広げたくなったときにはメンバーを追加することだってできる。コミュニティに招待する相手にはこんなメッセージを送ろう。「子育てとテクノロジーについて、親同士で情報交換するグループを作りたいと思ってます。よかったら参加しませんか」。これであなたは、グループの全員に質問を投稿したり、他のメンバーからの質問に答えたりできるようになる。このやり方は、私自身も非常に役立つと思っている。親として、また親御さんと共に考える立場からも、ぜひおすすめしたい。

子どもがスマホでしたいこと

子どもたちにとって、ＳＮＳは休憩時間の校庭みたいなものだ。みんなが気ままにわいわいしゃべり、楽しく過ごす場所。チャットやメッセージは、電話の通話と同じ感覚で、それをもうちょっと手軽に、相手への負担を少なくしたもの。オンラインゲームは、盤上で遊ぶボードゲームと同じ。このように考えれば、お子さんがＳＮＳの世界でやっていることがわかるようになるし、その良し悪しも判断できるようになる。時代が下るにつれ手段はいろいろと変わっても、この世界はやはり他の人とのつながりを築くことが中心となっているのだ。

そんな風に考えてみると、子どもが画面を覗くのは「そのデバイスを使って何かしたい」というよりも、「友だちと一緒に過ごしたい」ときだということがわかる。大事なのはデバイスよりも、その気持ちなのだ。あなたが親としてすべきは、デバイスはさておき、お子さんがＳＮＳでよりよい友だち関係を築き、よきネット住民、そしてよき大人になっていくため手助けをすることだ。

一度になんでも覚えようとせず、ひとつずつ覚える方がいい。スナップチャットやインスタグラムの機能で今すぐ役立つことって？　おそらくプライバシー設定だろうか。またはプロフィール写真の掲載方法。とにかく、あれもこれも全部いっぺんに覚えてしまおうと思わないで。まずひとつやって、それからだんだん増やしていくようにしよう。

時には姪の力を借りる

使い方を知って準備を整えたはいいが、いざ子どもと一緒にSNSやマインクラフトなどのゲームをやるとなると、どうしても気が進まない。そんなときは、誰かに助けてもらうのもいいだろう。たとえば職場に、大学を出たばかりの同僚やインターンがいないだろうか？　その人に基本操作などを教えてもらえれば、短時間で覚えられる。または、SNSやPR関係の会社に勤める親戚に聞いてもいいし、ハードコアなゲーマーの高校生や大学生の知り合いもいいだろう。お子さんがPinterest（ピンタレスト）やTumblr（タンブラー）をやっているなら、甥や姪にアドバイスを頼んでみてはどうだろう。そういった親戚や友人が貴重な情報源になってくれる場合もある。

それでも安心できないという場合は、家族や親しい友人を家に呼び、お子さんと一緒にマインクラフトなどで遊んでもらってもいいだろう。たとえば、13歳の娘さんにインスタグラムを始める許可を出すにあたり、「23歳のいとこのお姉ちゃんもインスタをやっていて、実はお母さんからお願いして、あなたをフォローしているよ」と伝えてもいい。もちろん、あなた自身がインスタグラムを利用したっていいが、姪っ子の方がログイン時間が長いし、内部で起きるいろいろな出来事についても、あなたよりくわしいだろう。

お子さんと一緒にSNSで交流する知り合いが見つからなかったとしても、代わりに見守ってくれる人を探す手もある。信頼できる大人に頼んで、お子さんのSNSでの行動をそれとなくウォッチしてもらえば、お子さんが「そこで何をしているか」を大まかでも把握でき、ためになると同時に安心もできる。

あとは実践あるのみ

親同士で集まって、お互いの知っていることや知らないことについて話し合おう。特定のアプリにはあまりこだわらず、「コンテンツの消費」VS「コンテンツの創造」とは、といった、より広いネット交流全般について話そう。特定のアプリの話題では、お子さんが魅力に感じるのはどのような面か。他のお子さんがこれまでにデバイスで体験した怖いことや困ったこととは。なにか予期せぬ出来事が起こったのか。思いもよらない相手から否定的な態度を取られたのか。すでに述べた通り、おそらくアプリやデバイスは、それ自体が問題なのではなく、もっと大きな問題の、ごく表面的な一部にすぎないのだ。私たちは、テクノロジーの存在自体を拒否するのではなく、むしろもっと深く知る必要がある。あなたのお子さんよりも1歳か2歳上の子どもを持つ親御さんたちに聞いてみよう。そのお子さんのデジタル生活で、これまでに一番驚いたことやショックを受けたことは何か。

そして最後の手段は、やはりお子さんやそのお友だちと直接向き合って、大人の立場で相談に乗ってあげることだ。おやつでも用意して、お友だち同士のグループで話を聞いてみよう。特定のゲームやソーシャルアプリについて、あなたの思う長所や短所を彼らに伝えよう。子どもたちは自分の遊んでいる世界について喜んで語ってくれるものだ。あなたが心から興味を持っているとお子さんが感じたなら、心を開いてあなたにいろいろと打ち明けてくれるだろう。

さあこれで、あなた自身が知っていることや知らないこと、テクノロジーについての考え方がわかってきた。ここで一度初心にかえろう。あなたが目指すのは、画面の中で生きぬく知恵を授ける親になること。テクノロジーに対して怖がらず、しっかりと備えていけるよう励ませる親。なんでもかんでも知らなくても落ちついている親、知らないことを学ぶ意欲のある親、テクノロジーがもたらす危険な面と各種ツールでコントロールできる面を知っている親。さあ、親として相談相手になる準備は整った。これから小さなデジタルネイティブを、賢く知恵のあるデジタル市民へと育てていこう！

4 テクノロジーはコワくない

テクノロジーは私たちの生活を豊かにしてくれる面もあるけれど、どんどん攻めこんできて、暮らしぶりを変えてしまっているようにも思える。みなさんのまわりでも、そういう例がいくつも見られるはずだ。レストランでは家族連れが、子どもをおとなしくさせるため、スマホやタブレットを与えている。子どもを学校に送り届けた際、嫌でも目に飛びこんでくるのは、まだあどけない顔をした5、6年生の子どもが、ひとりきり、あるいは2、3人で固まって、眉間にしわを寄せてスマホの画面を覗き込む姿。互いに遊んだりおしゃべりしたりもせず、まるでその場にいる全員が、接触を避けているみたい。

インターネットによって世界中の人たちと手軽にコミュニケーションできるようになった今の時代、そのすばらしい機会をどう活かせばいいだろう。友だちの着ている服や美味しそうな食事風景、旅行に行った様子を知るのもいいけど、もっと大切なことがあるような気もする。本章では、みなさんがご家族と一緒にテクノロジーを使いこなし、ほどよくバランスを取っていく方法について、いくつかのヒントをお伝えしたい。テクノロジーを賢く使いこなせば、家族の結びつきはいっそう深まり、子どもも画面やテクノロジーばかりでなく、実生活でもいろいろなつながりを持つようになり、さらには、アプリがなんでも解決してくれるという考えをあらため、もっと賢く上手に使いこなせるようになるはずだ。

教育心理学者のハワード・ガードナーとメディア研究家のケイティ・デイビスは、共著書『アプリ世代』の中で、10代の若者のアプリとのつきあい方について、最新の研究結果をまとめている［★1］。それによると、アプリがもたらしたとされる人の暮らしの変化には、明らかにアプリの影響を受けているもの（文の誤字脱字チェックツールや経路図など）と、はっきりそうとは捉えにくいものとがあるという。著者の説明では、子どもがアプリを通じてさまざまな関わりを持つ形態は二通りあり、大人としては子どもに「アプリに頼りきる［★2］」のではなく、「アプリでやりたいことを叶える」ようになってもらいたいという。私自身も、子どもがアプリでやりたいことをどんどん叶えていって、いろんな問題を解決するためのツールとしてテクノロジーを活用できるようになってもらいたいと考えている。

単にテクノロジーの使い方というだけでなく、それをいつ、どのように使うのがベストなのか子どもが判断できるよう、親が協力してあげることは、子の将来への投資にもつながる。子どもが自分の目標を達成する手段として、テクノロジーを使いこなしたり、フェイストゥフェイスで人と会ったり、テクノロジーに頼らずに解決するタイミングを見きわめる術を覚えたりしていくことは、人生のさまざまな困難に立ち向かう準備そのものにもなる。

もっとも、デジタル世界で一人前の人間になるために必要なのは、単にテクノロジーの使い方を知るだけではない——そして、そこがまさに、親の出番となるところだ。そのためにはまず、みなさん自身が親として子をサポートする準備が整っているかどうかを確認しよう。テクノロジーの持つ可能性をめいっぱい引き出すには、そのありがたみをちゃんとわかっていなくてはならないからだ。テクノロジーを肯定的にとらえる、「テックポジティブ」な親を目指そう。

では、テックポジティブな親とはどんな親だろうか？

- テクノロジーを積極的に活用する環境を作る親。それと同時に、ネットにつながらない時間や空間を計画的に作り出せる親。
- 親自身の端末や機器とのつきあい方もよく考え、親の行動が家族全体の雰囲気に影響すると自覚している親
- オンラインでもオフラインでも、礼儀正しく振る舞い、友だちや同僚、子どもの担任などときちんとおつきあいできる親
- テクノロジーを使う時間をはっきりと決めて、そのルールを家族に守るよう言うだけでなく、自分自身もきちんと守る親。ネットにつながない時間には、デバイス類も使わない。
- デジタル世界とのつきあい方は人によって違うことを子どもに教えたうえで、自らお手本になって、SNSへシェアする前に相手に許可を求めるなど、他人を尊重する親
- デジタル世界でのひとりよがりな自分語りや、自己アピール、他の人にしつこくつきまとうなどは、

ネットの残念な使い方だという考えを持ち、それを子に伝える親
● テクノロジーの持つ長所を活用し、暮らしにプラスの変化をもたらす親

「ワルい子」と決めつけない

お子さんに合った、落ちついた環境をオフライン／オンラインで作ってあげられるかどうかは、親であり、お子さんの相談相手であるあなたにかかっている。その方法として、まず次のような前提に立つことをおすすめしたい。お子さんは自分で善悪の判断ができ、正しい行動をしたいと思っている。ただし、そのやり方がわからないこともある、と。このような前提に立つだけで、お子さんの世界を広げる数々の方法について、オープンに話し合えるようにもなる――それこそ、ＳＮＳやゲーム、それについて回るいろんなこみ入った問題や、戸惑い、ストレスといったことまで。

私の調査では、親や教師の多くがテクノロジーに対し、過剰にネガティブな印象を持っている。子どもによるテクノロジーの「悪用」が、繰り返し問題になっているからだ。それこそが、テックポジティブな親になるための最大の障壁であると、私自身も考えている。心を開いて親子で対話することは、お子さんと健全な関係を築くために重要だし、逆に、お子さんが悪いことを考えているという前提に立てば、本音を聞く機会も閉ざされてしまう。そこまで悪い子だと決めつけていないつもりでも、たとえばお子さんがテクノロジーに向かうことを、単なる「時間の無駄遣い」だと親

が思ってしまうと、もうその時点で、心を開いた会話は成り立たなくなる。

子どもを肯定してあげれば、本音を引き出せるということは、親や教師にとって常識である。子どもの動機なんて、たいてい単純でシンプルなものだ——友だちとつながりたい、気の合う仲間を見つけたい、自分のことや今の気持ちについて話したい——以上。そういった自然な欲求に、ややこしさが加わってしまうのがテクノロジーであり、子が親のアドバイスを必要とする理由もそこにある。そしてちょっと意外かもしれないが、実際に子ども自身も、親の助けを求めている場合が多いのだ。

話す場を作る

SNSで仲間とネットワークを築き、ポジティブな交流を進めることは、子どもにとってプラスになる。デジタルネイティブではない親たちにとって、ソーシャルメディアの世界は、異国のような存在かもしれないが、実際は、現実世界と何ら変わりない場所なのだ。子どもがネット世界でどのように人と交流するか、親も一緒になって楽しく知っていけば、そこで得たいろいろな学びや発見は、家庭や学校など子どもの実生活においても、きっと役立つはずだ。

ふつう人は、まわりからよく思われたいものである。お子さんには、「あなたはいい子だし、まわりの人もお友だちになりたいと思ってるよ。投稿するときは、そんなあなたのよさがわかるようにしたら？」と伝えよう。こう言うよりは、はるかにマシではないか。「あなたっていじわるなんじゃないの」。ただし、もしお子さんが何か面倒に巻き込まれ、そんなふうにお気楽にやっていてはこじれてしまうといった場合には、ズバッと厳しく言ってあげてもいいだろう。そこは状況に応じて使い分ければいいが、原則としては、やはりまず、よい振る舞いをすれば褒めてあげること。そこから始めた方が、失敗を咎《とが》めてばかりいるよりも、はるかに効果的だ。

親だからできること

お子さんが学ぶ機会はまわりにいくらでもあり、ふだんの暮らしにあるごく身近なものだってみな学ぶ題材になる。お子さん自身で善悪を見抜ける力を育んであげるには、今使っているSNSなどのサービスの長所と短所を、自分なりに評価する方法を学んでいってもらうといいだろう。そこに掲載されている、他のお友だちのプロフィールをお子さんと一緒に見ながら、どの子が好印象か、どの子がそれほどでもないか、答えてもらおう。お子さん自身の判断にゆだね、親が「先回り」をして意見を言わないように。

こういった評価をすることが、いい勉強の機会になるのはお子さんだけではない。親のあなたにとってもだ。お子さんやお友だちの判断基準を知る絶好の機会になるし、お子さんの相談に乗ってあげるきっかけにもなる。お子さんの価値観や考え、判断基準がわかるようになる。私が複数の中

１〔７年生〕の子どもたちに話を聞いてきてわかったのは、子どもというのはよく、他の子について、ちょっと行きすぎなくらい厳しく評価するということだ。

ＳＮＳに投稿する内容、投稿しない内容の判断基準を、子ども自身に身につけてほしいと願うのは親として当然だが、一方で、基準があまり厳しくなりすぎないよう気をつけたい面もある。だけど、親としてお子さんにはお友だちを傷つけたり、悪意のこもったあだ名で呼んだりしてほしくないことははっきりしている。つまり、大事なのは両者のバランスを取ること。子どもには判断力を養ってほしいが、あまり強く決めつける人にもなってほしくない。そのために親がすべきことは、たとえば子どもたちの写った写真を見るとき、絶対にいじわるな目で見ないこと。お友だちが写った写真を見て、（うわ、なんかこの子、すっごいワルそう）と心の中で思っても、お子さんには「ねえ、この子、将来何になるかなあ？」など無難な話にとどめておいて、お子さん自身にその子の印象を判断してもらおう。もちろん、そんな風に何人ものお友だちが写った写真をＳＮＳに投稿するのはよくないとお子さんに伝えたっていいが、ともかく、その写真に写ったお友だち（あるいはその子の親）の人格についてどうこう言うのは控えよう。それよりも、自分を人に見せる際にやりがちな失敗など、お子さんと同じ目線で話してあげれば、お互いの気持ちがより通じるようになる。たとえば、こう言ってみるのもいい。「写真を投稿すると、たまにとてもたくさんの人に注目してもらって、「いいね！」やコメントの反応がほしくなったりするけど、あまりそういうことが気になりすぎると、ちゃんとした判断ができなくなったりするんだよね」

失敗も経験に

ネットでちょっとマズいことをしたときに、どんなマイナスの結果を招くのか、時には子ども自身で判断したっていい。そういう経験そのものが悪い結果をもたらすときだってある。たとえば、あるお友だちの投稿で、他のみんなが嫌な気持ちになってしまった場合、みんなはそのお友だちにムカつくだろう。そんなとき、親として、生じた結果に対してどうこうする必要はないのかもしれないが、子どもの相談に乗ってあげることはできる。そんな状況のとき、友だちと仲直りするにはどうすればいいか話してあげれば、子どものためにもなるだろう。

私がある学校から相談を受けた件では、5年生の子どもたちがヌード画像をわざと友だち同士で送り合うという問題行動を取り（その年頃なら当たり前のことだけど！）、学校側は、画像を転送した生徒を全員停学処分にすることを検討していた。この件では、事の発端となった11歳の送信主たちに厳罰を与えたところで、転送されてきた写真を目にした大勢の子どもたちがショックを受けたという問題は解決しないように思えた。こんなとき学校は、この件にかかわった当人たちを罰するかわりに、そういった悪意のある画像、特に送られてきた理由がわからないものを転送、「拡散」しないよう指導することに力を注ぐという対応ができる。送られた画像を悪意で転送した子どもたちにとっては、自らの行動が招いた当然の結果だったといえるかもしれないが、その子たちに対しても、失敗から何かを学び取る機会として親身に相談に乗ってあげれば、行動をあらためるきっかけにもなるのだ。

では、子どもが将来いろんな失敗をして問題を起こしたときにどう対処するか、問題が起きる前に何ができるか、そういったことをお子さんと話すにはどうすればいいだろうか。まず前提として、お子さんはまわりの子と仲良くしたい、よい友だちでいたいと思っているという事実をふまえたい。お子さんにこう尋ねてみよう。「いい人やいい友だちって、どんなことをする人？　もし自分が先生や学校関係の人が、子どもってサイアクなことするっていう前提で、校則で子どもをガチガチに縛りつけたら、どんな気持ちがする？」。仮にあなたが職場で、メールの内容を監視されたらどんな気持ちになるだろう。理想としては、やはり学校や親は、なるべく子どもを信じる前提で規則を決めたいものだ。

画面に向かってしていることはいろいろ

私たちはいろんなテクノロジーを利用しているが、それをすべてひと括りに「画面に向かっている時間」としてしまうのは大間違いだ。画面に向かって新しく何かを創り出す作業と、単に見たり聞いたりする消費活動の違いを見ず、なんでも一緒と決めつけてはいけない。実際のところ、一口にテクノロジーの利用といっても、それはいろいろな動作や体験が連続的に起きている状態なのだ。たとえば、テレビ番組を見るのは受け身の消費。では、YouTubeでマインクラフトのゲーム実況動画を見るのは？　実況動画を自分で作るのはどうだろう？　Tumblrブログで最も「リポスト」された記事を読むのは——その記事をスクラップブックやコラージュにまとめるのは？　では、自分のオリジナル記事をTumblr（あるいはどのブログでもいいが）に投稿するのはどうだろう？　このように、テクノロジーとの関わり方は、実にさまざまだ。

　私たちの多くにとって、ソーシャルメディアは（大半が）消費活動のひとつにすぎない——画像や動画を見たり、友だちや家族がシェアしたリンクを開いたり。でもなかには、ソーシャルメディアを創作発表の場とする人もいる。ものづくりの機会であり、オリジナル作品を発表する場であり、見た人の反応や感想をもらう場であり、他の人と作品を見せ合って学ぶ場なのだ。こういった機会は、ネットやSNS以外の、リアルな体験と変わらない、有意義な機会になる。

　しかし、画面に向かう活動の内容は、みな同じというわけではない。だから、それぞれの活動に応じて、画面に向かう時間制限を決めていこう。いやせめて、1日何時間といった一律の厳密なルールはやめよう。実際にお子さんの場合はどうだろうか。GarageBand（ガレージバンド）〔マックOS／iOS用の初心者向け音楽制作〕ソフトウェアで作曲しているのか、またはNetflix（ネットフリックス）で連続ドラマを見ているのか。連続ドラマなどの「イッキ見」にはそれ用の時間を取ってもいい（風邪で寝こんでいる時や家族で鑑賞するなど）、ただ私なら、作曲とドラマ鑑賞の両者に対して、それぞれに異なる時間制限を設けると思う。

　お子さんの興味を消費からものづくりへと向けていくには、たとえばお子さんの好きな（または嫌いな）番組のパロディを作るというのもひとつの手だ。あるいはBook Creator〔電子書籍作成アプリ〕を使ってオリジナルの電子ブックを作る。シンプルな動画編集ソフトを使って、自分の番組をプロデュースさせてみるのもいい。

共通の趣味や好みの合う仲間のコミュニティに所属して、そこで発表するという考え方を子どもに伝えてあげよう。コミュニティは、編み物、ギリシャ料理の作り方、マインクラフトの遊び方などなど、それこそ星の数ほどある。そのコミュニティでお子さんが提供できる話題は何だろうか。親として、お子さんのよき相談相手として、ネット世界——またはリアル世界で、安全にいきいきと参加する方法を、あなた自身が示してあげよう。そう、それでこそデジタル世界で一人前になれるのだ。

家族旅行の〝調査〟を頼む

このようにインターネットには無限の可能性が広がっているが、お子さんがそれを上手に使いこなすには、親としてどんなことをしてあげられるだろうか。お子さんのネットやSNSで充実した経験が得られるかどうかは、私たち親の助言次第だ。

たとえば子どもに、どこか外国のニュースサイトを見せたり、あるニュースについて、お子さん自身の意見や感想とは異なる意見の記事を、家族それぞれネットで探して、それぞれの考え方を示してあげたりする。内容に賛成できない記事を読むことは、共感力や他人に敬意を払う気持ちを養うことにつながる。もちろん、自分とは違ったいろんな考え方を知るのは、自分の意見を変えるべきだからという意味ではないということは、お子さんに伝えよう。重要なのは、こういった作業を通じて、お子さんに違う意見に目を向けるきっかけを作ってあげること。それは結局、お子さん自身の考えをまとめていくうえで有意義な経験にもなる。

もうひとつのおススメは、次に行く家族旅行について家族一緒に調べてみることだ。小学4年にもなれば目的地周辺にある美術館や博物館、自然散策ハイキングコースといった情報を探せるだろうし、6年生にもなれば目的地までの距離を計算して、道中に自動車のガソリンを給油する予算を計上することだってできる。家族ひとりひとりが旅行中のA地点からB地点までのコース作りを楽しめるし、道中立ち寄りたい観光スポットを探しておくことだってできる。ブログを作成したり、ソーシャルメディアを活用して、旅行中の出来事をお子さんに投稿してもらってもいいだろう。

ツウなファンに向けて発表

自分の作品をネットでシェアして、より本物のわかる読者や視聴者に見てもらえるようになった点は、テクノロジーの魅力のひとつである。大勢でなく、ごく少人数でいい。大事なことは、自分の作品やその制作過程に興味を持ってくれるかどうかだ。作品を誰でもいいから見てもらうのでなく、そういったコアな仲間やファンを探すのは、なかなか大変なことだ。たとえばあなたの娘さんは今、文章技術を磨いている真っ最中で、SNSなどに文を発表しては、少数ながら熱心で理解のある仲間に読んでもらっているところかもしれない。文章の上達にこんな良い方法はない。みなさんのなかにも、ブログやTumblrなどで、ふだんのちょっとした出来事や、オリジナルレシピを公開している方もいらっしゃるだろう。ほんの10人足らずの読者でも、熱心に読んでもらえれば言うことなしだ。

オーディエンスに向けてコンテンツを生み出すことは、作文の宿題をやるのとは違った体験になる。子どもにとって、先生に読んでもらうだけの作文なんて、同級生やその他の人たちにシェアするコンテンツを作ることに比べたらつまらないものだ。遅くとも高校生になるまでには、子どもの作品はデジタル世界のプロフィールの一部となるだろう。

共有ツールを使おう

自分の手を動かしてこつこつとものづくりをすることは、お子さんのためになる。デジタル世界でものづくりをする大きなメリットは、使うツールによって、一緒に作る仲間ができていくこと──でも、そういった共同作業用のツールを家族で使うにはどうやればいいのだろう。なんのことはない、あなたはすでに職場で、人と共同で仕事をしているではないか。それを家でやればいいだけのこと。子どもに対していろいろと大切なスキルを教えることにもつながる。

まず手はじめに、Googleカレンダーを共有することから始めよう。サッカーの練習日、お友だちとの遊びの約束、チャリティー募金パーティ、学芸会の予行演習——毎日こなす予定や行事が、次々とめまぐるしく続くように思えることもある。カレンダーを共有すれば、予定に対する責任、状況把握、時間管理を学ぶ機会になる。ひょっとしたら子どもにカレンダーの編集権限を今すぐ与えることに抵抗を感じる人もいるかもしれない——でも、実行可能なスケジュールを親子一緒に作成すると、とてもためになる。高校生なら自分のカレンダーを管理、更新することもできるだろう（そしてそうすべきでもある）！

一緒にゲームを

ゲームは、家族が集まって交流するための、すばらしい手段だ。昔ながらのボードゲームは古き良き伝統の遊びだし、最近の対戦通信型デジタルゲームだって、アナログ時代のそれに代わる可能性を秘めている。子どもに興味を持って楽しんでもらうため、週に一度、家族ゲーム大会の日を決めて、アナログゲームと、機器につなぐゲームとを交替でやってみてはどうだろう。子どものお気に入りのゲームを紹介してもらい、どんなゲームか覗いてみよう。「カット・ザ・ロープ」、Agar.io（アガリオ）、マインクラフトなどは、大人でも案外楽しめるはずだ。

創造力を働かせる機会は山ほどある。お子さんにオリジナルのゲームを作らせてみたり、すでにあるゲームを改良してみるのもいいだろう。本物のテレビゲームの開発は無理、というお子さんだったら、紙に動作やアクションを書かせてみよう。ゲームだけでなく、テクノロジーを使って毎日の生活をよりよくしていくための優れたやり方だ。子どものお気に入りのアプリやゲームも、いろいろなバージョンを試してもらおう。

お子さんの好きなゲームの遊び方を教えてもらい、時には一緒に遊んでみよう。親にとって、子どもと一緒にゲームをする真のメリットとは、子どものゲーム世界に入り、子どもが他のユーザー同士で交流する様子を覗き、その世界に親しんでいくこと。もちろん親自身のゲーム体験にもなる。ただし、子どもが熱中しているゲームをあなた自身もしっかり楽しむには、子どもの興味関心を十分に知る時間が必要になる。私がこれまで親御さん方から話を聞いてきた限り、それだけの時間をかける価値はある。実際に参加するなかで自ら考えたり発見したりすることに代わるものなどないのだから。

たとえばお子さんがチェスやラクロスなどを始めたとして、親のあなたがルールを知らなかった場合、まずはルールを覚えて、お子さんのやっていることを理解しようと思うだろう。デジタルゲームもそれと同じことだ。とにかく一緒になってマインクラフトをやってみよう！　まず基本の「サバイバルモード」を試してみて、それから他のお子さんがデジタル世界でやっていることを知りたくなったら「クリエイティブモード」をやってみよう。時にはお子さんと一緒にプレイし、様子を観察しよう。ゲーム世界の最新の話題を知ろう。

また、交流型ゲームのメリットについて知ることも重要だ。子どもはもめごとを解決したり、チームの強さを推し量ったり、作業を分担したりする方法を学ぶ。ゲームによっては、プレイヤーの強さをもとに、子ども同士で役目を割り当てたりする。たとえば「クラッシュ・オブ・クラン」で一緒に遊ぶとき、お子さんと同じ「クラン」にいるとはどういうことか。

もちろん、交流型ゲームで見知らぬ他人と遊ぶとき、子どもがトラブルや悩みにぶつかるおそれはある。まさしくそれが、親にとっての最大の心配事でもある。理想を言えば、12歳未満の子どもは、直接会ったことのある人とだけ遊ぶのが望ましい。一部の学校や家族グループでは、専用のマインクラフトサーバーを設置して、子が親のいないところでプレイするときにも、見知らぬ大人と交流する心配がないようにしている。サーバーはぜひ欲しいけど誰かの手を借りないとできないという場合、学校（または地域の大学など）のIT関係者に相談すると、そういったことにくわしい高校生や大学生を紹介してくれる場合がある。専用サーバーを構築すること自体はそれほど難しい話ではないし、苦労しただけの価値があることを思えば、何てことのない手間だ。

時には、ゲームでのプレイをきっかけに、交流の輪が広がっていくこともある。学校の教師の話では、子どもたちはマインクラフトなどのゲームを通じて、それまでになかった、人とのつながりを広げているという。ゲームで遊ぶこと自体を友だち作りの新たなきっかけにする子どももいるというのは、明るい側面と言える。

その反面、小学4、5、6年生の先生が口々に語ったのは、ゲーム中に生じる子ども同士のケンカやもめごとについて。そのもめごとが教室でも影響し、時には一日中続いたりするという。小学校高学年ともなると、人とのもめごとを自分たちで解決できるし、そうすべきでもあるが、一方で、親としては、子どもの教師と連絡を取って、オンラインゲームに関するもめごとが、学校生活中にも生じているかを知っておくことが重要だ。ゲームでの交流がそれ以外の場所、特に学校などに影響を及ぼすとなると、親のみなさんがお子さんの交流関係を支えてあげたいところだ。

ある教師が、マインクラフトに熱中する子どもを持つ親たちとの話し合いの様子を聞かせてくれたところによると、一部の親たちはその場に呼び出されて、とても怒っていたという。ゲームはあくまで子どもの遊びの一部にすぎないと考えていたからだ。もし親の立場でこのような場所に呼ばれたら、先生にはなるべく丁寧に接するようにしたい。先生は、学校生活以外の場で起きた子ども同士の関わり合いについて、大人が相談に乗ってあげるきっかけを探っているのだから。それに、仮にあなたのお子さんが悩みもなく順調にやっているとしても、まわりにはもっと傷つきやすく、助けを求めている子どもがいるかもしれないことを忘れないようにしよう。

ゲームする子の言い分も聞く

ある日の午後、ふたりの5年生男児ジョナサンとエリオットに、マインクラフトなど公開サーバー上でプレイするゲームとのつきあい方について話を聞いた。ふたりのうちひとりは（マインクラフトで）公園や家の周りの建物を建てるのに夢中だった。ふたりともとにかくいろんな機能にくわしいいし、プレイモード別の特徴も見事に知り尽くしていた。このようにプレイ中のゲーム「世界」

を自分自身で考えて設計していくゲームは、子どもと大人どちらにとっても魅力だ。

このふたりの男児とその親たちは、ゲームを友だちづきあい、宿題、家族の生活、睡眠と両立できていると考えている。エリオットの母親は、ゲームのプレイ時間はエリオットが他のやるべきことをきっちり終わらせたかどうかにかかっていると話してくれた。宿題と、家の手伝い、片付けを、ゲームの前にすませておく約束だ。そして、このふたりの話で私が最も感銘を受けたのは、2人が自ら蓄えたゲームの知識やスキルに自信を持っていること、そしてもちろん、友だちと一緒にプレイする際の友情や仲間意識についてだった。

アプリ選びの指標

ここで、タフツ大学教授で子どもの遊びについて研究するマリーナ・ウマシ・バーズの話を紹介しよう（彼女のすばらしいTEDxトークをぜひチェックして［★3］）。バーズ氏の話で、私が特に好きなのは、「公園の遊具広場vsベビーサークル」というたとえ話。実際に私は、この話を息子と一緒に試したいアプリや、いろいろな遊びや体験を選ぶ際の判断基準にしており、なかでも特に、創造性を育み無限の可能性を引き出してくれるアプリに魅力を感じている。バーズは、多くのベビーサークル内で起きるタイプの体験（フラッシュカードのアプリなど）は無害だが、危険を回避することで子どもの自主性やスキルを育む機会を奪っていると指摘しており、これには私も同感である［★4］。

教師（そして多くの親たちだって！）は、子どもたちが今当たり前のようにプログラミングを学んでいく様子を喜ばしく思っている。小さい子ども向けのScratch（スクラッチ）や、コードアカデミー（Codeacademy）など、子ども向けのプログラミングレッスン教材は多数あるし、シンプルなプログラムを書くことで、ゼロから何かを創り出し、そこからさらに掘り下げていく術を身につけていける。前述のバーズは、「コーディングは新しいリテラシーだ」とし、子どもは幼いうちからSTEM（科学、テクノロジー、エンジニアリング、数学）教育を始めるべきだと語っている。大きくなってからでは、いろいろな先入観が入り、分野によって「得意」「苦手」と思い込んでしまうからだという。

「ベビーサークル」は子どもを安全のために狭いエリアに囲い、限られた範囲に活動を制限するという意味だ。危険を避けられる分、学ぶ機会も限られてくる。デジタルメディア環境、特にマインクラフトなどのゲーム環境は、外の遊び場に近い。そういったゲームでは、子どもたちが自ら世界を創り出し、プレイ方法を自ら決断する。そこには本物の遊び場と同じように必然的に危険も伴う。たとえば苛立ちや失望、他の子どもとのネガティブなやりとりがある。でも、ポジティブな挑戦や学びの機会だってもたらしてくれる！

子どもをデジタルな「遊び場」に送り出すにあたっては、親の管理がほとんど行き届かなくなると覚悟しなくてはならないが、それに見合うだけの価値があるのもたしかだ。バーズ氏のたとえ話をアプリやメディアコンテンツにたとえると、次のようになる。

- お子さんが他のユーザーとつながりを持ち、交流できるアプリを選ぶ
- ゲームを選ぶ際には、他のプレイヤーと協力して、一緒に問題を解いていけるタイプを候補にする
- 単にプレイするだけでなく、子ども自身が何かを創り出していけるゲームを探す。キャラクターやレベル、各種環境を自分でカスタマイズできるゲームは多数ある。
- できるだけ共感の気持ちを持てるようなゲームを探す
- 女性キャラクターが性的に誇張して描かれていないゲームを探すようにする

では、そのようなゲームを見つけるにはどうしたらいいだろうか。一案として、お子さんよりも大きい子どもに、おすすめのゲームとその理由を聞いてみよう。私が6年生の子どもたちに聞いたところ、2年生の子ども向きのゲーム、そうでないゲームについて、しっかりとした考えを持っていることがわかった。また、ネットで評判を調べたりガイドしてくれるサイトを探してみよう。

ゲームのことでもめないために

簡単に言っちゃえば、ゲームって楽しいものだ。子どもたちはゲームの世界とユーザー同士の交流に夢中になる。ただし、あまりに魅力的なために、よく子どもはゲームにのめり込んだり「依存」したりする。あるいは夢中になりすぎて、正しい判断ができなくなったりもする。そうなると、

当たり前だけど、家族不和の原因にもなる。

制限には、2種類ある。時間の制限と、内容の制限だ。画面を見る時間の制限についてはこれまでにも述べてきたが、内容についてはどうだろうか。子どもにふさわしくない内容のアプリやゲームだと思った場合、どう対応すればいいのだろうか。私の見たところ、親というのは直感的に、デバイスの使用自体に制限を加えようとするものだ。パスコードを設定したり子どものネット行動を見張るいわゆる「子守アプリ」をインストールしたりして。たしかにそういったデバイスの中には、コンテンツ制限の設定が可能なものもあるが、あまり自動管理設定に頼りすぎないようにもしたい。とてもザックリとした単純な作りなので、優れたコンテンツにまでブロックをかける場合もあるからだ。

心配の種をブロックするのもいいが、その代わりに子どもの創造的な考えを育んだり、ゲームの良し悪しを客観的に判断できるようにしていこう。たとえばGrand Theft Auto（グランド・セフト・オート）という車両を盗んで走り回るゲームがあるが、車を盗むゲームをプレイしても問題ないかどうか、子どもに意見を聞いてみよう。あるいは、そもそも車の盗難が悪い行為であると子どもがわかっているという前提に立ったうえで、現実世界では絶対にやらないことをあえてゲームの世界で楽しむのも時にはよし、と考えるようにしよう。子どもとそのような会話を交わすのは重要だ。

それぞれのゲームの楽しさや難しさを理解するようにしよう。そうすれば、ゲームをやるやらないといったことで子どもともめるといった事態もなるべく避けられるようになる。子どもがゲームをやりたい気持ちを理解してあげ、子どもにもあなたの考えをわかってもらえば、言い争うことなく、さまざまな制限を管理しやすくなるだろう。

マドンナの動画も見せてみる——勝利を我らに

子どもの頃母は、私の趣味と合わないとき、「うわ、よくこんなひどいの見るわねえ」と言うのが口癖だった。見ていて耐えられないようなテレビ番組に何時間もつきあうことを思えば、母の言い分はごもっともだ。でもいざ自分が親になってみると、子どものふれるニュース、本、音楽、または食べ物を、自分の趣味で押しつけようとしている。結局、親が子の好みを支配するなんてできっこない。次にいくつかご紹介するのは、いわゆる昔ながらの「子ども向け」メディアの守備範囲を広げていって、親が子どもの好みを否定したり、ディスったりすることなく、子ども自身に批判的な考え方を持ってもらうための実践方法だ。

子どもに親の影響を与える絶好の時期は、とにかく幼いうちだ。あなたは子どもの頃『マペットの夢みるハリウッド』が好きだった？　それなら子どもたちもきっと好きになるだろう。ビートルズは？　ジョニー・キャッシュは？　マドンナは？　子どもにすすめるなら今がチャンス。Netflixや iTunes、YouTubeで、古き良き名作映画を子どもに見せてあげよう。私の息子は、フォーク歌手のピート・シーガーが亡くなったとき、深く悲しんだと同時に、同級生がピート・シーガーを知らなかったことにショックを受けていた。家での洗脳、大成功！

子どもの好きな最新のテレビ番組やアプリ、ゲームについていくのはかなり大変なことだ。親の代わりにやってくれる人を探そう！　子ども向けのアプリやテレビ番組、ゲームについて紹介したりしっかり分析してレビューしているブログをフォローしよう。または自分でブログを始めて、ネットで仕入れたさまざまな情報を紹介してもいいだろう。

ＳＮＳを活用して、自分とつながっている人たちに、ベストアプリとワーストアプリを聞いてみてもいい。まあ無駄な情報も多いだろうが、本当に役立つヒントも必ず得られるものだ。

特別な支援が必要な子にとっての可能性

ＳＮＳにはいろいろと入り組んだ面もあるが、発達障害や学習障害などで特別な支援を必要とする子に対し、文字通りの支援になっている面もある。実生活ではまわりから孤立している子どもが、オンラインのコミュニティで自分の興味関心を共有できる仲間を見つけることができるのだ。直接会って仲間になろうとしてもなかなかできないが、オンラインなら簡単につながりを築いていける。顔を合わせて会話せず、言葉や文章を発信するというＳＮＳならではの特性によって、子どもは思いきり表現でき、リアルな友だちづきあいに悩む子にとって大きな自信につながっていく。親のあなただって、ＳＮＳやいろいろなデジタルツールを使うと、次のようなことができるようになる。

- 自分の体験を投稿するほか、他の親御さんたちや家族とのつながりを紹介して広げていく
- 趣味の仲間を見つける「Meetup」などのSNSを活用して、ゲーム、ホビー、クラフトなど、お子さんが同じ趣味を持つ仲間に出会えるよう協力してあげる。オフ会で子ども同士が会うときには、必ず親も一緒に行くこと。また、たとえオンラインであってもお子さんが幼いうちはつきそうようにしよう。
- 特別な支援を必要とする子ども向けのアプリを探してあげる。そのうちのひとつ、「Choiceworks」というアプリは、子どもに毎日すべき日課をリストにしたがってこなす目的で作られ、その人の特性に合わせてカスタマイズできる機能が充実し、発達障害を持つお子さんに限らずおススメだ。ただし、なかには完了したタスクをスワイプしてリストから外すのが好き、という子どももいる。ゆっくりのお子さんや、自立支援をがんばっているお子さんにとって、ひとりでなんでもできるよう促してくれるこのアプリは力になることだろう。
- お子さんの担任に頼んで、写真や動画撮影、音声録音で、毎日の学校での様子を記録してもらう。なかには協力してくれない先生もいるかもしれないが、子どもの世界をもっと知るための手段にはなる。特に言葉の発達が遅くて、学校での出来事を家であまり話さない子どもの親御さんにとっては。

特別な支援が必要な子どもを持つ親にとって、SNSで特に気をつけなくてはならないことがいくつかある。たとえば、子どもの診断結果をSNSで公表することは、3歳の子であれば、親の直面する困難に支援を受けるための良い手段になるだろうが、お子さんが20歳を過ぎ就職活動をする

頃では、お子さん自身が公表をいやがる場合もある。

テックポジティブな親になる

本章を読んだみなさんが、ご自分の考えをいちから見直すきっかけになればよい。すでにテクノロジーを積極的に使いこなしている親御さんならば、本章の情報を現在の役割を再確認するために役立ててほしい。または、お子さんがなんでもテクノロジーで解決することが不安な方は、お子さんの世界を理解するきっかけにしてほしい。デジタルな交流の新しいあり方を受け入れるには時間がかかる。変化を一度に全部受け入れるなんてできない。毎日小さな一歩を踏み出して、自分の考え方をあらためていこう。そうすれば、お子さんのデジタル世界への理解が深まり、お子さんの身になって考えていけるようになるだろう。

次に挙げるのは、テックポジティブな親になるためのセルフチェック項目だ。

- □ ご家庭はテックポジティブな環境になっているか?
- □ インターネットについて、すぐに使える状態になっているという条件を「超便利」だと思うか?
- □ 子どもがテクノロジーを使うことを理解し、すぐ悪い方に決めつけないようにしているか?
- □ 家族のデバイス利用に関してあなたがお手本を示しているか?

- □ テクノロジーでものを創り出す機会を見せてあげているか？
- □ 子どもと同じデジタルゲームであなたもプレイしているか？
- □ 家庭内のテクノロジー利用ルールを、あなたもお子さんと同じように適用しているか？
- □ テクノロジーの利用時間と非利用時間のけじめをはっきりとつけているか？
- □ テクノロジーの利用時間や内容の制限についての言い争いは減った（またはなくなった）か？
- □ お子さんの写真を投稿する前に本人に許可を得たか？
- □ ネット接続の本当の意味での将来性についてしっかりと説明（良い面悪い面含めて）できるか？
- □ テクノロジーを使うことの目的は、プラスの変化をもたらすためだと思っているか？

さあこれで、みなさん自身のデジタルの知識や理解がどれくらいあるかわかってきたはずだ。今度は、その知識を実践へと移すときだ。

5 〈共感〉という名の必携アプリ

第4章を読んだみなさんは、もうバッチリ「テックポジティブ」な親だ。これでお子さんがネットやスマホを利用する際にも、よき相談相手となるための道を必ず歩んでいける。では、それを実践すると、一体どんな感じになるだろうか。お子さんの力になりつつ、同時に、親のあなた自身の考えをしっかりと保ち、さまざまな不安を和らげていくにはどうすればいいのだろうか。

本章では、年中オンラインの、常につながっているこの世界で大人になっていく、みなさんのお子さん、そして同じ時代に育つ子どもたちの気持ちを理解するために、みなさん自身の知識や知恵を活用する方法をいくつかご紹介したい。それはなにも、子どもにやりたいようにやらせてあげさえすればいい話なんかではない。私は、ネットのつながりを悪く考えるのではなく、将来につながる明るい話としてとらえたい。そしてあなたのご家族全員が納得のいく判断ができるようになるためのお手伝いができればと願っている。

子どもの世界に本当に興味をもつこと

まずはとにかく、お子さんについて知りたい気持ちを持つこと。あなたのお子さん、ふたり以上いる場合はひとりひとりのお子さんについて、1週間、またはある1日の予定を全部挙げてみよう。通学、宿題、クラブ活動、親戚と会う時間、家の手伝い、教会や地域の活動、その他実際にやらなきゃいけないことすべて（楽器の練習や運動なども）。ここまで挙げたら、次に、1日の生活の中でデバイスやインターネット接続がどのように関わっている（いない）のかを考えてみよう。

ざっと振り返ってみて、どうだろうか。お子さんは、早朝あなたが起きる前にネットを見ている？　学校から帰ると、真っ先にメッセージやSNSをチェックしている？　下校中、歩きながらあなたに電話をかけてきたりする？　そういった子どもの行動の、それぞれの意図について考えてみよう。お子さんにとってのメッセージやチャットは、ふだん会えないお友だちと連絡を取る手段になっているか。テレビ番組を見る時間は、お子さんのリラックスタイムになっているだろうか。もしかしたらそれは、結果として、お子さんの望む時間になっていない場合もあるかもしれない。それは、大人にだって言えることだ。大人はSNSを仕事の休憩時間に利用するが、いつでもリラックスできる時間になっているとは限らないのだ。

もうひとつの質問。お子さんが今やりたくてたまらない活動は、いつでもお子さんのやりたいことのうち高い優先順位になっているか。たとえばお子さんは、依存度の高いソーシャルアプリやオンラインゲームにハマっているのではないか。それはイライラや不安をつのらせるものか。最終的には、お子さんの動機を理解してあげたい、お子さんの世界に本当に関心を持つために。そうすれば、お子さんに対し、もっとアドバイスしやすくなるだろう。

「自分が今の時代の子どもだったら」

子どもの暮らしは、大人と同じで、リアルとネット、両方のストレスがいっぱい。なかには、他の子がふつうにやっている人づきあいを、苦痛に感じる子もいる。ストレスの形は、子どもによってそれぞれだ。たとえば、お子さんが食べるのがゆっくりで、学校でランチを時間内に食べきれないとわかっていれば、放課後、家やアフターケアプログラムなどに着く頃には、お腹ぺこぺこになっているはずと察してあげることもできる。学年が上になれば、自分で気づけることだろうが、幼いうちは、お腹が空いたり疲れたりしていて助けが必要という状態はなかなか自覚できず、それが原因でよからぬ判断をするおそれもある。人は空腹のとき、高カロリーで体に悪いおやつに惹かれたりする。それは、ネット生活でも同様で、気持ちがすり減っている状態では、SNSなどネット社会の中で、正しい判断ができなくなってくるのだ。

1週間を振り返って、子どもがテクノロジーまわりに触れている状況を振り返ってみると、うんざりする出来事がいくつか思い浮かぶかもしれない。マインクラフトは許せても、YouTube の動画に夢中なのは気に入らない。Google ハングアウトで自主学習グループをやっていることは歓迎だが、子どもがお気に入りの Netflix の番組はあなたにとって見るに堪えない。

あなたにとっての心配の種と、正直に向き合ってみよう。たとえば娘さんが、男の子たちから注目を集めはじめ、嬉しい反面、不安に思っているとする。そんなとき、もし男の子のひとりから写真を公開してほしいと頼まれたら、娘さんは渋々同意するだろうか？　写真を送ったら、もてあそばれる口実にならないだろうか？　最悪の事態を考えることはないが、何事もないだろうと安心するのも大間違いだ。多くの子どもは、ひとりでデバイスに向き合っているとき、部屋に誰かと一緒にいるときには決してしないような行動を取ることもあるのだ。

子どもがよからぬ判断をしてしまう例なんて、ごまんとある。高校生同士が性的な内容の文や写真を送り合う「セクスティング」事例は多数あり、校内のほぼ全生徒のスマートフォンに全裸の写真が送られていた、なんて事態も珍しくなくなっている。コロラド州キャノンシティでは、裸や性的な写真が高校生の間で拡散し、大きく報道された［★1］。取材を受けた生徒は、自分や他の生徒の裸の写真をシェアすることはふつうにやっていると語った。まったく嫌な、ひどい話だ。でも感想を言う前に、ちょっと立ち止まって考えよう。もしあなたが現代の高校生だったら？　学校のみんなが裸の写真を送るのは、軽いおふざけで、日常茶飯事なのだ。自分だけは絶対にやらないと、本当に言い切れるだろうか？

断固たる態度を取ることは、悪いどころかまったく問題ないことだ。そう、あなたは、お子さんのれっきとした保護者なのだ。でも、子どもが行動を起こしたとき、その理由を必ず理解しよう。

子どもの行動の原因を理解すれば、親のアドバイス力もぐんとアップする。

共感力という必携アプリ

相手の身になって考える——共感力。親のみなさんは、すでにしょっちゅう相手に共感する場面に遭遇していることと思うが、この共感力が今、ますます問われている。親同士で互いの状況や気持ちを理解し合うこと、そして何より、家庭内の夫や妻、パートナー同士が理解し合い、相手を丸ごと受け止めること。現代のこの混沌とした世界で、子どもを育てていくのはなかなか大変なことだ。私たちはまわりの親を見て、すぐにどういう人かを決めつけてしまいがちだ。外の遊び場では、わが子の遊ぶ姿に見向きもせず、iPhoneに夢中の母親がいる。あるいは、子の年齢にそぐわない(大人だってふつう選ばないような)デバイスを与えている父親もいるし、子どものランチに、ふつうの親なら子どもに絶対食べさせないようなおかずを入れる父親だっている。そういった場面では、なぜ彼らがその選択をしたか、事情を汲んで理解してあげなくてはならない。その親には病気の家族がいるのかもしれないし、仕事で大変な状況に追いこまれているのかもしれない。あるいは、今電話で話しているあのお父さんは、学校のカウンセラーに相談している最中なのかもしれない。他人の身の上に何が起きているかなんて、わかりっこないのだ。あるいは、自分の身の上に起きている出来事が自分でもわけがわからなくなるときだってある。私自身の家族も、引っ越しに伴うストレスや転校、家計問題、転職などを経験してきたが、気持ちが不安定になると、家庭生活も健全にいかない時期があったりするものだ。その日その日で最良の親となるよう努力して、それほどでもないときも含めて、できるだけのことをすればいい。そういうわけで、他人への共感力というのは、たとえば次のように、多方面から考えていくべきだ。

- 他の親たちへの思いやり
- 子どもたちへの思いやり
- 教師への思いやり
- 自分たち（夫婦・パートナー）同士の思いやり——親をするのも大変だ！

たとえば学校の先生に授業時間以外にどうでもいい質問をして先生の貴重な時間を奪わないようお子さんに伝えることで、先生の立場や状況を理解する態度を示す。子どもが学校で宿題を書き取ってくるのを忘れたなら、友だちに聞けばすむ話だ。

大切なのは、お子さんがいつも人とつながっている状態にあり、他の子の投稿を見ては、旅行先や誕生日パーティ、家族など、年中、人との比較にさらされてプレッシャーを感じているのが、いかにしんどい気持ちかを忘れないことだ。親のあなたがお子さんの気持ちがよくわかると伝えてあげれば、お子さんのそばに寄り添える、頼りがいのある相談相手になれるだろう。

お手本が見えにくい時代

私たちが子どもの頃は、まわりを人に囲まれた「公共」の場か、それに近い形で、コミュニケーションを取る方法がたくさんあった。たとえば、リビングルームの電話で話す親や兄弟の声は筒抜けだったし、街の公衆電話では、見知らぬ他人が受話器に向かって話す声も聞こえた。電話で話すときの正しいマナーや礼儀正しく会話を終わらせる方法についても、そんな通話の中で学んでいった。また、電話をかけるべきでない時間や受けるべきでない時間についても学んだ。家族のうち通話を優先すべき人は誰なのか知り、自分の通話を手短にすませて、親や兄弟にかかってきた電話の「キャッチホン」を聞かなくてすむようにもした。こういったルールには、はっきりと説明されたものもあるが、単に暗黙の了解としていたものもある。

最近は誰もが自分専用のスマートフォンやタブレットを持ち歩く時代になり、そういったデバイスを上手に使いこなすためには、お手本となるしっかりとした考え方を見つけていかなくてはならない。今どきのネットでのやりとりは、特に自分専用のデバイスを使うと、自分と相手だけのプライベート空間で行われる。つまり、子どもにとっては非「公開」の空間での人づきあいや交流をするときに、どんな言動や行動を取ればいいか知る手立てがなく、どうしようもない状況なのだ。

子どものSNS投稿がどれだけ公開されるかは、親たちにとっても悩ましい問題で、少なくとも子どもたちがネット世界でどれくらいプライバシーを保っていられるかを心配する親はけっこういる。自分専用のデバイスで日常のごくプライベートな瞬間が簡単にシェアできるようになったことで、ごく個人的な心の中の思いまで、ネットの情報の「流れ」にたれ流してしまい、それを見せたくない他人にシェアしてしまうという事実を忘れがちだ。

私たちの子ども時代を思い出してみよう。友だちから電話があれば、まず親が受話器を取っただろう。今どきの子どもは、早ければ小学校低学年のうちから自分専用の通話デバイスを持つ子もいる。5年生になる頃には、多くの子どもがスマートフォンを持つようになる。もちろんデバイスや機能はどんどん変わってはいるが、秩序のない混乱状態に向かっているわけでもないはずだ。あえて言うなら、親が子に使い方を教える際に、これまで以上に丁寧な手ほどきが必要になってきているということ。そのデバイスでなされるやりとりが、ほとんど個人対個人の世界だからだ。親のあなたがしっかり手本を見せなくてはならない。とにかくお子さんの前であなたが使ってみせてあげよう。

家族生活に関する話題は次の第6章で述べるが、ここではネットでコミュニケーションする際のマナーについて、子どもにアドバイスするための簡単な方法を挙げる。

- あなたがメッセージを送る際、どんなタイミングでどんな内容にしているか、お子さんに見せてあげる。もちろん中には、お子さんに見せたくないメッセージもあるだろうが、送信するメッセージの文面までお子さんに見せることは、お子さんにコミュニケーションのお手本を示す機会になる。
- 個人情報を不適切な形で過剰に公開する、「オーバーシェアリング」について子どもに話そう。危険な内容、性的な内容だけでなく、つまらない内容も含めて。うんざりする内容の投稿を見せてあげて、それが原因で誰かのフォローをやめる場合もあると教えてあげよう。

● フェイスブックで、いわゆる「スラックティビズム」(現実世界で影響を与えないのにネットで政治的な意見や画像などを投稿すること)の例を見せてあげる。たとえば何かの話題に反応し、それについて投稿したいという衝動に駆られたとき、その話題に関して、投稿以外に何か行動を起こしているかと立ち止まって考える。もしそれほど重大だと思うなら、オフラインで何か行動を起こしていてもおかしくないはずだ。

毎日が〝写真撮影の日《ピクチャーデイ》〟

みなさんが子どもの頃、学校にカメラマンが来て個人写真を撮影する「写真撮影の日《ピクチャーデイ》」があったのを覚えているだろう。あれ、私は本当に苦手だった。カメラの前でポーズを取るのが、嫌でたまらなかったのだ。出来上がった写真を両親が財布に入れて肌身離さず持ち歩くのをわかっていたから、とにかくちゃんと写らなきゃ、という気にさせられたものだ。ちゃんと笑って、ちゃんとした服を着て、ちゃんと目を開けて、あーもう、マジやめて。で、今どきの子どもは、毎日がそのピクチャーデイなのだ。

親である私たちとしては、そんな今どきの子どもが、何かにつけて写真を撮られるってどんな状態か、知っておきたいところだ。私たち親は、日常的に子どもの写真を撮る人が多いけど、その私たちが子どもの頃は、カメラの出番といえば特別なときだけ、という家庭がほとんどだった。今あなたは、小学校時代の写真がもっとあればよかったと思っているだろうか。きっと違うだろう。あなたの小学校時代の恥ずかしい出来事トップ10を思い出してみてほしい。もしその瞬間が写真に記録されていたとしたらどうだろうか。

小学校高学年から中学生になると、子どもはスマートフォンを持ち、友だち同士でしょっちゅう写真を撮り合うようになる。あなたのお子さんだって、四六時中お友だちの誰かに撮られていたって不思議ではない。社会見学の帰りのバスでの寝顔。よだれが出ている顔かもしれない。更衣室でのお着替えシーン。間の悪い瞬間なんて、まだまだいくらでもある。

それに、写真の持つ意味というものが、私たちの子ども時代と今とでは、別物になっている。最近は、昔よりもっと視覚的なカルチャーに囲まれた生活になっている。カメラは、みんなが持ち歩くデバイスに組み込まれているから、すぐ手の届くところにあふれかえっている。デジタル写真は無料で撮影できるし、保管や共有もみんな無料。子どもは撮影後すぐに写真を見て、写りの良し悪しをその場で判断すること(「あ、それはダメ、パパに送るのはそっちじゃなくて、こっち!」という風に)が、日々の成長過程の一部になっている。お子さんの発達によって、社会意識や自我の段階も変わってくるが、まわりの友だちが写真を撮るようになると、いろんな場面でお子さん自身が写った写真についても、好きな写真、投稿したい写真、それに削除したい写真がその時々で変わってくる。

今どきの子どもにとって、あらゆる瞬間を写真に残すのはもう当たり前のことになっているけど、大量の写真があふれかえるなか、子どもにとってそれぞれの写真の印象が薄まっているのも事実である。親のみなさんとしては、お子さんの写真が「永久に」記録されることについ思い悩んでしまうところだが、ＳＮＳを家族アルバムがわりに使うにあたっては、写真がずっと残る記録になるとか広く公開されるといったことにはあまり悩まないようにしよう。

写真投稿で子どもの承諾をもらう意味

今どきは写真が大量にあふれかえっている時代だが、ひょっとしたらあなた自身にも原因があるのでは。何かあればすぐに写真を撮って、日々のちょっとした出来事を記録する。もちろんそれはそれでステキなことだ。かけがえのないお子さんの成長を記録する手段でもあるし、その瞬間を残したいという気持ちは昔となにも変わらない。だけど、写真は人とのコミュニケーション手段でもあるため、いつのまにか目に見えない複雑な背景を作りだしてもいる。

あなたは、自慢のお子さんを持つ親として、かわいいわが子をみんなに見てもらいたいという悪気のない気持ちから写真を投稿しているのだろう。お子さん本人の受け取り方は、ぜんぜん違うけど。親の心配といえば、お子さんがかわいいために、犯罪などの危険にさらされるのでは、というもの。まあ、親にありがちな思い込みだけど、そんなときお子さんに共感することが大切だ。ここで、私が必ずおすすめする方法をご紹介しよう。実践すれば、あなたのご家族の習慣や考え方の基本的な部分をプラスの方向へと大きく変えていけるかもしれない。その方法とは、写真の投稿に承諾を得ること。そう、写真を載せてもいいか、お子さん本人に聞くのだ。あなたから許可を願い出ることがひとつのメッセージとなって、次のように大切なことがいろいろとわかってくるはずだ。

自分の写った写真は自分自身のものだということ

写真を投稿するかは自分で決めていいし、非公開にしたければそれでもいい、とお子さん自身で考えられるようになる。あなたがお子さんのプライバシーをよく考え、尊重している姿勢を手本に示してあげれば、今度はお子さんも、お友だちの写った写真を投稿する前に、本人に承諾を求めるようになるだろう。

意思判断

イエスかノーかの判断。気の進まないことは断ってもいいと知ることは、子どもにとって大切だ。写真を載せてもいいか許可を求められることそれ自体が、お子さんにとって、立ち止まって考えるきっかけになる。そのように、ちょっと立ち止まって考えることこそが、とてもためになるのだ。子どもだけでなく親も、そこから得るものがあるだろう。

●権利と権限

自分の意思で自由に考え、判断すること。写真掲載の許可を求められた子どもは、イエスかノーかを答える権限を与えられる。決めるのは親ではなく、自分次第なのだ。それは願ってもない喜びだし、お友だちに対しても、同じ配慮をしてあげたいと思うようになる。自分で考えて判断できるようになると、たとえば誰かに写真を撮られたとき、「その写真、投稿しちゃダメ」と相手にはっきり言えるようにもなる。さらに、「それ削除するところ、証拠に見せてよ」と相手に求めることだってできるようになる。

●自制心

相手を尊重するという基本ルールができたら、今度はお子さんに、自撮り写真を撮って投稿する前に、本当にそれでオッケーか、自分で確認するようすすめてみよう。ソーシャルメディアは日々の出来事を記したり、その時々の気持ちを残したり、ちょっとした嬉しいことを祝ったりするためのものだ。子どもの気持ちをそぎたくないが、投稿がもたらすさまざまな結果については自分で考えてもらいたい。

お子さんの写った写真を投稿する前に、あなたから本人へ承諾を求めることは、互いを尊重する親子関係作りにもつながる。写真をSNSに掲載するとそこから複雑な関係が生じることもあるけど、あなたがお手本を示していけば、お子さんもこの複雑なしくみについて、もっとわかるようになるだろう。それに写真掲載の許可が大切な理由をお子さん自身が理解できるようにもなる。あなたがお子さんを尊重することで、お子さんの気持ちがどう変化したかを話し合い、お子さんがお友だちの写真を撮る側になったとき、お友だちがどう感じるかも考えてもらおう。

お子さんの意思を尊重する姿勢をあなたが示すことは、健全な人間関係づくりの基本をお手本として示すことでもある。これは、単に写真を投稿する以上の話にもつながってくる。お子さんは、SNSというこれまでになかった参加型メディアと上手につきあっていくための賢い判断ができるようになるだろう。

「見張ること」と「見守ること」

子育ては決して生やさしいことではない。ほかの生活面だったら、できるだけ効率化して楽できる道を探ったりもできるが、こと子育てに関しては、そういうわけにはいかない。近道なんてどこにもないのだ。

たとえば、お子さんのオンラインでの全行動を知らせてくれたり、親の意のままに管理してくれたりするソフトをインストールするなんて話はよさそうに聞こえる。ネットや特定サイトの利用時間を強制的に制限するコンテンツブロック機能やアプリを入れれば、問題が「解決した」も同然と思ってしまうかもしれない。しかしあいにく、テクノロジーはあなたの代わりに子育てをしてくれる存在にはなりえないのだ。

私が監視（モニタリング）よりも助言（メンタリング）をすすめるのはこういう理由からだ。助言が効果的なのは、それによってテクノロジー関連に限らず、オフラインの生活でも、子どもがいろいろな物事を冷静に判断できるようになるからだ。オンラインでのコミュニケーションについての考え方は、そのまま、あなたやあなたの家族にとっての大切な考え方にもつながってくる。

私が保護者対象のワークショップで非常によく受ける質問は、うまくバランスを取る方法について。ある親御さんからは「あまり強い態度になりすぎず、子どもに関わり続けるにはどうすればいいでしょうか？」という質問があった。お子さんのデジタル生活をくわしく知りたいとは思うが、強引になっては、かえって「アウト」だ。それに、子育て便利グッズの一環として、監視ツールを使ってみようかなという気持ちも多少ある。問題は、「子どものオンラインでの行動を見張るとしたら、どれが正しいやり方なんだろう？」ということ。監視ツールの中には親に役立つものもある。でもなかには、そうでもないものもある。

子どものネット行動を見張る、いわゆる「子守アプリ」（例 Net Nanny）はすでにごまんと出ているので、私たちもそれを使って子どもを見張った方がいいのか。どのツールでも、使い方が肝心だ。子どものデジタル生活を管理するのに、ひとつのアプリだけに頼りきってはダメだ。でも、お子さんの相談に乗るために、そういったアプリもあわせて使うのならば、効果も上がる。

まず、お子さんを監視しようというときは、前もって本人に知らせることを強くおすすめする。やはり、あとから突然知らされるのは、誰だって嫌なものだ。親の監視の目が入ると、子どもは侵害を受けたような気持ちになるし、実際にそれは侵害そのものだから。それに、子どもは、監視されているとわかった時点で、慎重に行動するようになる。つまり、親としては単に見張っているだけのつもりでいても、それはいつのまにか子どもを支配下においてしまうということになるのだ。

大切なのは、なぜお子さんのネット行動を見張っていくのか、理由を知ってもらうことだ。監視をするのはお子さんが悪い行動をしているからというわけではなく、将来的に、お子さん自身も思いも寄らないような危険が起きるのを心配しているためだと伝えよう。もちろん、あなたにとっても、子どもが間違ったことをしていないに越したことはない。とにかく、悪事を働く子を「捕らえる」ために監視したいとはあなたも思っていないわけだから、お子さんに良い行動を見せる機会をできるだけ与えてあげよう。

本当に必要なのは、子どもの相談に乗ることだ。そして監視の長所と短所両面を考えることも大切だ。仮に、お子さんとの関係によって、お子さんに内緒で監視する状況になっているとしたら、おそらくお子さんもそれに気づいているだろう。子どものなかには、自分がオンラインでやっていることをうまく隠し通す裏技を知っている子だっている（たとえば家族受けする無難な投稿ばかりのインスタグラムアカウントを持ちつつ、「裏アカ」を持ったり、偽名を使ったり）が、それでもお子さんが自分のアカウントで人と交流をしているなら、それこそが「リアル」な姿なのだ。

自分の子どもを「スパイ」することで得る情報や、それに対する子どもの反応は人それぞれだ。ある父親のブログ記事では、アメリカ国家安全保障局（ＮＳＡ）のツールを使って子どものオンライン活動を監視した様子が述べられており、記事には厳しい（ほとんどが否定的な）コメントがずらりと並んでいた［★2］。その父親は娘について相当広範囲に追跡しており、結果は驚くべきものだった。たとえば、娘は二次創作が好きで、文章を書くことに時間を費やしていた。父親は娘の書いた作品をすばらしいと思い、娘の趣味世界について知ることができたとも思ったが、同時にあるとき、パーティで一度だけドラッグを服用していたと触れたことで、娘のことをかぎ回っていることが判明した。その父親の記事についたコメントはほとんどが否定的な意見であり、子どもには自分の考え（無神論とか完全菜食主義者というコメントもあった）や個性（同性愛者というコメント）について自由に話す場が必要だという指摘があがった。

また別のコメント主は、ブログを書いた父親について強く非難していた。「子どもの活動を見張ることと、プライバシーに深く踏み込むことはまったく別問題だ。（中略）どんなに娘さんの趣味の創作活動がすばらしいと思っても、娘さんのプライバシーを侵害していることに気づいたのなら、娘さんがその活動について、なぜあなたに明かそうとしなかったか、理由を察してあげるべきではないか」［★3］。

私は、このコメント主の意見にほぼ同感だ。親なら子どものことを知りたいものだし、子どももそれを分かっているからこそ、親に話すことと話さないことを選んでいるのだ。お子さんに、あなたはいつでも味方だということと、オンライン生活に一定のルールがあり、子どもの投稿にすべて目を通すのは別の話だと子どもに伝えよう。

監視の難しい面を示す例をもうひとつ挙げよう。『ＬＧＢＴの子どもに寄り添うための本　カミングアウトから始まる日常に向き合う』（未邦訳）というすばらしい本がある。同書では、監視ツールを使ってお子さんを「捕捉」せず、SNSのタイムラインを活用して、お子さんが自分の性的指向をカミングアウトする機会をアドバイスするといった、賢いテクが紹介されている。監視の代わりに、安全な環境を作り出すため親として何ができるかを考えることに力を注げば、ゲイの子どもや自分がゲイではないかと思っている子どもは、より安心して親に気持ちを伝えられるかもしれない、と著者らは述べている〔★4〕。

子どものメッセージのやりとりを見守る

子ども同士で〔LINEのような〕テキストメッセージを送り合う目的は何なのか、親としては知っておく必要があるし、子どもが困ったときには、監視ツール等に頼ることなく、手を差し伸べてあげられるようになっておくべきだ。電話の通話と同じようなものだと考えれば、子どもにマナーやルールを教えたいと思うのは当たり前。メールや電話の正しい使い方はどうだろう――どちらも、今の子どもにとってはあまり興味を引かないものだけど――、たしかに今でも知っておくべきスキルではある。そう考えると、自転車でいえばまだ補助輪で練習中の段階で、子ども同士が自分たちなりに電話で話す様子に耳をかたむけたり、送受信したメールを覗いてみたりするのは、なかなか良いアイデアだと思う。

子どもたちにとって、テキストメッセージのやりとりは、外で友だち同士遊んだりしゃべったりするのと同じことだ。あなたの子ども時代、親の監視がほとんどない状態で友だち同士遊びに行ったという人もいるだろう。あれと同じだ。私の夫は1970年代にひとりで幼稚園まで歩いて通っていた。今どきは自分ひとりで幼稚園まで歩いて通う子どもなんてまずいない。親の見守りやつきそいの常識やルールは、時代と共に著しく変わってきており、今の子どもは外で子ども同士遊ぶ機会や、校外の子どもグループで交流する機会、あるいは、親の付き添いぬきで子ども同士が遊ぶ約束をしたり出かけたりする機会がどんどん少なくなっている。

今の子どもが直面している大きな問題のひとつはデジタル世界ならではの話だが——お友だちに送ったメッセージが、前後のやりとりから切り離されて、あるいは見直しもされないまま、第三者に晒《さら》されたりしているという実態だ。こんなことは、直接顔を合わせて交わす会話では起こりえない。互いに表情が読み取れれば言葉の誤解があってもすぐに気づけるし、すれ違いや争いがあっても、話をすればあっという間に解決できる。これに対し、テキストメッセージには独特のルールやマナーがあり、しかも、今もすさまじい勢いで変わり続けているのだ。

▼探しものは何ですか？

お子さんのテキストメッセージをあえて読むことに決めた親御さんに対し、まず私は「さがしたい情報は何ですか」と質問するようにしている。お子さんのメッセージの何を見たいと思っているのか。子どもの誤った行動を知ろうとする前に、これまで親が正しい行動をしっかりお手本に示してきたかどうかを振り返っておきたい。みなさんがお子さんに望む行動とは何なのか。お子さんの誤った行動を見つけることに時間をかけるよりも、そこをじっくり考えたいものである。

私たちは、わいせつなニュースの見出しにはけっこう敏感なくせに、子どもが将来どんな大人になるかについては、あまりよく考えていない。将来子どもは、人と会話やメッセージのやりとりをするときに、慎重に言葉を選ぶことができるようになるだろうか。SNSのすごい力がプラスの成果を生み出す、そのメリットを受けられる大人になるだろうか。

子どものネットでの行動について恐怖を抱く親は多いが、その恐怖には結局なんの根拠もない。お子さんのテキストメッセージをチェックしたとしても、ほとんどの部分が、めちゃめちゃ退屈な内容だとわかるはず。

子どもが日々ネット生活で感じる悩みや苦労を解消し、望ましい形へと導いてあげるには、子どもがネット生活で体験することを知ろうという気持ちでいたいものだ。みなさんもご存じかと思うが、たとえばフェイスブックでは、あらゆる人の生活をとびきり理想的に見せつける。大人の目からすれば、あんなのウソだってわかる。でも、子どもにそれがわかるだろうか？　それに、小学校高学年から中高校生くらいの子どもにとってみれば、SNSデビューを飾ってもおかしくない時期を迎えたと同時に、ネットの足跡が残る問題も押し寄せてきて、一体どうすればという感じにもなる。単に、一過性のマイブームで何か（たとえば音楽やアートなどの趣味）に夢中になったに過ぎないのだから、その記録が永久に残る心配などしなくてもいいはずなのに。

メディア研究家のダナ・ボイドが述べているが、アプリの中でも、写真が時間とともに消去されたり、スナップチャットやフィードがどんどん流れていったりする（インスタグラム）短期タイプは、写真アルバムを作って過去の写真まで検索しやすくするフェイスブックよりも、若い人に人気があるという。たしかに、もう若くない私はフェイスブックの「今年1年を振り返って」みたいな機能は大好きだ。友だちや髪型、趣味まで去年と変わらないままだから、1年を振り返るのはとにかく楽しいし、今は距離をおきたい過去の自分を思い出させられて、という心配もない。

▼「見張り」の心の準備

さて、お子さんのテキストメッセージをこれから親のあなたが読むことにすると本人に伝えたら、次にするのは、読んだ情報に対して、あなた自身がどんな行動を取るか決めることだ。お子さんたちのやりとりを読む前に、次のような内容に対してどう対応するか、考えておいてもいいだろう。

- 悪い言葉づかい
- 他の子どもについての悪口
- 大人や教師についての悪口
- あなたや他の親についての悪口

あなたは、子ども同士のプライベートなやりとりを読むことで、お子さんのお友だちをこれまでと違った目で見るようになるだろうか。あなたがその年齢の頃、お友だちとどんな会話をしていただろうか。当時「イエローカード」だったのはどんな事態だった？ レッドカードだったのは？ これまでお子さんに、もしわいせつな写真、同級生の悪口、非難や脅しなど、不快な気持ちになるようなメッセージを受け取ったらどうするか、アドバイスしてあげたことはあるだろうか。そういった事態になれば、あなたがいつでも相談に乗るということを、しっかりとお子さんに伝えよう――そうすれば大丈夫だよ、ということも。

子ども同士のやりとりを読んでいて、他の子どもたちの話す内容にあなたが不快になったとき、あるいは、あなた自身のお子さんがそんな会話をしていたときには、慎重に対処しよう。こんな時は、お子さんと直接向き合うよりも、いくつか自由な質問をしてみよう。そう、「最近お友だちのショーン君と何かあったでしょう。どう思ってる？」など。こう聞いちゃダメ。「ショーン君てサイテーじゃない。あの子のメッセージの文章には耐えられない」。

お子さんが今現在トラブルに巻き込まれているなら、新たなルールを作ってもいいかもしれないが、慎重に決めること。おおげさに反応すると、お子さんは「隠れ操作」モードに入り、こっそりいろいろやるようになってしまうかもしれない。悪口などの会話が夜遅くなされていると気づいたなら、夜間はスマートフォンやタブレットを（親の部屋などに）しまって、使用時間を制限することもできるだろう。Ｗｉ‐Ｆｉを無効にする手もあるかもしれないが、携帯電話のネットワークは生きているので、効果は期待できない。

お子さんがいじめられるなど弱い立場におかれたり、友だち（または大人）から不適切な内容や脅迫めいた内容のメッセージを受け取ったりしているというれっきとした理由があるなら、迷わず行動に移すべきだ。でも、もしそれが小学校や中学校、あるいは高校で起きる日常的なちょっとした友だち関係のいざこざの話だったら、高圧的にならず、手を貸して力になってあげたいところだ。

最後に、お子さんが何か判断を誤った場合、何が原因となったかを考えてみよう。単にテキストメッセージやスマートフォンを禁止にすればいい話？ 成り行き上「しょうがない話」（たとえば友だちが一方的に怒っているだけとか、本人の宿題が終わっていないせいとか）として片付ける？ もしお子さんが、何かのアプリを親に無断で購入またはダウンロードした場合、他のやり方——たとえばお子さんがいくつかの条件をクリアしたらアプリを使っていいことにするなど——を用意してあげるのは？ 起きる事態を前もって予想することなんてできないけど、こういった問題だったら、実際に起きる前に、対応方法を考えておくこともできそうだ。

見張りの代わりになるもの

子どもがネットでやっていることについて、すでに相談に乗ってあげているという人もいるだろう。その場合、子どもが補助輪を外していい時期についても何となくわかるはずだ。そんなときは、一歩ずつ、少しずつ進めていけばいい。段階を追って、監視という関係をお子さんが——そしてあなた自身も——卒業できるようにしよう。段階には個人差があり、互いの信頼関係によっても違ってくる。

段落のひとつは時間だ。たとえば、夜7時以降友だちとのテキストメッセージのやりとりをしないというルールを始めたとしよう。それを夜8時以降に変更するのは、次の段階として悪くない。ほんの少しの違いかもしれないが、お子さんへの信頼を示すことにもなる。もしルールを破ったら、元の時間に戻すと事前に約束したうえで変更しよう。そして次のステップは、夜9時。一見それほど重要な変化ではなさそうだが、子どもにとっては大きな意味を持つ。だって、今見ているバスケットボールの試合について、友だちとチャットで会話できるようになるのだから。

もしいちいちルールを作るなんてやりすぎだと感じるなら、ただ単に、お子さんがテキストメッセージを使いはじめた最初の1年間だけ、お友だちとのやりとりの文面を時々チェックさせてもらって、ちゃんとやっているね、とお子さんを安心させてあげるという方法もある。そうすれば、あなたがお子さんをいつも見守りつつも、基本的には信頼しているということがお子さんに伝わる。なんでも口出しするのでなく、しかるべき場面で力になってあげるという姿勢をお子さんに示そう。繰り返しになるが、あなたの目標はお子さんに学んでもらうことであって、「捕まえる」ことではないのだ。

もうひとつのやり方は、親がツールで「盗聴」する代わりに、お子さんの方からあなたに、自分の行動を見せてもらうようにすることだ。たとえば月に一度、お子さんにSNSアカウントをざっと覗かせてもらうのはどうだろう。それだけでもう安心できるのではないだろうか。それくらいざっくりとゆるくチェックする程度でも、お子さんを信頼して見守る関係を保つには十分なのだ。

ただし、監視を緩めていきつつも、過ちにつながる発言や行動には、やはりきちんと対応したい。あなたにとって好ましくないことが起きたら、どう対処するか。子どもの利用を規制したり、もっと厳しいルールを課したりするだろうか。それとも、失敗を子ども自身が修復できるよう、親が手を貸してあげるのか。もし子どもがその失敗を悔やんでいると言ってきたら、あなたはどう答えるか。その失敗を修復することが、お子さんにとって良い経験になる方向にしてあげられるだろうか。

しつこいようだけど、もう一度言っておきたい。子どもを監視する／しない、あるいはその両者の組み合わせ、いずれのやり方にしても、子どものアカウントにこっそりアクセスすることは、よほどの緊急事態（人命や安全に関わるような問題）でない限り、原則すべきでない。どのやり方を選んでも、必ず何らかの壁に直面するはず。子育てってそういうものだ。

でも、そもそもの出発点が、正直に心を開いて接するところから始まれば、お子さんとの良い関係につながるだろう。テクノロジーとは生活を少しだけ便利にする「アドオン機能」にすぎないと頭ではわかっていても、それをどう使いこなすかはあなたの考え方次第だし、結局は、信頼関係を築く場のひとつなのだ。

「つながりっぱなし」のプレッシャー

ＳＮＳのグループやコミュニティは、常に止まることなく動き続けており、私たちはみなその中で、追われるように生きている。私たちを元気づけてくれる存在でもあり、疲れさせる存在でもある。そして今どきの子どもたちは、私たちとは違って、生まれながらにしてこの動きの中にいるのだ。他の生き方なんて元々知らない。では、子どもたちにとってのSNSってどんな存在なのだろうか。

私が小学高学年から中学生と話すとき、いつもこう聞く。「ねえ、こういうのってどんな気持ちなの？ 11歳でスマホを1台持っていてたくさんの情報にアクセスできるって」。または、「ちょっと教えて。クラスでスマホを持ってないのが自分だけって、どんな気持ち？ それか、自分が一番乗りだったときは？」とも聞く。すると、質問をされた10～12歳の子どもたちからは予想以上に思慮深く、知的な意見が次々に出てくるのだ。その回答を聞けば、びっくりする方も多いはず。

私は、子どもたちが日々の生活で出会ういくつかの問題に対し、一緒に解決策を探るべく話し合った。その話し合いを通じて、子どもたちの賢明さや思慮深さがわかり、さらに、他の子どもにもいろいろと気遣っているとわかった。それは良いことではあるが、同時に、ネット社会をうまく生きていくためのお手本が必要なこともはっきりした。いくら今の子どもがデジタルネイティブだからといって、みんながみんな、それを使いこなせるほどの知識や技術があるとは限らないのだ。

共感からはじめよう

子どもから寄せられる意見によると、年中ネットにつながっていないとならない気にさせられるのが、一番の悩みだという。今のテクノロジーがそれを可能にしているがために、やらなきゃならないという気持ちにさせられているのだ。ネットで人とつながるなんて簡単なことだから――きっとみなさんもやはり、ふだんの生活でそういう苦労を感じているはずだ。

人間だから、SNSやメッセージなどにいつでも即反応できるとは限らないわけだけれど、それこそが深刻な問題にもなっている。元々10代の子どもは、人づきあいで相手の受け止め方と返し方、それぞれを学んでいく過程にあるが、そんな子どもたちにとって今の状況は以前よりも過酷になっている。たとえばこんな行動が見られる。お子さんがお友だちのひとりにテキストメッセージを送るが、そのお友だちはすぐに返信をくれなかった。するとお子さんは、「この子は自分と友だちでいたくないんだな！」と思いそうになる。それで何度も何度も繰り返しメッセージを送る。どんな事態が起きるか、もうおわかりだろう。ひょっとしたら大人にだって、こういった問題を抱えている人はいるのではないだろうか。

繰り返しになるが、子どもの体験を知ろうという気持ちが、親にとって何より大事だ。返信してこないお友だちは、今この瞬間何をしているのだろう。もうお子さんと友だちやめた、なんて思っている可能性はまずないはずだ。最もありえるのは、お友だちは今、ほかにすることがあってメッセージを見ていないという状況だ。寝ているか、宿題をしているか、両親と食事をしているか。そんな会話をお子さんとするだけでも、お子さんの共感力を育んでいける。

さらにもう一歩進めたいと思ったら、お子さんと一緒に解決策を探るのもいいだろう。私はそれを5年生の優秀な子どもたちと一緒にやってみた。SNSでの悩みを解決するためのアプリを自分で作るとしたら？　というテーマで。本物のアプリを設計するのではなく、企画の段階のみではある。しかし、このワークを通じて、今子どもたちが抱えている問題や、それをどう解決しようとしているかが見えてきた。

前に述べた（送ったメッセージに対して相手から返信がないという）状況から子どもたちが考えたのは、相手から一定時間内に返信がないときに、こちらから送れるメッセージ数を制限できるという画期的な解決法だった。子どもたちはそれを「メッセージロック」アプリと名付けた。つまり、誰かに何度かメッセージを送っても返信がないときは、送るのを止めなければならない——アプリが強制的に止めるのだ。このような困った友だち対策のアプリなど、アプリストアで買うことはできないが、この解決法は、子どもたちが抱える悩みの本質を表している。子どもは友だちからいつも連絡が来るという状況に負担を感じ、自分もまた年中連絡がつき、返信できる状態を求められているように感じるのだ。親としては、子どもの気持ちはそういうものだと理解して、そのうえで、お友だちとのつきあい方を見直して、お子さんの気持ちの負担が軽くなるよう手を貸してあげたい。

また、お子さん自身の共感力を育んでいけるよう手助けをしてあげることで、友だちにいつも返信しなくてはというお子さんのプレッシャーも多少は軽くなるだろう。私のワークショップでは、子どもによくこんな話をする。「ちょっと目を閉じて、お友だちの姿を想像してみましょう。お友だちが宿題をしているところ。家の外でお父さんとバスケのシュートをしているところ。家族と一緒に夕飯を食べているところ。さあ、これでもう大丈夫。お友だちがあなたに今すぐ返信できない理由がわかりましたね」。実際この話は子どもにとても役立つ。「メッセージロック」アプリなんてなくてもいい。相手を理解し、寄りそう心──「共感力」こそが、必携アプリなのだ。

親にはまだ出番がある

ワークショップに参加した子どもたちからよく聞く、もうひとつの悩みは、いじわるな内容のメッセージを受け取ったときどう対応するかというもの。または、ある人が送ったメッセージが、意図せずして友だちやその家族を傷つけてしまったら？　ワークショップに参加した子ども全員が、これまでに悲しい気持ちになるメッセージを受け取ったり、相手を傷つけるメッセージを送ってしまったりした経験があると答えた。書いた言葉というものは、メッセージやＳＮＳに投稿したとき、いつも必ず書いた人の思った通りに伝わるわけではない、ということを、子どもにあらためて覚えてもらうのもいいだろう。だってそれを誰が読むかもわからないし、ましてや受け取った相手が今楽しい気持ちなのか、何かに悩んでいるのか、嫌な気持ちなのか、ふざけているのかなんてますますわかるわけがない。読む相手の事情がわからなければどう書いていいかもわかりようがない。

そこでまたアプリを考えてみた！　ある女子校の6年生グループが作ったアプリ、その名も「スパークルチャット」は、メッセージをデバイスに入力すると、「本当にこのメッセージを送りますか？」と表示される。このリマインダー、大人もぜひ使いたいくらいだ。とてもすぐれたアイデアだし、前述の「メッセージロック」アプリと同様、子どもの悩みの本質をよくとらえている。しかも、ワークショップの子どもたちは、このアプリをさらに進化させた。「本当にこのメッセージを送りますか？」の警告をクリックしたあとであってもメッセージを送信していないかどうか、チェックするようにしたのだ。そしてもし、なにか悪意のある言葉を検出したら、それを相手の親と送り主の親それぞれに自動送信できるようにした。

こんな風に、子ども同士がコミュニケーションする方法を学べるアプリ、子育て中の親である私にだって、とても考えつかなかった。このワークショップからわかるのは、テクノロジーにくわしい子どもでさえ、まだ親の助けを必要としているということ。子どもたちが親の助けを求めるのは、相手の気持ちを傷つける（または自分が傷つく）ことがなぜこれほど簡単に起きてしまうのかを知りたいから。それは、監視ソフトを使ったりメッセージに全部目を通したりするよりも、もっと重要なことだ。それに、相手とのやりとりでうまくいかなくなったときの対処法や、それをできれば回避する方法だって、私たち親に聞きたいと思っている。そしてやはり、お友だちの言葉に傷ついたときこそ、まぎれもなく大人の支援を求めるときなのだ。

親だってスマホばかり見ている

子どもたちからよく聞く不満に、親だって年中ネットにつながっているじゃないか、という話がある。ふだんの生活で、テクノロジーによって悪くなった面について子どもたちに聞いてみると、6年生や7年生が異口同音に話すのは、テクノロジーのせいで、本来自分たちにとって一番重要であるはずの人たちと交流する機会が減ってしまうという問題。これは親として、私にとっても耳の痛い話だ。

親がスマートフォンの画面ばかり見たり、メッセージのやりとりに夢中になったりしていると、子どもたちは、自分が必要とされていない気持ちになってしまう。ここで再び、子どもたちに、問題解決のためのアプリを考えてもらった。ワークショップに参加した生徒は親向けに「メッセージはおしまい。リアルに暮らそう」というアプリを考案した。機能はこんな感じだ。音声を使うアプリで、子どもの声を合図にして、親のスマートフォンの電源を落とすというもの。

このアプリを考えた子どもたちは優秀で、アプリに自分の子の声だけを「学習」させ、認識させるしくみにしたという。そのため道で会う子どもの声を拾って勝手にスマホの電源を落とすことはない。まあ、優秀だけど、ちょっとやりすぎでもある。さてここはまた、共感力を発揮する場面だ。親としては、これまで子どものテクノロジー使用時間をタイマーで制限してきたが、このアプリを考えた優秀な子どもたちは、親にも同じ配慮を求めている。子どもは親に大切に思われたいと望んでおり、画面で見る最新の時事ニュースはひとまずおいて、自分たち子どもよりも他人とのやりとりを優先しないでほしいと願っているのだ。

低年齢の子が親に注目してほしいと願う気持ちもそうだが、もっと深刻なのは、10代の子どもが、それ自体をあきらめてしまうことだ。（第1章でも触れた）シェリー・タークルは著書『一緒にいてもスマホ――SNSとFTF』（日暮雅通訳、青土社）の中で多数のティーンエイジャーやヤングアダルトが親のスマートフォンにはとうていかなわないと感じており、だからあえて親に働きかけないと述べている。タークルは、テキストメッセージやチャット、あるいはメールのやりとりの合間に、家族の団らんの時間がある状況を述べ、家族や他人との関係への代償を考察している。ある若者はこう話す。「母親に話しかけたとき、ちょうど誰かにメールを送っていると、母は〝ちょっと待って〟と言うか、話を聞いてはくれるけど、メールを文の途中で切って、食事に戻り、話を続けます。その後は話が中断したり再開したりの繰り返し」[★5]。タークルが取材したある青年は、食卓での通話禁止という家庭内ルールはあるが、親がしょっちゅう破っており、話しかけてもそっけない返事しかなく、よく注意散漫になると語っている。また、ある15歳の話では、「私の母は話し方すら忘れてしまったようです」[★6]。ぎくり。子どもにそんな痛い所を突かれたい親なんていないし、やはり私たちはみな、手のひらやデバイスのなかで盛り上がっている相手よりも、今同じ空間にいる人を大切にすることを忘れないようにしたいものである。

今度モーニングコールが必要というときは、スマホではなく家族に頼んでみてはどうだろう。私たちはみな、対面でのコミュニケーションと端末内での会話とを行ったり来たりすることを減らすよう工夫して、配偶者、子ども、友人、同僚との関係をしっかり保ってコミュニケーションを取っていくべきなのだ。「メッセージはおしまい。リアルに暮らそう」という名のアプリは実在しないけど、頭の中にそれを思い描くことはできる。子どもが話しかけてきたら、しっかりと目を見て話を聞く。必要ならば、自分にこう言い聞かせる。「よし、メッセージはおしまい。リアルな関係で暮らそう。ここにいるよ。話を聞くからね」。

テクノロジーは共感への扉

ここまで述べてきたアプリ企画ワークショップの長所は、子どもの日々のテクノロジー体験についていろいろな面がわかってくる点だ。子どもたちが親に注目してもらいたいのはたしかなのだ。態度だけを見れば正反対のようだけど——特に、自分専用のデバイスを持ちはじめる年頃の子どもは——、親に注目してもらいたい、相談に乗ってもらいたいと思っているのはたしかなのだ。

前述の「メッセージロック」アプリを考案した11歳の子がこんな質問をしてきた。「たまにメッセージを送りたくないときがあるんだけど、それってオッケーなんですか?」。それを聞いた私は何とも言えない気持ちになった。オッケーに決まってるでしょ。年中オンラインでいなければならないなんて決まりは、どこにもないのだから。

子どもたちが考えたすばらしいアプリのアイデアはともかく、このデジタル時代に親に代わって子どもを育ててくれるアプリなどどこにも存在しない。本章で紹介した子どもたちの考えたアプリにだってその役目は果たせないし、アプリストアに出ているアプリを見ても、そのような機能を持つアプリなんてどこにもない。それよりも、私たち親は、子どもが日々経験することについて関心を持ち続けていきたい。子どものデジタル世界に一緒に入っていこう。今どんな気持ちで何を考えているか、子ども本人の話を聞こう、同じ目線で解決策を一緒に探ることで、子どもの創造性を伸ばし、あなたの知恵も深めていけることだろう。

6 デジタル時代のリビングルーム

親が子どもの日々の生活に関心を持つようになると、子どもがネットでつながった学校の友だちやSNS仲間と交流するなかで直面するさまざまな問題について、理解が深まっていく。外の世界と四六時中つながっている状態が、家族の生活に緊張をもたらすおそれは、たしかにある。みなさんもお気づきかもしれないが、今の子どもはよいコミュニケーションのお手本を見る機会がほとんどなく、親にしてみても、スマートフォンやPC、その他いろいろなデバイスを利用してスムーズなコミュニケーションをする秘訣を子どもにアドバイスする機会などない。そういったデバイスは、持ち主一人ひとりがプライベートに利用する傾向が強く、家族の誰かがそばにいる状態でわざわざ通話をしたりしないからだ。かつてリビングルームの真ん中に家の電話が置かれていた時代とは違うのだ。

テクノロジーは人とつながるのにもってこいではあるが、子育てに関わる深刻な問題をもたらす面もある。こういったデバイスの存在のおかげで、子どもたちと頻繁に連絡を取るのは便利になったが、その反面、親の知らない世界にまるごとアクセスできる機会を子どもに与えることにもなっているからだ。ジャーナリストのジェニファー・シニアいわく、「子どもたちは家族としっかりとつながっている。だが同時に、家族とは別のところで、さまざまな世界にも生きているのだ」[★1]。たとえ親の私たちが、テクノロジーの利用制限などのルールを厳しく設けたり、子どもにアドバイスをする気持ちでいたりしたとしても、現に子どもが別世界で仲間とつながっているなかで、今やりとりをしている相手とのつきあい方を指南するには、なかなか難しい面もある。

さらに、前章でもふれた研究者シェリー・タークルは、テクノロジーが対人関係に及ぼす影響について長年研究するなかで、多くの家族が、テキストメッセージで起きたもめごとの対応に追われているということを明らかにしている。そのもめごととは、かつてはリビングルームで夜の団らん時間に、大声で言い合ったり、沈黙したりしていた内容そのもの[★2]。タークルの調査した家族は、もめごとを「キレイに」お片付けしたいと考えているが、タークル自身はそこに疑問を感じ、やっかいな事態が起きたときに無意識のうちにパッと顔に出る感情、それこそが、私たちが失うのをおそれているものではないかと述べている。この興味深い問題、ぜひ私たち自身の家族について振り返って考えてみたい。私たちは沈黙したまま画面に向かうべきなのか、それともリアルな生活を維持すべきなのだろうか。

もちろん私たちは、対面の人づきあいのできない子どもを育てたいとは思わないし、私たち自身も、子どもと対面でもめごとが解決できないようにはなりたくない。一方で、顔を合わせた相手とも張り詰めた状態になり、相手が自分の言うことに聞く耳を持たないというとき、1通の思いやりのあるメッセージが効果的な場合もある。私の「デジタルネイティブ子育ての会」コミュニティで、これまでメッセージやメール上でもめたことがあるかと親たちに聞いたところ、答えはさまざまだった。ある母親は「ありませんよ、そんなこと、ないない。子どもに〝大好きよ〟とメッセージを送れば、次に顔を合わせるまで乗り切れるし、会ったらぎゅーっと抱きしめて、それからゆっくり話し合うんです」。別の母親は「両方やってます。たまにはそっけないメッセージを送るときもありますが、いつもあとから会話してフォローします」。ある10代の子は、学校に送ってもらう車の中で母親に向かって怒鳴ったあとで「ごめんなさい。さっきはメタくそ@#$で」とメッセージを送り、それを見た母親は喜んだという。もちろんふつうは直接会って謝るのが何より心がこもっていると、その子もわかってはいたけれど。

かつてのように家族共有の電話がリビングの中心に置かれていない現代は、よいコミュニケーション習慣のお手本を目にする機会がとても少ないので、家族同士でいろいろな問題について意識的に話し合うようにしたいところだ。たとえば、「私は、食事中や家族の時間には、スマホの電源を落として、別の部屋に置いておくつもり。そうすれば気が散らないでしょう」と話してみる。または、「今このメールを送信しようと思ったけど、この時間に送って相手に迷惑をかけたくないね。だから明日の朝に送信することにしようかな」。そして、あなたがなぜその選択をしたか伝えていけば、お子さんが学ぶ機会にもなるだろう。

「わがふり」を点検――子どもも見ている

子どもは親を観察することで、物事の考え方や態度を学んでいくものだ。子どもに話しかけられているのに、画面に向かってメッセージを送っている、なんてことがあなたにはないだろうか。子どもがそばにいるときにメールチェックをしていないだろうか。夕食中、携帯に着信があったとき、仕事だからしょうがないといって、出ても「許される」ことにしていないだろうか。

今日の、常にネットでつながった世界では、いくつかの物事が同時に進行していて、それが延々と終わりなく続くかのように思える。私自身もこの悩みには深く共感するし、同じ負担を感じている。でも、子どもに対してはどう言ってあげればいいのだろうか。親の私たち自身、もっといいやり方ができないだろうか。

まず、スマートフォンの画面をしょっちゅうチェックする習慣をやめると約束すれば、それは子どもに対して強力なメッセージとなるだろう。あなたは自己管理ができ、デバイスに支配されてはいないということ。画面を見る時間を決めて、それをしっかり守ることは、あなたを解放するだけでなく、子どもにとっても良いお手本になる。言いかえれば、大切な家族の時間にあなたがスマートフォンをどこかにしまうようにすれば、子どもも同じようにする。家族の時間が大切ということをあなたが子どもに示せば、子どももやはり、それが大切と考えるようになる。私たちの多くは、1日のうちに数え切れないほど何度もメールをチェックする。しかし、これは、仕事の効率や家庭問題の専門家も言っていることだが、メールチェックはあなたの生産性や人間関係の助けにはならない。あなたが夕食中にメッセージを送っているなら、子どもにも、自分のスマートフォンを別室にしまったり、電源を切ったりすることを期待できなくなるだろう。

デバイスをバランスよく使うお手本をあなたが示すことで、家族にとってのテクノロジーの役割について、お子さんにとても大事なメッセージを伝えられるかもしれない。試しにデバイスを持たずに公園や遊び場に出かけてみよう。食事中——そして家族で過ごす他の時間にも——に、スマートフォンを使うのを我慢してみよう。家族の「合言葉」を何か作ってみよう。おもしろくてしかも大事なリマインダーになる言葉を。私の家では、画面を見ている相手を「スクリーンモンスター」と呼び、互いに「こっちに戻っておいで」と声をかけ合うようにしている。

外でもスマートフォンの画面をチェックしながらランチしている家族同士や友人同士を至るところで目にする。レストランで日常的に見られる光景だけど、他人がやっているのを見ると、いかにもひどいと思えるもの、でしょ？　みなさんの家族が過ごす「水入らず」の時間について、ひとりで、あるいはパートナーと一緒に、ちょっと振り返ってみよう［★3］。みなさんの家族は、同じ空間で一緒に過ごしているときに、自分のデバイス画面を覗き込んでいたりしないだろうか。本来家族一緒の時間はそんな風に過ごすものではない、とあなた自身が繰り返し心に留めて、客観的になりたいところだ。それでも1週間前、または過去のどこか1週間を振り返ってみると、家族それぞれが自分の居場所にいて、あるいは隣り同士にいたとしても、それぞれのデジタル世界にのめり込んでいたのではないだろうか。

ジャーナリストのスーザン・マウスハートは、一家全員でネットを遮断するという行動を取った。自身と3人の10代の子どもたちで、6カ月間。子どもたちは当初腹を立てていたが、しだいに姉妹同士の距離が縮まってきて（母親への怒りを共感するだけではなくて！）その結果、ゲームやチャットに時間をとられなくなり、子どもたちのもともとの趣味や特技、特に息子が得意の楽器演奏をする姿が見られるようになった。完全にネットを遮断するというのは極端なやり方だが、家族の時間がいかにネットワーク接続によって減っていたかを考えるきっかけにはなる。この本『ネットのない冬』（未邦訳）に綴られた体験は、私たち自身の家族の生活習慣を振り返るきっかけにもなるものだ［★4］。

では次に、お子さんにこんな質問をしてみよう。親にとっては耳の痛い話かもしれないが、親のあなたがやっているテクノロジーまわりの習慣で、お子さんが嫌だなと思うことを話してもらおう。たぶんあなたはすでに、自分の短所に気づいていることと思うが、お子さんの目にどう映るかを知っておくのもとても大事だ。家族の誰かがあなたに話したいことがあるとき、あなたはどうするか？　ノートパソコンを閉じたり、スマートフォンを置いたりするだろうか。たとえばあなた自身の様子を撮影した映像があったとして、それを自分で見たらどう思うだろうか。自分の行動には特に驚かないだろうか。この問題は、専業のコンサルタント兼講師である私にとっての悩みでもある。通常の朝9時から夕方5時まで勤務する仕事とは違って、仕事とプライベートの区切りがなかなかつかないのだ。ただしこれは、働き方に関わらない話で、9時から5時に働く親だって、常にネットにアクセスすることを求められているし、やはり同じような悩みを抱えている。

では、みなさん自身のネットやデバイスの習慣を変えるには、何ができるだろうか。ネットにつながない時間を作るようにしたり、メディアの視聴方法を見直して、ひとりではなく家族全員で同じ映画を見るといった方法を探ってみよう。もちろん内向的な性格の人であれば、「ひとりきり」で画面に向かって、SNSで交流したいと思うだろう。もしあなた自身（または他の家族）がそれに当てはまるなら、ネット以外に寂しさを癒やしてくれる場がないかどうか考えてみよう。

家庭でのメディア環境づくり

私が親向けのワークショップでよくテーマにするのは「家庭のメディア環境《エコロジー》をつくりましょう」というもの。対象は3歳から9歳の親御さんが中心で、発表後はいつも、参加者同士でさまざまな話し合いが広がっていくのだが、なかでもひとつ、印象に残っている話がある。まず、この会話はある父親から始まった。私がこれまでに提供してきた親御さん同士の話し合いの場では、参加者の80パーセントが母親だったので、父親比率が高まるのはいつでも大歓迎だ。この父親は、まず私への感謝の言葉を伝えてくれた。私の話を聞いて、自分が悪い親だという気分にならなかったからだという。この点は私にとってもとても重要だ――他の親を批判すると、親同士のしっかりしたコミュニティが生まれなくなってしまうから。他のお子さんの様子を知るためにも、そういったコミュニティは必要なのだ。

この父親の質問は、テレビを見ながら食事をすることについてだった。テレビ番組を見ながら食事をすると、子どもの心や社会性に悪い影響があるのではないかと思っているという。その父親の家庭では、子どもにテレビを見ながら食事をしていいというときは、子どもが何かいいことをしたときのごほうびとして、あるいはたまに、親同士が夕食を囲んでちょっとした大人の時間を過ごしたいときだという。この質問に断定的に答えるのはとても難しい。私の目標は、それぞれの家族にとってためになるよう手助けをしてあげることだからだ。しかし一方で、家族の食事時間は子どもに社会性を教えるのに大切というのが私の信念でもある。夕食時の会話は、子どもの世界を知るにはもってこいだし、大人の振る舞いを手本として見せて、親同士の関係を子どもによくわかってもらう機会にもなるのだ。

それでも、パートナーや配偶者と共に静かに食事をしたいという願いもよくわかるし、子どもが卒業して独立するまで夫婦水入らずの時間を持つことをじっと我慢しなくてもいいだろう。対処として次の2つの案を挙げたい。

●**アンプラグドな食卓**　家族の食事時間にネットを遮断《アンプラグド》するように心がけよう。毎回の食事でなくてもいい。子どもがテレビを見ながら食べる間に、大人同士が会話をすることだってあるだろう。でも、ネットから離れて、家族全員が席にそろって会話をする食事時間を作れば、家族に活気が生まれるはずだ。

●**二段階食事法**　もうひとつの案は、先に子どもを席に着かせて、大人の食事とは別に、デジタルデバイスのない状態で食べさせるというもの。そうすればあなたは子どもたちと会話ができるし、子どもの生活時間に合わせて食事をさせてあげられるし、その後はあなたが食事をする間、子どもを「解放」してテレビ番組やゲームの時間にしてもいい。子どもに大人よりも先に夕飯を食べさせることを習慣にしている家庭は実際に珍しくないし、親が仕事から帰るのが、子どもの時間からすると遅すぎるという家庭にとっては、いいやり方だろう。

『マインドフルな食べ方』（未邦訳）のファンの人なら、きっとこの、二段階食事法を好むだろう。テレビやネットやゲームなどの時間を食事の後にするからだ。食事中ずっとうわの空で、ほかのことに気を取られて食事に集中できないと、体によくない物を食べることにもなってしまう。大切なのは、ネットやテレビのない食事習慣を自分で作り出す努力をすること。そうすれば子どもたちはそれに慣れてくるし、しだいにその時間を楽しみに思うようになるはずだ。

家族の食卓に理想はあっても、現実との両立が難しいものだ。大人も子どもも日々仕事や学校に追われ、くたくたになって帰ってきて、夜は学校の宿題をこなすので精いっぱい。ネットやメディアを遮断して、家族で落ちついた夕食の時間を持つなんて、なかなか叶いそうにもない、不可能な目標のように見えるかもしれないが、そんなときは、食事の時間を計画的に作るというひとつ目のステップが有効になるだろう。いずれかのやり方を選んで、今週のどこか1日だけでも、試してみてはどうだろう。

セルフチェックを常に忘れないこと。子どもにとってのお手本になっているか。会話に集中し、しっかりと目を見て、家族の時間にデバイスを閉じているか。もしあなたがそれをしていないなら、お子さんにネットを遮断するように言っても、絶対に無理だろう。

今どきの家族アルバム

最近はデジタル写真技術によって、画像が大量に拡散できるようになり、それが私たちの暮らしや文化に大きな影響を及ぼしている。デジタル画像は今やコミュニケーションの一部になっているが、それを生活の中に新たに入った様式のひとつととらえた形で明確にルール化した文章にはまだお目にかかっていない。デジタル画像は手軽に作成、シェアできるので、暮らしが楽しく豊かになるが、なんの制限もなくシェアされた写真はトラブルの原因となり、人の気持ちを傷つけることにもなる。写真の投稿やシェアとは、他のコミュニケーション手段とまったく同じものなのだ。

第4章で述べた通り、家族の写真を投稿やシェアする際には、家族ひとりひとりが同じルールにしたがうべきである。それは、許可なく投稿したりシェアしたりしてはいけないということ。お子さんの写真をシェアする際、事前に本人の許可を得るようにすると、あなたがお子さん自身やそのプライバシーを尊重しているという考えが、お子さんに伝わるだろう。この方法は、投稿するかどうかを判断する基準について話し合う機会にもつながる。お子さんは、自分の写った写真を投稿されたくないならあなたにそう伝える権利があるし、その理由は何だってかまわない。自分の写った写真をどうするかをお子さん自身に決めさせてあげること、それは子どもにとって非常に有意義な勉強になる。

試しに、人が集まる何かのイベントに行って、そこで撮られた写真がどう扱われるかを見てみよう。たとえば子どもの誕生会は、拡散してもいい写真とそうでない写真について子どもたちが考えるいい機会になる。年齢や精神年齢にもよるが、私のワークショップに参加した子どもたちのなかには、写真を撮ることとシェアすることは別物とちゃんと理解できている子もいた。パーティの写真をインスタグラムなどに投稿すれば、パーティに招待されていない子どもがそれを見て傷つくということを、わかっているのだ。

でも、だからといって写真を撮ってはダメということではない。その写真をSNSでシェアすることが人の気持ちにおよぼす影響について考えるべきだ、と私は言いたい。前章までに述べたように、相手の状況や気持ちに寄り添って、よく考えてシェアするようにすれば、お子さんがお友だちの気持ちを傷つけなくてすむようになる。

写真のシェアと家族のSNSルール

おじいちゃんおばあちゃん、おじさんおばさん、家族ぐるみで親しくしている友人たち。みんな成長を温かく見守り、お子さんをかわいがってくれる、存在だ。しかし、お子さんへの関心の度合いは必ずしも一致しない。たとえば、おじいちゃんおばあちゃんは、お子さんの写真ならどれでも見たいと思っているかもしれないが、あなたとフェイスブックでつながっている高校時代の友だちは、それほど見たくないかもしれない。相手に合わせて写真を見せるには、今どきの親なら、ソーシャルメディアという、かつて家にあった家族アルバムに代わる新たな手段を活用したい。

- Dropbox、Googleドライブ〔またはGoogleフォト〕などのクラウドストレージ、共有フォルダを活用
- Flickrなどパスワード保護付きのウェブサイトに写真をアップして、写真の公開範囲を管理する。また、他の人があなたの写真を使いたいと言ってきた場合に備えて、クリエイティブ・コモンズ・ライセンス（CCライセンス）をつけておく。
- アップした写真を、心から見たいと思ってくれる一部の人に、週1回程度メールでシェアする。

このような工夫をすれば、SNS上のそれほど親しくない知り合いは、きっとありがたく思うだろう。すでにあなたの投稿を非表示設定にしていれば別だけど！ さらには、お子さんの写真の足跡がネット上に大量に残る心配がなくなるので、将来お子さんに感謝されるはずだ。SNSでつながった三百人もの人に、お子さんの写真を毎週のように見てもらう必要はないことはほぼ確実だ。家族間でSNS利用ルールを作ってみよう。私が特にお気に入りなのは、テクノロジー研究家アレクサンドラ・サミュエルが、家族のために作成したルールである［★5］。

家族にSNS利用ルールを導入する場合は、あなた自身に関するルールも必ずそこに加えるようにすること。親の中には、わが子の写真をフェイスブックやツイッター、その他SNSでシェアしないと決めている人もいる。しかし、わが子についての内容を投稿する際に、投稿を見る人と写真に掲載された本人両者の状況をよく考えることを子どもに教えるのと同じように、子どものプライバシーや本人の考えをどう尊重するのかを考えなくてはならない。お子さんが、写真をシェアすることの意味を理解できる年齢になっているなら、事前に本人の許可を得るようにしよう。お子さんがまだ幼くて本人に判断できないならば、たとえば今お子さんが12歳、15歳、30歳だとしたら本人がどう思うか、想像してみよう。もしお子さんが反対しそうだと思ったら、シェアを考えなおそう。

写真のシェアに関して相手の立場を考えて配慮する気持ちは、できるだけ早い段階でお子さんに教えてあげたい。お子さんに新しいデバイスを与えるタイミングで、話し合いを始めるのもいいだろう。まずシェアする（しない）ことへのお子さんの考え方やシェアされたときにどんな影響があるかといったことを話し合って、「補助輪」付の練習をしよう。こういった会話は、あなた自身にとっても、すでに家庭にあるデジタルツールやガジェットとの関係を見直すきっかけになるだろう。

家族のメディア環境を整える

家でネットやテレビ、ゲームなどのメディアを利用するにあたり、使い方のルールや利用場所、時間などの環境をきちんと整えることは、つきつめれば、家族の暮らし全体を望み通りの形に整えていくことにもつながる。きっとみなさんは、そういったメディアを除く家庭内の生活については、すでにいろいろとちゃんとできているはずだ。たとえば、6歳のお子さんの自立を促すため、自分で服を選べるようにしたいと思ったら、季節外れの衣類を手の届かない場所にしまって、氷点下の季節に半ズボンをはいて出かけたりしないよう気を配るだろう。このような家庭内の生活や行動の習慣、整理整頓のやり方を応用すれば、テクノロジー（メディアまわり）をもっとバランスよく利用できるようになる。私はこれを「家庭のメディア環境《エコロジー》づくり」と名付けている。工夫しだいで、家庭内の環境を見違えるように変えていくことだってできるのだ。

▼家のなかの非ネット空間を魅力的に

電子デバイスばかり見る生活を変えていくには、オフラインの時間をもっとステキに変えていくことが何より効果的だ。ちょっとした創意と工夫で、家庭内に魅力的な非ネット空間を作り出せるし、お子さんたちもiPadやプレイステーションなどの画面の中以外の遊びにも興味が向くようになる。たしかに画面の映し出す世界はいつだって人を惹きつけるもので、たとえそのデバイスが居心地サイアクの場所に置いてあったとしても、画面をのぞけば大人も子どもも夢中になる。

ひとつ気をつけたいのは、家にあるいろんなデバイスを、家庭内で一番くつろげる快適な場所に集めておかないようにすること。お子さんがコンテンツを単に消費するだけでなく、自分から創り出すクリエイターになっていける空間を整えてあげよう。オンライン、オフラインを問わず、お子さんと一緒にものづくりに取り組もう。デジタル領域だと、家族のスクラップブック作成やビデオゲームの設計、お題を決めてモノを集めるスカベンジャーハント〔米国で人気の宝さがしゲーム〕の開発、おばあちゃんに贈るカレンダー作り、Scratchでちょっとしたプログラミングコードを書く、動画を作成してYouTubeに投稿する、といったことができる。

オフラインでは、理想の町のモデルを描いてみる、クッキーを焼く、お気に入りのジーンズを補修するといったことができる。何時間もかけてやらなくてもいい。我が家のダイニングルームの一角には手作り工作コーナーとして、専用の作業机とさまざまな材料が置いてある。また、家にある壊れた家電や家具などを見つけてきて、YouTubeの動画を参考にしながら修理する、というアイデアもある。

また、家庭での環境づくりも大事だが、創造的な活動をする機会は、家庭以外にも豊富にある。工作好きでなんでも分解するのが好きなお子さんなら、またはあなたがお子さんにそうなってほしいと思っているなら、手作りの作品を不特定多数の人に見てもらう、体験型イベント「Maker Faire（メイカーフェア）」に連れて行ってみよう。ロボット制作や衣装デザイン、コンピュータプログラミングのキャンプに参加させてあげるのもいい。または、家でそういった活動ができるようにさせてあげよう。私の身近な知り合いの間では、家族同士で段ボールなどのキットを持ち寄って子どもたちが一緒にものづくりをする「ポップアッププレイグラウンド」を行っており、子どもがさまざまな材料に触れ、人との交流を進めていく画期的な機会になっている。

まだ子どもが幼いうちは、テレビやゲーム、コンピュータを家の一番居心地のいい場所に置かないようにしよう。それよりも、子どもの手の届きやすい引き出しに、楽しい道具をいろいろとストックして、定期的に入れ替えるようにすると、お子さんもきっとわくわくするだろう。着せ替え人形の衣装やカッコいいゲーム、新しいパズル、絵や工作の道具を、テレビ、ゲーム機器、タブレットと同じだけ、すぐに手に取れる場所に置くようにしよう。

少し大きい子どもには、本人の創造性を活かす手伝いをしよう。箱の中に再利用のさまざまな材料を入れておければ、ものづくりができる。楽器や料理のレシピ本、調理器具をすぐに手の届く場所に置いておく。友だちと台所でピザやカップケーキを作って、ちょっとくらい散らかり放題になっても目をつぶるようにしよう。家族や友だちと一緒にスカベンジャーハントや迷路づくりに挑戦するのもいいだろう。

スマートフォンやタブレットなどのデバイス類は、すでに家で使いたい放題の状態になっているのかもしれないが、あえてお子さんには（そしてひょっとしたら大人も？）、自分の部屋や地下室で隠れて使わず、家族が集まる場所でのみ使わせるようにしよう。家族で共用する充電器ステーションを設置すれば、デバイスは夜にひとりで引きこもるためにあるものではないと、はっきりと示してあげられる。もうひとつメリットを付け加えるなら、朝出かけるとき、つい電池切れのデバイスを手に、あわてて飛び出すという問題も、ほぼ解消するはず！

▼ルールや習慣を味方につけよう

デバイスの配置や家族の利用時間をよく考えながら環境を整えていけば、家庭の雰囲気もいっそう和やかになっていくだろう。ゲームやデバイスの画面に向かった時間のあとで、子どもがカッとなってキレるのを最小限にするため、いろいろな習慣やルールを取り入れよう。画面に向かう時間を、決して他のことのすきま時間に入れ込まないようにしよう。もしお子さんがマインクラフト好きなら、思いきりマインクラフトをする時間にしたっていい。家族の予定表を作ってみよう。子どもがネット空間にどっぷり浸った、その「あとに」何をするのか計画しよう。もし子どもが画面に向かう時間が終わったときに不満そうな態度の「スクリーンモンスター」に豹変したら、子どもが態度をあらためるまで、デバイスを使う時間を15分短縮すると伝えよう。

平日の間、画面に向かう時間を最小限またはゼロにすると決めている家庭も多い。段階的に移行するのは管理の負担が大きすぎて無理だし、他に学校や宿題、放課後の部活や習い事もあるからだ。もちろん、そのやり方でもかまわない。あなたの家族やお子さんの気分にあわせてちょうどいいバランスを見つけていくことが肝心だ。そして忘れてはならないのは、日常的な習慣はそうすぐには変えられないということ。辛抱強く、立てた予定を守り、必要に応じて調整しながらちょうどいいバランスを見つけていこう。

社会問題を話し合うきっかけも

テレビ番組などのメディアを批判的に見ることを通じて、私たち親は、お子さんの社会への問題意識を高めることができる。お子さんの意見に水を差さないようにしつつ、各メディアを型にはめた見方で捉えないようにしたいものだ。お子さんと一緒に見た番組について、「あれってどうみても性差別だよね」などと親の意見を押しつけず、男性や女性の登場人物について、あるいはさまざまな民族の描かれ方について、お子さんがどう思ったか聞いてみるようにしよう。

また、あなた自身も、女性ヒーローや有色人種かつ有能なキャラクターなど、従来の型にない設定の作品を、意識して見るようにしよう。世の中の通念はそう簡単には変わらないだろうけど、近年はそういった設定の作品も増えてきている。「マイティガール（A Mighty Girl）」〔女の子にポジティブなメッセージを届ける本やおもちゃ、映画などを紹介するサイト〕などのサイト情報は、女の子の親に限らずとてもためになる。

特定の番組や人物、ジャンル、会社などでとにかく嫌いでしょうがないものがあなたにある場合——しかもお子さんに見せるのも禁止しているときは——、その理由をお子さんに説明しよう。私たちの親世代だったら「見ないものは見ない」と言えばすんだのかもしれないが、なぜそうしないか理由を説明する方が、良い結果をもたらす場合が多い。子どもは、道理のわかっている決まりの方にしたがうものなのだ［★6］。

たとえお子さんが、あなたが禁止した番組をこっそり見た場合でも、番組中の登場人物の言動や行動を見れば、なぜあなたが不快に思うか、きっとお子さんもわかるようになるだろう。たとえば、超大金持ちとかお色気セクシーキャラはあなたが苦手なタイプだけど、主人公の兄弟がゲイであることは気にならない、といったことが。

お子さんにできるだけ具体的に説明することで、物事の背景を知ってもらい、あなたの考え方を理解してもらうようにしよう。最近の番組は――たとえ子ども向けであっても――さまざまな社会問題をお茶の間に提供する。たとえば10代のセックス、ドラッグ、いじめや暴力、摂食障害などは、どの世代にとっても複雑な問題となっている。

たしかに週に一度の番組で、そういった問題を見せつけられるのはやや行きすぎな感じがしなくもないが、子どもと話し合う機会を提供してくれる番組もなかにはある。それに、たとえ居心地の悪さを感じたとしても、子どもとの会話が増えるのはいいことにちがいない。特に、小学校高学年から中学生にかけては、自我を形成するなかでありとあらゆる情報を吸収する時期なので、あなたがお子さんのそばに寄り添って、迷ったときの道案内や価値観を育む手助けをしてあげたいところだ。ただし、そういった会話を始めるタイミングについては、よく作戦を練って考えたい。毎回番組を見るたびに、そんなに深い会話を始めていては、お子さんはドン引きして、もうあなたとテレビを楽しめなくなってしまう。しかし、たとえば人種問題や性差別の問題などについて、突っ込んだ議論をする一環で、番組の内容にも触れてあげると、お子さんの興味を引くことになり、そういった問題がよりわかりやすく理解でき、番組に対しても、いっそう批判的な視点で捉えられるようになるだろう。

リビングルームのコミュニケーション

親御さんからよく受ける質問に、お子さんに自分の携帯電話やスマートフォンを持たせていいタイミングはいつ頃なのか、というものがある。親御さんがお子さんに携帯を持たせたいと思うのは、お迎えの時間に数分遅れるとき、スポーツの試合観戦中やお友だちの家から帰って来てほしいときなどだ。『近所を遊び場に』（未邦訳）の著者マイク・ランザも、携帯電話が子どもの自立性を促すいくつかの特性を挙げている［★7］。しかし、子どもにデバイスを持たせて、親子で連絡が取り合える状態になっても、機能を最小限に限定しない限り、結局はお友だち同士の新たなコミュニケーション手段をお子さんに与えることにもなってしまう（さらにスマートフォンの場合、ネット世界のすべてがお子さんのものになる）。

私が参加しているフェイスブックの子育て関連グループで最近あるスレッドが話題になったが、それはこんな質問から始まった。「最近の子どもに専用の携帯電話やスマートフォンを持たせるのにちょうどいい時期って何歳くらいなんでしょうか?」。すると、短時間のうちにさまざまなコメントが書き込まれた。多くの親御さんは、地域内で子どもが自転車やスクールバスを利用して、ひとりで外出できるようになる年齢と考えていた。それはわかりやすい目安のひとつだ。他には、子どものお友だちが持つようになったらわが子にも持たせ「なければならない」時期だという意見。この意見への反応はさまざまで、お母さんやお父さんへの連絡限定のスマートウォッチにするという意見のほか、4年生なら基本的な通話機能のみの折りたたみ式のケータイで、「中2〔8年生〕までは スマホ禁止」にするという意見もあった。また、すでに6年生か中1〔7年生〕で自分のスマートフォンを持たせているという意見も少なくなかった。

このスレッドについたコメントから明らかになったのは、子どもに携帯電話やスマートフォンを持たせる判断基準は、親がお子さんの精神的な成熟をどの程度望むかによって異なるということだ。特に影響が大きいのはスマートフォンで、もちろんいわゆる「ガラケー」だって、自分専用のものを持つとなれば責任重大だけど、スマートフォンほどの実害や負担がない。前述のフェイスブックグループのスレッドで、多くの親は、小学高学年から中学生には携帯電話で十分だし、スマートフォンを買ってあげるのはできれば中2〔8年生〕から高校生になる頃まで延ばしたいと考えていた。しかし、私がセミナーなどで関わっている富裕な地域の学校では、公立、私立どちらでも、親が最初に与えるのがスマートフォンである場合が多く、それも5年生から6年生で与えている例が多い。

デバイスデビューのタイミング

子どもに携帯電話やスマートフォンを持たせることは、親にとって最大の決断のひとつである。そんなおおげさな、と思ったあなたは、こう考えてみてほしい。「スマートフォンデビューはひとつの節目になる。世界中につながる扉を子どもの前で開け放すことになるのだから」。インターネットにアクセスできるようになれば、お子さんは地球上のほぼすべての人と、どこからでもつながりを持てるようになる。どんなにあなたがお子さんに眼を光らせていても、もう止めようがないのだ。そう聞くと怖ろしい話に思えるかもしれないが、このインターネットという新たな武器を手にすることで得られるメリットもたくさんある。でも、それはまさに、親の見守りやアドバイスが大切と私が強く考えている面でもあるのだ。お子さんが適切な判断ができるように教えることは、あなたがお子さんを守るためにしてあげられる、何より有効な手段なのだから。

親の「不安の中身」をはっきりさせる

携帯電話を取り巻くさまざまな問題や、子どもに自分の携帯を持たせるのにふさわしい時期を考えるとなにかと不安になる。だからこそ、あなたが何に不安を感じているのか洗い出すことが重要になってくる。お子さんに携帯電話やスマートフォンを持たせることについて、あなたが怖いと感じることの正体は、具体的にはなんだろうか。逆に言うと、子どもに携帯を与えないことであなたが怖れていることとは。お子さんが仲間の中でただひとり、スマホを持っていない子になることを心配しているのだろうか。それでお子さんが仲間はずれになるかもしれないとか。それとも、お子さんのお友だちに、あなたのせいでスマホを持たせてもらえないと思われるのがイヤ？ あるいは単にお子さんと連絡が取れないのが心配なだけ？

主に挙がってくるのは、次のような問題だろうか。

1　お友だち関係の問題

自分の携帯電話がないと、お子さんは仲間はずれにされて、友だちの輪から外れてしまうかもしれない。でも、もしお子さんが自分の携帯電話を持てば、今度はお子さんがデバイスに依存して家族と連絡を取らなくなったりしないか心配になる。あるいは、お子さんがお友だちとのチャットなどにどっぷりハマってしまって、対面での人づきあいのやり方を忘れてしまわないかと。はたまた、お子さんがSNSで目立ちたくていろいろと投稿しまくったらどうしようという点も心配だ。

2　ステータスの問題

たとえばiPhoneなら、ステータスシンボルとして見られるだろう。あなたはお子さんのお友だちに、「あの家は子どもにスマートフォンひとつ持たせる余裕がない」と思われたくない。その一方で、学校でひとりだけお子さんがiPhoneを持っている、という状況にもなってほしくない。まわりとの兼ね合いは大切だ。テクノロジーとのつきあい方は人それぞれで、お住まいの地域の住民によっても異なるからだ。

3　安全上の問題

スマートフォンを手にすると、アダルト画像やその他不適切なコンテンツにぐっとアクセスしやすくなる。親としては、わが子がそういった誘惑に負けたらどうしようと心配になってしまう。そして、今度はアプリやチャット、ネットのいろんな場所で見ず知らずの人と連絡を取り合うようになったらどうしよう、とさらに心配になる。そんなとき、お子さんは、落ちついて健全な判断ができるだろうか。

4 プライバシーの問題

今の携帯電話には必ずカメラが内蔵されている。イマイチな写真を撮られたりシェアされたりする機会も増えている。そんなとき、ネット上に残ったお子さんの情報やデータの形跡はどうなってしまうのだろう。ネットの投稿や仲間同士のやりとりはすべて、形跡として残るのだ。お子さんはそういったネット世界で個人情報が大問題になるという点を理解しているだろうか。

▼ 現場からの実況レポート

ワークショップのあるグループにいた、ドミニクという母親の例。とてもしっかりとしたアンという娘がいて、互いに信頼し、母娘関係も順調だという。ある夜、ドミニクは娘のアンが、もう寝ているはずの時間に、友だちとメッセージを送り合っているのを見つけてしまった。友だちはアンに相談事を持ちかけており、アンも断れないと思ったらしい。ドミニクはそれ以後、夜寝るときに娘の携帯電話を両親の部屋で預かることを決めた。さらに、娘とお友だちはまだ12歳(6年生)だったため、お友だちの両親にもその出来事を知らせることにした。

このような場合、まずドミニクが親として知るべきことは、アンがなぜ夜遅くに、お友だちに返事をしなくてはならないと感じたのか、その理由だろう。そうすれば、ドミニクは、娘さんがお友だちの力になろうとしていることがわかるし、悩みの内容によっては、6年生同士だけでなく、大人の力を借りることも必要かもしれないという話もできるだろう。子どもには何かしなくてはという衝動が起きるもので、その衝動からついうっかり親のルールを破ったのかもしれないという気持ちを汲んであげれば、状況に合った対応がしやすくなるだろう。

次に、私が主宰する「デジタルネイティブ子育ての会」コミュニティでの、あるお母さんの話。そのお母さんが10歳と11歳のお子さんにそれぞれ携帯電話を買い与えたきっかけは、子どもたちが親の送迎ではなくスクールバスで通学を始めたことだった。そのお母さんいわく、「ケータイを持たせたあと、10歳の子の方は特に生活が変わることもなかったんです。2日に一度は家に忘れて行くし。でも、11歳の子にはけっこう変化がありました。あるとき夜10時に友だちとチャットをしているのを私が見つけました。ふつうはキッチンの充電器に置いてあるはずの子どものケータイがなかったのです。私は子どもからケータイを取り上げ、その後1週間、本人が好きに使う特権を「禁止」しました。すると子どもは、本人なりに考えて納得したようで、なかなか鋭いことを言ってきました。ケータイを持っていると、妹との関係に影響するというのです。私が子どものケータイを取り上げた翌日、家に帰ってくるなり、ケータイを持たない方がスクールバスで妹と一緒にいろいろおしゃべりできていい、と話してくれました」。

また別のお母さんの話。お子さんたちに携帯電話を持たせるにあたり、費用を子どもたち自身に負担してもらおうと考えたという。「子どもたち自身が月額利用料金を払えるようになってから、ケータイを買い与えるかどうかを検討したいと思ってるんです。子どもは13歳ですが、自分のiPodを持っていて、Wi－Fiで利用できる通話やチャット用のアプリを手に入れる方法を発見しました。家の固定電話もあるので、放課後に家にいるときや留守番のときには子どもたちもそちらの電話を使っています。また、11歳の娘は、父親の携帯電話を持っていますが（私は反対でしたが）、利用プランの時間を超えないかかなり気にしていて、それは娘にとっていいことなんじゃないかと思います。子どもたちはいろいろと自立してやってる面もあります。放課後は家で2、3時間、子どもたちだけで過ごしています。家族では週に一度顔を合わせていろいろと話し合い、お互いの考えを確かめるようにしています」。

次の例は、私の知り合いの小児科医から聞いた話。受診に来た子どもが携帯電話の使用を禁止されて過度なパニック状態になったという。なだめても泣きやまず、見るからにおびえていた。どうにか落ちつかせて話を聞いたところ、同級生からブラックメール（脅迫メール）が来て、写真を拡散するよう言われたのだという。もし送らなければ、元の写真をばらまくと脅したうえで。何てひどい！　幸い親が気がついたため、カウンセリングを受けて、写真を拡散するよう言ってきた相手をブロックした。法的手段を取ることもできたが、この件では、あえてそうしなかった。もうひとつのやり方として、もし攻撃してきた相手がよく知っている友だちで、あまり深刻な内容でなかった場合、その子の親に連絡するという手段もある。仮に法的な手段をとったなら、以後オンラインの攻撃はたしかに止むことにはなる。しかし、このような子ども同士の問題を法的に裁くのは非常に複雑で不可能に近く、現在の法では、ネット世界でのいじめや脅しに関する法が整っていないのが現状だ。

お子さんが知っておくべき大切なことは、自分が間違っていると思うことや不愉快に感じることを、他の誰も否定してはならないということだ。赤の他人であれ、友だちであれ、ボーイフレンドやガールフレンド、その他どんな相手であってもだ。それに、これも知っておいてほしい。仮にお子さんがあなたの決めた何かのルールを破ったときでも（夜遅くチャットをする、誤った判断をするなど）、あなたはお子さんの味方になり、お子さんがいやがらせにあったりトラブルに巻き込まれたりしたときは力になってあげよう。ここ、超重要！

これまで挙げた例からわかる大切なことが、ひとつある。困難な状況や悩みに直面したときは、他の親御さんがどう対応したかを知ることだ。私たち親はみんな、お互いに学んでいる。これまで挙げた例では、あなたならどう対応するだろうか。おそらく例の中で親御さんがとった方法と同じではないだろう。それでかまわない。子育てのやり方は人それぞれだ。でも、他のやり方を知ることで、あなた自身の基準がわかるようになる。

デバイスを買うまえに

子どもに携帯電話を買い与える親が多いのは、持たせておけば子どもの様子を確かめられるから。でも、ちょっと待って。それって親のため、それともお子さんのため？　お子さんが今どこで何をしているかいちいち確認する必要が本当にあるのだろうか。これまでに経験した状況を振り返ってみて、それがあったらよかったと思ったのはどんなときだっただろうか。最近では移動中でもメッセージを送るのが当たり前になり、相手と連絡がつかないといって気を揉むことも少なくなった。でも、わが子がケータイやスマホを持っていないとなれば、そもそも連絡が「遅れる」という状況すらないことになる。

さて、あなたはどうだろうか。子どもに携帯電話を持たせるべきか、持たせるべきでないか。もし今すぐにとは思わないなら、あなたの家族にとって、いつが「その時」だろうか。誰もが納得のいく簡単な答えがあればいいのだろうが、微妙な問題であり、それぞれに事情も異なる。それでもあえて、次のような計画表を作ってみた。お子さんに携帯電話を持たせるかどうか、それをいつにするか迷ったときの参考にしてほしい。

親のあなたが本当に怖れていることや望んでいることは何か、明確にする

ある知り合いの家族は、お子さんにもっと自由を与えようと考え、「自由行動範囲」を決めて子どもだけで行動させるようにしている。その家族は都市部に住んでおり、近所の人たちは親切で結びつきが強いが、それでも、ただ単に「ほら街灯がつきはじめたよ。暗くなってきたから家に帰ろうね」と子どもに声をかけるだけではなく、もっと確実に子どもの安全性を確保することが必要だと感じて

いた。そこで知り合いが取った方法は、お子さんたち（6歳と9歳）に、トランシーバーを持たせるというもの。すると何人かの近所の人も同じように、子どもにそれを持たせた。今では、近隣の子どもたちは自由に外で遊ぶが、トランシーバーの範囲内でバーチャルに家とつながっている。なかなか賢いやり方ではないか。

●お子さんがケータイを欲しがっている理由を確かめる

ケータイを欲しがるのはファッションとして？　それともお子さんのお友だちは実際に活用して、チャットでいろんな計画を相談して、子どもだけで外に出かけたりしている？　もし実際にそういった状況になっているなら、お友だちの親御さんたちと話をしてみよう。特に、お子さんと親しくしているグループの親御さんたちと。他の親御さんと連絡を取り合えば、あなたのお子さんを仲間に入れることを考えてくれるようにもなる。

●子どもに基本的な通話マナーを教える

子どもに自分の携帯電話を持たせる前に、通話の受発信や、留守電に礼儀正しく伝言を残すことをきちんとわかっているか確認しよう。「ふつうの」固定電話なら当たり前にやることだが、携帯電話だって同じことだ。おじいちゃんおばあちゃん、おじさんおばさん、親の友だちなどに練習相手になってもらおう。気のおけない相手に電話をかけてもらい、子どもに取らせ、すんなり応対できるようになるまで練習させよう。お子さんから電話をかける場合も同じで、ちゃんと通話できるようになるまで自分から電話をかけさせてみよう。さらに「応用編」として、子どもに電話で宅配ピザの注文や、店に営業時間を問い合わせるなどしてもらおう。

メールの練習

メールは今やすっかり生活の一部になり、生まれつきの習慣みたいにもなっている。多くの人にとっては、仕事における主な連絡手段でもある。メールの使い方はとても基本的なので、お子さんにわざわざ教える必要なんてないと思いがちだ。

だけど、メールだって、コミュニケーション手段のひとつだし、しかも、メールならではの暗黙のルールやマナーがある。そして、きっとみなさんも仕事の中で経験していることと思うが、メールでの失敗はあっけなく起きてしまう。時間をとって子どもに基本を教える価値は十分にあり、お子さんもメールをきちんと使いこなす方法を身に付けていけるようになるだろう。それはお子さんと学校の先生、そして大人の世界との間をつなぐ大切な橋渡しとなり、そして、(現実に今起きていることだけど)将来お子さんは職場の上司にスナップチャットで写真を送りつけるなんていう行為は絶対にしなくなるはずだ。とにかく今からでも、お子さんにメールのマナーを覚えてもらおう。

そこで、親のみなさんが今すぐできることを次にご紹介したい。

これはメールに限らない話だが、お子さんが何か新しくテクノロジーを使いはじめる際に私がおすすめしているのは、「補助輪」で練習させてあげること。たとえばメールの場合、お子さんが自分のメールアドレスを持つ前に、まず試しに、家族のアカウントを使ってもらう。「TengFamily@gmail.com」や「TheThompsons@yahoo.com」など、家族の名字でアカウントを作ろう。こういった家族共有のアカウントは、リビングの固定電話のような役目を果たす。家庭内限定とはいえ「公共の」アカウントなので、わざわざお子さんを監視しなくても、互いに共有できる。固定電話と同様に、メールの書き出しから結びまで、お子さんにきちんと知ってもらうことができる。それに、お子さんが失敗したとき、人に相談して助言を求める方法を一緒に見てあげることもできる。親のあなたからのアドバイスはさりげないものにとどめておきたい。あまり頭ごなしに押しつけると、お子さんもあなたに説教されているように感じてしまうから。

そしてもうひとつ、その共有アドレスに送られたメールは、あなたの家族全員のもとに届くということを、お子さん本人はもちろん、メールを送ってくれる親戚やお子さんの友だちにも事前に知らせることをお忘れなく。コミュニケーションにおいて前後の情報や文脈はとても重要なので、メールの送り主が想定していなかった相手、しかも複数の人にそれを読まれることになっては、送り主に対して申し訳ない。あなたの目標は、お子さんやそのお友だちがなにか失敗する瞬間を捕獲することなどではなく、お子さんに、健全なデジタル生活の送り方を指南することにあるのだ。

お金の知恵を身につける

インターネット世代の子どもと一口に言っても、なにも知らない素人から超くわしいウェブ起業家まで実にさまざまだ。あなたのお子さんは、おそらくその中間くらいではないだろうか。お子さんがネットで何かを購入したり、アプリをダウンロードしたり、有料プランにアップグレードしたいと言い出したときは、お子さんとネット上のお金に関するいろいろな問題について話しはじめてもいい時期だ。たしかに、オンラインでの購入手続きはとても簡単だし、アプリやアプリ内課金の代金はパッと見わりと低料金なので、いざ請求が来てみて、ギョッとなってしまうことになる。アプリ内課金は、幼児から10代までどの年齢のお子さんを持つ親御さんにとっても悩みの種だ。親としては、課金機能を使えないようにしたい（少なくとも起動できないようにしたい）といつも思っているし、そういった追加購入をしょっちゅう要求するゲーム自体、できればお子さんには遊んでほしくないし、せめて頻繁に遊ぶのをやめてほしいと思う。

各種関連法の定めによると、一定の商品に関しては、子ども向けのテレビ番組でコマーシャル／CMの放映が禁止されており、アプリ内課金のしくみも一応その規制に準じているようではある。そういった課金式ゲームアプリは、だんだんおもしろくなってきてまもなく次のステージというタイミングで課金してくるようにできている。脳内のエンドルフィンが一挙に放出され、ついゲーム内「コイン」を本物のお金みたいにつぎこみたくなってしまうのだ。そういった誘惑を断ち切るのはかなり大変なことで、いつのまにか、という事態になることも多い。でも、もし幼いお子さんがあなたの知らない間に、またはあなたの同意なしに高額の買い物をしてしまったとしても、返品や返金手続きができる場合もあるはずだ。そのうえであらためて、お子さんとよく話し合うようにしよう。

ネットでの課金やデビットカードやクレジットカード経由で代金を支払う場合、金銭のやりとりはかなり抽象的になってしまう。そういえば私自身も、アプリ内でのほんの少額の支払いに関しては、元々かなり乱雑な性格なのもあって、リアルな買い物に比べてそれほど神経質になっていない。実生活では、新しく買ってきたおもちゃやゲームをどこにしまうかで年中頭がいっぱいである。だけど、雲みたいに実態のない「仮想商品《クラウド》」なら、収納スペースに困ることもない。が、実は、新たに買うアプリについても、リアル商品と似たようなことがいえるのだ――そのアプリ、実生活でいつどんな風に使うの？と。お絵かきアプリをすでに持ってるのにまた別のを買ったの？前のと比べてどう違うの？など。乱雑な性格はけっきょくネット世界でも変わらないようだ。

私の「デジタルネイティブ子育ての会」でも、デジタル時代のお金の使い方を子どもにアドバイスする方法について、多数の親御さんからさまざまな意見が寄せられている。あるお母さんの話だと、中1〔7年生〕の娘さんが、放課後お友だちと一緒にスタバやショッピングモールに行っては、連日30ドル（約3000円）も使いこんでいるという。娘さんはデビットカードを使用しているため、何にお金を使っているかお母さんも把握しているのだ。利用明細を親子で振り返ってみる（娘にも自分の支払いを自分で負担させる責任を持たせる）ことで、お金の使い方にもっと慎重になるだろう。それでもダメなら、カードの限度額を設定したり、娘さん自身の銀行口座の残額をゼロにしたりすれば、本人へ注意を促すことになる。そのお母さんは、経営者として成功している方でもあるが、そのお母さんでさえ、30ドルといえばランチで注文する前に、2度は見返す金額だという。13歳の娘さんがお金に無頓着であるという事実は、娘さんの頭の中で点と点が結びついていないこと、つまり、お金というものが、労働や何かの対価であることが、まだ理解できていないということなのだ。

別のお母さんの話。お金についての知識や考え方をお子さんに伝える、次のようなコツを話してくれた。

「今年から8歳の息子にお小遣いをあげはじめたんです。子どものお金管理サイトFamzooを使ってますが、このサイトすごくいいです。息子にお金の管理と使い方についてバッチリ学んでもらえます。有料の「アプリ」についても、ちゃんとした理由があれば、購入していいことにしています。もちろん、息子の所持金範囲で、ですけど。息子にはよく「アプリ内購入」を利用してもいいか聞かれますが、それについては別で、くだらないオンラインゲームのポイント購入に、大事なお小遣いを使ってほしくないとはっきりと伝えています。8歳の子にそういったけじめを説明するのは大変です。「アングリーバード」のような（しょうもない）オンラインゲームを買うくらいならかまいませんが、ゲーム内の「上級モード」にお金を使ってほしくないんです」。なぜ親御さんはお子さんに、実体のないモノにお金を使ってほしくないと思っているか、その理由は単純だ。子どもにとって大事なものでも、親にはくだらなく思えるからだ。あるお母さんは、最近お試しでお小遣いを現金であげることにしたという。「以前はMoney trailというバーチャルお小遣いアプリを利用して、アプリストアやiTunesなどでオンライン購入をする際にそこからお金を引き出すようにしてたんですが、うまくいきませんでした。子どもがお金の実物を見ていなくて、実感が持てなかったんです。つい最近（2週間前）になって、現金のお小遣いに切り替えたところです」

もっと上の年齢で自分の銀行口座を持っている子どもになると、お子さん自身がオンラインで口座情報にアクセスする方法を知っているかどうかという点も気にしておきたい。子どもに安全なパスワードの設定について教えることはとても大切だ。大人にとっては当たり前でも、子どもは安全性の低いアカウントがどういう事態を招くのか、まだ十分に理解できていない場合もあるからだ。

みなさんの中には、お子さんがネットでアプリや書籍、音楽を購入するためのお小遣いを電子マネーで渡したいと思っている親御さんもいることだろう。こんなお母さんの例もある。「うちの一番上の子（11歳）は、家族の中で唯一、自分専用のタブレットを持っています。息子は家族全員とリンクする「ファミリー共有」の iTunes ユーザーアカウントを持っていて、息子が興味を持ったアプリや音楽、電子書籍についてダウンロード許可を得たいというときには、親にリクエストメッセージが送られてくるので、そこで許可するかどうかを私たちが判断します。特定のアプリに関しては、私たちが息子に利用目的や、有料か無料か確認ずみなのかを尋ねるようにしています。さらに、アプリの利用登録時に、個人情報を提供しなくてはならないかどうかも確認します。今のところは、iKids 内での電子購入のみにとどまっています」

▼お金との賢いつきあい方——上級編

学校や家庭によっては、お金や経済について子どもに理解してもらうため、本格的に学ぶ機会を提供しているところもある。たとえば、「モーニングスター」や「E*TRADE」といった投資情報サイトを活用して、オンラインで株式市場情報を集めるといった取り組みだ。私の甥は、ニューヨーク市内のある公立高校に通っているが、生徒の親の中にはウォールストリートの金融機関に勤務する人もいる。生徒たちは「投資クラブ」で投資に挑戦でき、年度末に最も高額のバーチャルマネーを稼いだ生徒（本物のお金は投資しない）が優勝となる。

企業研究の方法を教えてあげるのもいいだろう。フェアトレードなど倫理的な姿勢を打ち出す企業を支援したいと考える子どももいるはずだ。ただし、甥の投資クラブで行っている短期トレーディングの話を聞いて、少々戸惑った面もある。実生活での株主は、学校の一年度が終わって以降も投資を続ける人がほとんどなので、短期的な投資コンテストよりも、一部長期投資の成長やＣＤ（譲渡性預金）の方が子どもにとっていい勉強になるのではないだろうか。

もしお子さんたちが自分で作ったいろいろな物を販売することに興味を持っているなら、「Etsy」などハンドメイド品の販売サイトにショップを開くのも名案かもしれない。お子さんが、Wikipediaなどの有志サイトに無料で寄稿している場合は、無報酬でそういった仕事をする意義や、それがどのように社会に大きく貢献しているかについて、お子さんと話し合おう。子どもにオンラインバンキングを教えたり、自分で貯めたお金（またはお年玉など）を預金する口座を作って、自分の欲しい物の購入にあてたりすることも重要だ。多くの子どもにとって、ブタの貯金箱に貯めたお金を簡単なオンラインマネー管理へと移行するのにふさわしい時期は、中学に入る頃だろう。

子どもにはMintなどの金銭アプリで、自分のお金を貯める方法を学んでもらうことができる。親のあなたがご自分でやっている金銭管理について見せてあげることもできる。お子さんに給与額を教えたくないという人だって、家計出費の円グラフを見せてあげれば、あなたがなぜ働かなくてはならないか、稼いだお金を何に使っているか、出費計画をどのようにしているかをお子さんに知ってもらうきっかけになるだろう。また、その機会を利用して、貯金をする理由とその方法や、「繰り越し金」のありがたみについてもお子さんに話してあげよう。中学生にもなれば利息や預金、インフレーションのしくみについても理解できるようになるはずだ。

ある親御さんは、娘さんにお金に関するさまざまな責任について知ってもらうために、夫婦で取った積極的な行動について話してくれた。「私たち夫婦は娘が13歳になったとき、娘専用の銀行口座を開設しました（私もその年頃に、母親にやってもらったから）。その口座に娘の洋服代、交通カードチャージ代、娘が弟の面倒を見る際の費用を預けました。それに娘自身も、アルバイト代やもらった小遣いを預金しました。娘の支払いはデビットカードで、その口座から引き落とす形にしました。また、預金の収支管理も娘自身に（アプリ「Quicken」の）小遣い帳でやってもらっています。おかげで娘は、品物の値段をとてもよく気にするようになって、今では何か欲しい物があっても、割引セールを待ったりするようになりました」

ニューヨークタイムズ紙の「パーソナルファイナンス」コーナーのコラムニストであり、『お金に賢い子供を育てる方法』（未邦訳）の作者でもあるロン・リーバーは、子どもがお金に関して質問してきたら、できるだけ包み隠さず説明してあげるよう助言しており、質問の内容や子どもの年齢に合わせて、正直に答えてあげようと述べている[★8]。子どもというのは親の収入や出費について知りたがるものだ。なかには、親の収入や自分の学校や習い事の費用、家庭の出費がどれくらいなのかに興味を持つ子もいる。インターネットで検索のできる子なら（目安として6歳以上）、ネットで調べられるので、親にわざわざ聞く必要はないかもしれない。でも、セックスの話題と同じで、子どもが親に直接聞いてくれるなら、その方がいい。ある日お子さんが、ネットで調べたあなたの個人金融資産情報（給与額や家の価格など）を手に、もっとくわしいことを教えて、とあなたに聞きに来るときのために、心の準備をしておこう。

▼「ネットでポチれば」買える時代に

お子さん自身にお金を持たせるという話になったとき、現実問題として、お子さんに任せていい金額とはいくらくらいなのだろうか。みなさんはこれまでに、ご自分のクレジットカードや、デビットカード引き落とし口座をお子さんに使わせたいと思ったことはあるだろうか。親の財布から絶対にお金を引き出したりしないような子どもが、いきなり親のパスワードを使ってレストランで料理を注文したりするだろうか？　いずれの場合でも、親の許可が必要だということをはっきり説明してあるだろうか。まず親のみなさんがセルフチェックしてみよう。

● お子さんがオンラインショッピングやアプリ内課金を利用した場合、それを止める方法を知っているか。

- あなたの iPad は Amazon へのアクセスが自由にできるか。お子さんに映画やテレビシリーズを見せるため、あなたの Amazon パスワードを教えてある場合は、お子さんが Amazon で別の買い物をしたとしても不思議ではない。
- 共有の Apple ID を管理する方法を知っているか。Apple を愛用する多くの家族が、共有 AppleID には長短両面があると気づいている。ダウンロードしたコンテンツに家族全員がアクセスできるようになり、請求先はあなたのクレジットカードなので、お子さんはやりたい放題という気分になるかもしれない。

　最近私は、友人家族と食事をした。3人のお子さんはみな優しくて思いやりがあり、立派な家族だ。真ん中の息子さんは中三（9年生）で、「ファンタジーフットボール」〔空想のフットボールチームを作って仲間同士で想像のリーグ戦を行うオンラインバーチャルゲーム〕で遊んでおり、その中で、自分の戦績が上々ということを語ってくれた。私は息子さんに、プレイヤーたちはポイントや賞金のために試合で戦っているのかと（ちょっと）マジメに聞いてみた。私のまわりの大人の友だちや同僚から聞く限り、「ファンタジーフットボール」の世界ではお金が頻繁にやりとりされているものだから。

　するとその息子さんは、最初はお金のやりとりをすることを考えていたが、郵送で現金のやりとりをしたいとは思っていなかったと答えた。息子さんはサマーキャンプ中にできた大人数の友だち同士で遊んでいて、友だちの住む地域も広い範囲にわたっていた。そこで、子どもたちはペイパルを使ってお金を送り合うことを考えた。当然、息子さんの父親は「いや、それはできないだろう。お金を賭けるなんてダメだ」と口を挟む。すると息子さんは、「じゃあ、もしやるとなったら、お父さんには話さないでおくよ」と冗談ぽく答えた。うぎゃあ！

家族の会話でこういう瞬間ってよくあるし、それを引き金に、客人が帰ったあとに家族同士で話し合いを続けたりするものだ。この家族の親子間にはしっかりとした信頼関係が築かれているので、きっとこれからも、繰り返し話し合うだろうと思う。でもこの話は、私たち親のその親の時代には取りざたされることもなかった問題も同時に示している。

この家族が取ることができた手段として、ひとつには「クレジットカードやペイパルは子どもは使ってはダメ。それから子どもが自分の口座を勝手にペイパル請求先にリンクさせるのも禁止」と息子さんに伝える手がある。または、試しに息子さんに賭け事をやらせてみて、お金を失う（または勝ち取る）経験をさせてもいいだろう。実際にこれをやってみて、少額の掛け金を失ったり儲けたりすることをひとつの学習経験とする子どもは大勢いるが、危険も伴う。それに、賭け金の上限や、損失額や儲ける額はいくらまでオーケーかを決めるのは誰なのか、という問題がある。

この家族の例もそうだが、子どもたちは親の見ていないところでいろいろな行動をするものだと親もわかってはいるが、最終的に、子どもがやっていいことと悪いことの線引きをしてあげるべきなのは、やはり親なのだ。息子さんに適切な行動をとってもらって信頼関係を保つため、親御さんが息子さんにしてほしいこと、してほしくないことをはっきり伝えなくてはならない。

この家族のエピソードは、ネット生活の抱えるいくつかの問題を物語っている。第一に、子どもたちは「ネットでポチれば」欲しいものが届くという状況に慣れきっている。支出の記録を消すことだって訳なくできてしまう。特にワンクリックで注文できるようになっているサイトだと、もういつ何を買ったかもわからなくなる。私などは、衝動買いしないように、自分でも覚えられない複雑なパスワードをわざと設定して、Amazonなどのアカウントにアクセスする際、毎回パスワードを調べるところから始めなくてはならないようにしてある。手間を増やすことで、買いたい気持ちをいったん抑えられるように。

つながった家族

デジタル時代の家族生活には楽しいことがあふれている。遠く離れた甥や姪とSNSでつながるのは楽しいし、スカイプで両親と話すこともできる。義理のお母さんとオンラインゲームで対戦するのも楽しいし、10代のお子さんとメッセージを送り合うのも楽しい。家庭でのルールを決めて、家の中の利用環境を整えていくのは、そう簡単ではないが、うまくいけば、お子さんのテクノロジー利用についてとやかく監視しなくてもよくなるし、お子さんだってあなたを監視しなくてよくなるのだ。お正月や誕生日などの節目の機会にでも、家庭内のテクノロジーバランスに家族全員が満足しているかどうかを確かめ合って、家族にとっての理想の形に小さく（大きく）変えていくようにしよう。

7 デジタル時代のトモダチと恋愛

友だちとは何か。どうやって関係を築いていけばいいのか。それは、子どもから大人へと成長する過程で身をもって学んでいく、それぞれにとって大切な経験になる。ゲームやSNS、グループチャットやビデオチャットで交流するなかで、友だち同士さまざまな対話や問題が起きるのは、リアルなつきあいとまったく同じ。ただし、新時代ならではのSNSルールやちょっとしたコツがいくつかあるのもたしかで、そこは、親の私たちが子どもに手を差し伸べられる部分でもある。中学生や高校生になると、気の合う仲間同士でグループ交際をしたり、友だち以上の関係になってつきあいはじめる場合もある。恋愛関係も友だちづきあいと同様で、昔の中高生とほとんど変わりない(たとえば学校のダンスパーティは、今もめっちゃ気まずいものだ)が、友だちづきあいでいえば、これまでにない新しいルールや特性もあるため、その点はよく考えなくてはならない。次に挙げるのは、あなたがお子さんと関わるなかで出会うであろう、いくつかのシナリオだ。

● あなたは、6年生のお子さんにスマートフォンを持たせるのを先延ばしにしている。ところがふと気づくと、お子さんのまわりの友だちはみんな、自分のスマホを持っている。子ども同士でいつも連絡を取り合って、いろんな計画を立てているので、お子さんが仲間はずれにされないようにしたい。そこでお子さんには、あなたのスマートフォンを貸して使わせてあげることにするが、それが思わぬ事態を招いてしまう。お子さんの友だちから、ひっきりなしにメッセージが飛びこんでくるようになったのだ。夜になると、12歳同士のグループチャット祭りになり、お子さんは画面に釘付け。だいいち、お子さんがお友だちと連絡を取り合う手段として、本当にこれがベストなのか、あなた自身がまだ納得していない。

● 3年生の息子さんのお友だちは、放課後みんなで集まってオンラインゲームをしている。あなたは息子さんに、放課後宿題をやらせたいし、体を動かしてほしいと思っているので、オンラインゲームの時間を週末に限定した。すると息子さんは、お友だちから取り残された気分で、ゲームにだんだんついていけなくなったという。さらに困ったことに、学校での友だち関係にも影響が出はじめたようだ。

● 11歳の娘さんのメール受信箱を一緒に覗いてみたところ、ツイッター、インスタグラム、その他いくつかのソーシャルアプリからの自動応答メールがあった。娘さんとは、そういったSNSアカウントを作るのは13歳になるまで待つという約束をしていたので、あなたは娘さんに腹を立てる。さらによく見ると、それらのアカウントはなんと、娘さんと仲良しのお友だちのものだった。あなたが何年も前からよく知っているそのお友だちは、娘さんのメールアドレスを使って、新規アカウントを設定したという。お友だちのご両親が、あなた以上に厳しくて、SNSアカウントを作らせてくれなかったからだという。どう対応すればいいだろうか。

● ボーイスカウトの合宿に行ってきた息子さんが、移動中のバスでずっと、ある女の子が書いたテキストメッセージ（とおそらく写真）を次々に見せられていたという。書いた女の子は1学年違いで、息子さんとの関係は、学校中で噂になっているようだった。息子さんは写真を見ようとしなかったため、からかわれてつらい気持ちになっていた。

うちの子もお友だちとの関わりさえなければ、こんなにテクノロジーに囲まれていたって、子育てくらい楽勝なのに！　時々そう思いたくもなる。そこで次に、お子さんの友だち関係が進展し、変化していくなかで、私たち親がなすべき行いと、注意しなくてはならないいくつかの落とし穴をいくつか紹介しよう。

ネット世界の健やかな友だち関係

その前にまず、私たちの目指していることを整理してみよう。次に挙げるのは、ネット／現実両方の世界で、健全な友だち関係を築き、それを長く続けていける子どもの理想像だ。

- オンラインの友だちとオフラインの友だちの違いがわかる子
- 自分の限界を知り、善悪や好き嫌いなどさまざまな物事の区別がつけられる子
- 人気や人望は、インスタグラムのフォロワー数で測るものではないとわかっている子
- 仲間はずれ問題に敏感で、実際にそれが起こったときに気づくことができる子
- SNSのプライバシー設定をわかっていて、プロフィール管理を上手にできる子
- 健やかな恋愛をして、慎重におつきあいできる子
- ケンカやトラブルは必ず起きるとわかったうえで、いざとなったらオフラインで解決することをわかっている子
- よくあるちょっとしたいじわると、オンラインでの陰湿ないじめの違いがわかる子

お子さんが友だちづきあいで経験することの多くは、あなた自身が子ども時代に経験したことと共通しているはずだ。一番の親友を見つけること、友だちと長い時間を一緒に過ごすこと、それにたぶん、絶交すること。仲良しグループは常に変わっていくし、仲間内でうまく立ち回れる子もいる。内気な子もいれば、人づきあいの下手な子もいる。そしてそう、人気者の子や目立つ子、その他大勢の子も、あなたの学校時代とまったく同じように、今も存在する。

それは良いことだ。いろんな子がいれば、その中でお子さんの友だち関係が見えてくるし、お子

さんが友だちとの間で経験していることもわかってくる。ただし、お子さんが今いる年中オンラインでつながった世界が、これまでにはない、大きな問題を生みだしていることは確かである。仲間はずれやケンカ、オンラインでのいじめといった問題が次々に積み重なっていくなかで、今どきの親御さんが不安でたまらなくなるのも当たり前。私もワークショップで、そういった声をたくさん耳にしてきている。

私たちの頃と同じこと、違うこと

現代の子どもたちは、かつて私たちが、家の前や庭、駐車場、近所の路地などで遊んでいたのと同じ感覚で、SNSで交流している。みなさんが育った環境は、都市部、郊外、それとも田舎? 友だちと集まっていたのはどんな場所? 私の場合、中3〔9年生〕のとき、学校の友だちと、講堂の裏に誰も使っていないトイレがあるのを見つけた。何人かの友だちと一緒に、そこでお昼を食べ、大勢がひしめくカフェテリアを避けて、自分たちだけの静かな空間を楽しんだ。子どもというのは、大人の監視の目から逃れて、親しい者同士で過ごす場所を求めるものだ。

最近の子どもが友だち同士で集う場所といえば、なんといってもSNSとオンラインゲームだ。グループチャットやいろんなSNSアプリをとにかくやってる状態――まわりにもやってるところを見られている状態――にしておこうとする子どもは多い。子どもは友だち同士、または少し広い範囲のグループと交流する。どのグループもいつも入れ替わり続け、子どもたち自身も常に同じ状態ではない。それに、交流のやり方は、一部の少数の子どもが決め、その他の子どもはそれに従っているようだ。

みなさんのお子さんはどうだろうか。仲間同士のチャットグループに参加してはいるけど、仲間はずれを味わっているかもしれない。別の子は、誰かをひどい目にあわせているのに、おめでたくもそれに気づいていないかもしれない。もしその子が学校でも他の生徒と協調しない「マイペース」タイプの子なら、きっとその子は他の子が何を考えているか気にならない子なので、まったく悩む必要はないだろう。しかし、私が中学生を観察している限り、そんな子はあまりいない。みなさんの学校時代とまったく同じで、そういうタイプの子は、協調性の低い仲間同士で「グループ」を作ればいい——昼休みや休憩時間などに、ひとりかふたりの友だちとだけ一緒に行動するタイプだ。

「アナログ」から「デジタル」へ

昔の子どもは、行動範囲が広めで、今の子に比べてもっと自由な時間があった。その違いは当時の友だちづきあいのあり方にも反映されており、ケンカの仲直り方法や権力争いにも影響していた。それに、今と昔では子どもが育つ環境も違っていたりする。たとえば、親のあなたが引越しの多い子ども時代を送り、あの手この手で友だちづくりをがんばってきたのに対し、お子さんは幼い頃からずっと一緒の友だちに囲まれている、という具合に。親の私たちの子ども時代からの変化といえば、学校での噂話や事件が、チャットやＳＮＳ経由でもっと簡単に伝わるようになったことだ。

　つまり、あなたが考えなくてはならなさそうなのは——お子さんがＳＮＳで人間関係にネガティブな影を落とすようなトラブルを経験しているなら特に——、お子さんが別のコミュニティに入るための手助けをしてあげることだ。学校以外の子どもと交流する場所はいくらでもある。ボーイスカウトやガールスカウト、教会の青少年グループ、地域の公園や児童施設などが主催する各種講座やクラブ、習い事など。私自身も、そういった校外での体験を通じて、視野が広がった。中学時代、校内では決して人気者とはいえない存在だったが、ある時、とある市民カメラ愛好会に参加したところ、メンバーの大半が退職して隠居生活を送る人たちだった。これは私にとってまたとない新鮮な経験で、メンバーにも温かく迎えてもらった。13歳の同級生たちばかりと過ごしていたなか、その輪から抜け出して、思いがけない財産になった。

　大人になるためにさまざまな経験をして、自分を知ることは、なかなか簡単ではないし、親だって、子のネット世界での人格形成を「クラウドソーシング《ネットにお任せ》」したいとは思わない。日々ＳＮＳの投稿で、コメントや「いいね」をつけあうことにハマってしまうと、かえって不安がつのるだけ。親としては子どもの友だち関係を見守って、本人が自分らしくいられ、本当に助けてくれる親切な友だちと仲良くいられるようにしてあげたい。そのためにはリアル世界での交流を、そのままオンラインでの人間関係、ＳＮＳやオンラインゲームにも当てはめていくことだ。ＳＮＳの交流によって子どもがネガティブな気持ちになっていくなら、放課後や夜間ネットに「つながない」時間がますます必要になってくる。

「古き時代」から変わったこととは、次のようなことだ。

- 学校で友だち同士のトラブルがあっても、家では別世界にひたれる
- そういったトラブルや子ども同士のいじわるなどは、大人が気づかないことも多い（この点はなかなか深刻だ。子ども同士は時にチャットのやりとりを印刷したり、いじわるなコメントを転送したりしている）
- 狭い範囲に生きる知り合い同士で互いを比べ合う（より広い世界で仲間やお手本となる人に出会うことは、多くの子どもにとってプラスになる）

「フォローを外す」という判断

もしお子さんがSNSでフォローしている人が、いつもお子さんを仲間はずれにしているような気持ちにさせる投稿ばかりしているなら、お子さんには、その人のフォローを1週間外すことをすすめてみよう。今後ずっと縁を切るとか、そのSNSのアプリそのものを削除するとなると、きっとお子さんにとって極端すぎるだろうが、「暫定処置」がプラスになる場合もある。その後お子さ

んの気分が上向きになってきたら、一時的に切ったフォロー関係を切ったままにするか、やはりフォローし続けるかあらためて決めればいい。

時には、アプリそのものを削除すること（または、単にそのSNSへの参加を保留にすること）が最善策になる場合もある。5年生の女の子、カリーナは、ある女の子にアプリでブロックされた経験について話してくれた。ブロックすることは相手を傷つける行為にもなりうるが、相手の投稿内容を何から何まで目にすることに比べたらはるかにマシな場合もある。ほとんどのソーシャルアプリが推奨する年齢は13歳以上だが、ブロックしてきた女の子はそれより何歳も年下だったという。そんな状況を考えると、カリーナが初期に投稿した内容は、その子にとって、好意的というよりも負担が大きくネガティブな感情を引き起こす内容だったのだ。このような場合、女の子の親御さんと会って話し合う必要が出てくる――そしておそらく、そのアプリをしばらく使用中止にしてみることになるだろう。

ソーシャル時代の自分さがし

小学校高学年から中学生というのは、子どもの発達段階において特に重要な時期だ。ちょうど自分の人格を形成しはじめる時期であり、他人から見られる新たな自分を発見したり、ちょっと冒険して違った自分を演じてみたり、といったことを毎日のように試している。もし今家に6年生のお子さんがいるなら、どういうことか手に取るようにわかるはずだ。自分探しの中での試行錯誤は昔からある話だが、そこにソーシャルメディアが加わると、ただでさえ感情の高ぶった悩み多きお年頃なため、さらに事情が変わってくる。

親として、私たちが子どもにしてあげられることは、相手に何を伝えるか、そして、人と合わせるときと合わせないときを、どんな場合にどう判断するか、子どもに話すことだ。

この時期の子どもは、自立しはじめる子もなかにはいるものの、小中学校では、まわりに合わせる子が目立ってくる。仲間から時に残酷な仕打ちを受けることもあるなかで、うまくやり過ごすための処世術だ。また、いつもまわりに合わせることばかり考えて、自分の考えを持たず多数派にしたがう子も出てくる。親としては、子どもがまわりに合わせていること（または合わせていないこと）の良し悪しについて、いちいち親の意見を言うことをできるだけ控えて、子ども自身が判断する手助けをしてあげよう。子どもには自分の選択に自信を持ってもらえるようになってほしいものだ。たとえば、娘がアイスホッケーをやりたいと言ったら、好きなことをあきらめてほしくないと願うのが親だろう。たとえアイスホッケーをやる女の子は少なくて、体操クラブの方に大勢集まっていたとしても。でも、その一方で、もし娘さん自身が、やっぱりお友だちと同じ体操チームに入りたいと言い出したなら、その気持ちも尊重してあげたい。

人気ドキュメンタリーラジオ番組「ディス・アメリカン・ライフ」の司会役アイラ・グラスは、女子生徒3人（ふたりは14歳、ひとりは15歳）を取材して、ＳＮＳの投稿写真についたコメントによって、友だちとのつながりがどう深まっていくかを探った［★1］。この取材のポイントは、どの子どもにも共通のルールがあるということではなく、どんなグループにも、それなりのルールがあることを知って、みなさんのお子さんが入っているグループの内情を理解できるようになることだ。

たとえば、取材を受けた女子生徒たちの話では、誰かの投稿写真にコメントすることは、その友だちを知るための手段であり、その友だちを好きだという自分の思いを伝える手段にもなっているという。「特に、私たちみたいに中学から高校に入ったばかりの頃って、新しい友だちにたくさん知り合う時期だから。まだよく知らなくて、それほど親しくない友だちの写真にコメントしたりするんです。そう、ちょうど、あなたと友だちになりたい、とか、もっと相手を知りたい、とか、あんたってイケてるね、という気持ちを伝えるために」[★2]。

さらに、その女子生徒たちは、互いのやりとりが大切という点について話し合った。自分の投稿にコメントがつくと、コメントした相手の投稿写真にも何かコメントをすることが期待される。親しい友だちがなにもコメントをくれなかった場合、「そりゃ不安になるよ、ね。だって、私は相手にコメントしなきゃって思ってるし、相手がコメントしなければ、私はなんのためにコメントするのって思うでしょ」。女子生徒のひとり、ジェインは、「反応なし」の状態では無視されたような気分になると語った。「なんか、私の投稿を見てるのに、〝いいね〟もコメントもくれないのはわざとやってるんじゃないかって。それに、投稿を見たほかの人に、ああ、コメントをつけてないから、あの子たち友だち同士じゃないんだって思われてるんじゃないかって。あの子まだコメントしてないね。もうx回になるけど、まだ〝いいね〟してないね、とか」

誰も表立ってコメントをつけるよう頼んでいるわけじゃないし、なんでもかんでもコメントをつけるのを期待するなんて、まるで「ちょっとアタマ悪い感じ」、という点は、女子生徒全員が認めたことだった。でもその一方で、投稿を見るたびに、なにか期待されているような義務感に駆られてもいるともいう。

親たちには、コメントにそこまで時間をかけて真剣になるなと言われたそうだ。この年代の子どもの親というのは、子どもが自ら助けを求めてきたときに、初めて力になってあげられるものだ。それなのに子ども同士が年がら年中コメントをつけあって、そこに、成長期特有のさまざまな問題も絡んでくると、どうにもならない悪循環が生じる。その悪循環に陥った子どもは、常に相手にされたい飢餓状態に陥って、コメントが何件つこうが関係なく、もっともっとたくさんのコメントが欲しくなってしまうのだ。親にとってみれば、ティーンエイジャーのユーモア感覚や考え方がわかるので、コメントは参考になる。女子生徒たちも、親に自分たちの行動をチェックされてることは意識しているようで、それはティーンエイジャーにとっていいことでもある。だって、自分が興味のあることを親にバカにされたら9歳の子だって傷つくし、14歳にもなれば、投稿にコメントをつけあうことで、物事の考え方とユーモアセンスの両方がわかることが多いと感じるだろう。人との距離感を知り、物事への考え方を深めることは、大人になるための一歩だ。女子生徒のひとり、エラは母親にこう言われたという。「なんでみんなそんなことしてるの？　なんで50人もの人にあなたがカワイイってことを言ってもらう必要があるわけ？」。別の生徒ジュリアは、父親に「バカなことやってるなあ」と思われているにちがいないという。

友だちVSフォロワー

ソーシャルメディアが広まった現代は、「友だち」というものの定義が見直されてきているようだ。好むと好まざるとに関わらず、ソーシャルメディア世界は友だちという概念を少し変えてしまったが、その違いを理解することは、わが子への理解にもつながる。今どきのオンラインでの〝トモダチ〟づきあいが、仲間内でのさまざまな問題につながっていることは間違いない。とにかくもう、これでもかっていうくらいに複雑だ！

現代の子どもたちは、私たち以上に大きな「公共」の輪の中で、人づきあいをしている。「公共」には、（1）個人的な知り合い同士のグループと、（2）たまたま（1）のうち誰かの公開設定投稿を目にした、さらに広い範囲の人たち、の2種類がある。

SNSまわりで常について回る疑問は、自分の投稿を目にする人がどれくらいの人数いるのかと、そこに誰が含まれているかというもの。それはSNSを長年やっている人でも、最近始めたばかりの人でも同じように抱く疑問だ。ユーザー同士のネットワークの形は、ちょうど指紋のように、人それぞれに異なっている。SNSを利用するユーザーは、誰もが友だちやフォロワーの輪を持ち、複数のSNSを使っていれば、その数だけの輪を持つことになる。その輪はごく小さい場合もあれば、とても大きい場合もある。たとえばツイッターなどのオープンなプラットフォームでは、読者をたどるのが大変なくらいどんどんふくれあがっていくし、それぞれのフォロワーを個人的に知る手立てなんてない。

大人の場合、全員とつながらなくちゃならないという気持ちになったり、フェイスブックを使いはじめたばかりの頃に友だち申請してきた人を全員〝トモダチ〟にしたり、という経験をしている人は多い。今だって、職場の同僚や仕事上の知り合いから友だち申請が来たら、断るのはけっこう気まずかったりする。どこかで一線を引いて、「仕事関係の人とはつながらないことにしてるんです」と宣言してしまうのも手だ。

きちんとした線引きがとりわけ必要なのは、比較的低年齢の子どもたちだ。たとえば、親の知らない相手が友だち申請をしてきたら承認しないことにするなど。子どもとSNSの仲間や友だちとのつきあい方について話し合うときには、その子どもがどの程度SNSに慣れているかにもよるが、「親しい友だちVSより広い範囲の仲間」という考え方について話し合ってみるといいだろう。良い友だちを作る方法、または、すでにいる友だちとなぜ仲良しなのか、といったことも話し合ってみよう。

筆者の小学3年生を対象としたワークショップでは、どんな友だちが良い友だちだと思うか、よく子どもたちに聞いている。第3章でもふれたように、子どもたちの答えは「親切な子」「一緒にいて楽しい子」「なんでも話せる子」「いじわるしない子」「一緒にお出かけしたくなる子」といったもの。さらに続けて、一緒にゲームをしたくなる子について尋ねると、当たり前だが、子どもたちからは同じような答えが返ってきた。子どもたちが好きなタイプは「すぐにカッとならない子」「だまさない子」「ゲームに負けていても止めずに続けられる子」。こういう会話を始めることが、物事の限度を知り、その子自身の〝境界〟を確立することへとつながっていくのだ。

この対話のねらいは、特定のプラットフォームやSNSでトモダチ受けしそうな態度について、といった話ではなく、友情や友だちづきあいとは何なのかを、お子さん自身に理解してもらうことだ。単なるSNSでのマナーや利用方法という話に限らず、子どもたちの考え方を形づくっていく大切な話なのである。それは、まさしくネット世界で生きぬく知恵を身につけることでもある。

リアルな友だちとSNSのつながり

リアルな友だちと、「SNSの公開の場でのつながり」はまったく別モノ。それを子どもたちに教えるのは大切だ。それぞれの分類はどういう基準だろうか。その違いはどうすればわかるだろうか。一度も会ったり話をしたことがない相手と友だちになれるだろうか。フォロワーは本当の友だちになれるだろうか。

まず両者を大まかに分類することから始めてみよう。お子さんがSNSを始めて間もない場合、手慣らしとしてちょっとした実践練習をさせてあげよう。子どもにはすでに知っている人だけをフォローしてもらいたいのに、という考えの親御さんもいるかもしれない。なにかと心配という方は、フォローする相手は親の知っている人のみに限る、という取り決めをお子さんとしたっていいだろう。まあこれはあくまで練習で、この先ずっと続けるわけではないけれど、心配なら次のやり方で始めてみるといいと思う。お子さんのアカウントを「非公開」に設定して、フォローリクエストが来るたびに一件ずつ承認していくのだ。

SNSプラットフォームの世界では、プライバシーに関する基本方針や設定がしょっちゅう変わるので、私がここで話せることは限られ、この先ずっと役立つような、踏み込んだアドバイスはほとんどできない。しかし、たとえばお子さんに、他の子どものアカウントをいろいろ見せてみて、ポジティブ／ネガティブ両方の内容を知ってもらうなど、どのプラットフォームにも共通して役立つ作戦をいろいろと考えてみたい。お子さんに、他の子のポジティブなアカウントやネガティブなアカウントをいろいろ見せながら話すときと同じで、プラットフォーム自体に変更があったとしてもずっと変わらない作戦というものはあるのだ。それぞれのアプリの特徴別のいろんな小技やテクニックは、そのアプリを利用中にのみ――またはアプリ側が設定を変更するときまで――役立つ。

私がそれぞれのアプリの個人情報の扱いを知るために使っているある技は、検索窓に「プライバシー設定　アプリ名　2019（現在の西暦年）」と入力して、プライバシー、個人情報に関するニュースや最新情報についての記事を探すことだ。スナップチャットは2015年にハッキングされたが、その時4600万人のユーザーが苦い経験から学んだのは、ごくプライベートな画像や個人的な話題を、ソーシャルメディアでシェアすべきでないということだった。

デジタル時代の出会いと別れ

調査機関のピュー研究所が実施した「インターネットとアメリカ人の生活調査プロジェクト」では、子どもや家族のテクノロジー利用方法についてさまざまなデータを発表しており、私も情報源として大いに活用している。2015年10月、同研究所が発表した調査結果によると、子どもたちは今も(意外にも!?)、出会ったり、恋に落ちたり、別れたり、ケンカしたり、仲直りしたり、しているようだ[★3]。つまり今も昔も変わっていないということ——細かなところはともかくとして。でも、親からしてみれば、テクノロジーの複雑な面が恋愛関係にも影響するんじゃないかと心配になってくる。でも、大丈夫。少なくとも2015年の時点では、オンラインで交流する相手と実際に会ったり「つきあったり」する子どもはまずいないといっていいようだ。

一見すると、今どきは恋愛関係もインターネットの世界にすっかり移ってしまったようだけど、ピュー研究所の調査によると、アメリカ人のティーンのうちオンラインで恋愛相手に出会った子どもはわずか8パーセントだという[★4]。一部の若者はTinder(ティンダー)、Grindr(グリンドル)などの「デート」アプリを使っているようだが、それも本来は、18歳以上を対象としたアプリだ。そういったアプリにはわいせつな内容も含まれるが、あるお母さんとの話では、9歳の息子アレックスは、ある女の子と昔ながらのふつうのおつきあいを始めたという。相手の女の子タリアとは、Tinderで知り合ったそうだ。今の時代とふたりの年齢から考える〔米国での〕「ふつうの」というのは、ふたりが初めて会ったとき、お母さんがアレックスをブックカフェまで車で送っていって、ふたりが会っている間、お母さんは店の外で待つ、というもの。その後、お母さんはタリアのご両親にも会い、家族ぐるみで互いの子どものバスケットボールの試合や学校の劇発表などを一緒に見に行くようになった。アレックスとタリアは車で20分ほど離れた別の街に住んでおり、Tinderがなければきっと知り合うこともなかった。でも、一度知り合ってみれば、学校のクラブ活動などのお友だちとのつきあいと、ちっとも変わらないおつきあいをしているという。

ゲイやレズビアン、バイセクシャル、トランスジェンダーの子どもたち、それに「なぜ？」の止まらない好奇心旺盛な子どもたちにとって、ソーシャルメディアやインターネットは、さまざまな事実を確かめたり、新しいことを知ったり、仲間で交流したりするためのうってつけの情報源だ。ただしそういったサイトの存在は、いじめの元にもなりうるので、大人としては、目を光らせておかなくてはならない。いろいろな場所でそれぞれ違った自分を演じたいと思う子ども（あるグループにはなじんでいるけど、他ではのけ者にされる子どもなど）にとっては、ソーシャルメディアとのつきあい方にもさまざまな工夫が必要になってくる。

性や身体、性的健康などの話題については、ネットや書籍で親自身も学んで、お子さんの年齢に合わせて情報を提供しよう。

いつでもつながっていたい――デジタル時代の恋愛模様

小学校高学年から中高校生の子どもが恋愛関係になると、相手といつもつながっていたいという気持ちに必ずなるものだ。このように、相手への期待度が変化していくことは、大人同士の関係でも起きる。たとえば私は、結婚前の夫と、携帯電話のない時代につきあっていたが、常に携帯デバイスを持ち歩くようになった今となっては（いえ、10代の子に比べたらぜんぜんローテクだけど！）、年中連絡の取れる状態にしたいという期待度が、それ以前に比べてだんぜん高まった。ある調査では、若い人の85パーセントが少なくとも1日1回は交際相手と連絡を取ることを期待しているという。また、1時間に1回声を聞きたいという回答も11パーセントあった！［★5］

10代の子は、思春期特有の心や身体の変化と折り合っていくなかで、自分以外の誰かに夢中になるという経験をする。でも、ラブラブのカップルがつきあうといっても、昔なら学校のランチや昼休み、または、せいぜい一緒に映画を見に行く程度だったけれど、今は寝ても覚めてもケータイやスマホで連絡を取り合っているのだ。お子さんと話す機会があれば、こう伝えてあげよう。彼氏彼女とケンカをするのは当たり前。そんなとき、いちいち別れようなんて真剣に悩まなくても大丈夫。チャットに毎回返信しなくてもいいんだよ、と。

一方で、ラブラブでイチャついたり、思わせぶりな態度を取ったり、共通の趣味を探ったり（昔から一番の関心事だ）といった恋愛中のいろんな要素は、今やかなりの部分がネットの世界に場所を替えてしまったようだ。先に述べたピュー研究所の調査では、10代の50パーセントが、フェイスブックやその他SNSプラットフォームを利用する理由に、恋愛相手とつきあったり互いの気持ちを伝え合うことを挙げている［★6］。出会いの場は今もどちらかというと学校や友だちの紹介が多いが、SNSではお互いの気持ちを気楽に伝え合える場と思っている子どもが多いようだ。

子どもは恋愛に関して、ぎこちなくて、不器用で、未熟なのだ。だって、子どもはしょせん、子どもだから！　私のグループインタビューに参加したある女の子は、何人かの男の子がしつこくメッセージを送ってきて、その子が返信するまで止まらなかったという話をしてくれた。しかも、女の子が返信したあと、うちひとりの男の子が自分から送ったメッセージを削除して、まるで女の子から先にメッセージが来たように見せて、「ほら、あの子がオレにメッセージをくれたよ」と友だちに見せびらかしたという。こんなやりとりがあったなら、どちら側の子どもも、大人に相談するとよい解決策が見つかるはずだ。または、あれこれと悩んで自分たちで失敗を繰り返しながら、解決していってもいいだろう。

こういうとき、みなさんだったら、お子さんとどんな話をするだろうか。チャットのやりとりで、お子さんが男の子と女の子、それぞれの側になった場合を考えてみよう。お子さんにこんな風に切り出してみよう。これまでＳＮＳやチャットでお友だちにされた、一番ひどいことってなんだった？　そういうことが起きたとき、お友だち同士でどういう風にするの？　ある親御さんが話してくれたが、あの「Kiss/marry/kill ゲーム」〔３人の名前を挙げて「キスしたい」「結婚したい」「殺したい」相手を答えてもらう、定番のパーティーゲーム〕も、ネットの世界では写真ではなく、本人を直接指名する形になるという。誰が誰と「キスしたい」、「結婚したい」、そして誰を「殺したい」か答えれば、あっさり拡散されてしまう。お子さんとこんな話をしてみよう。ＳＮＳの投稿やチャットメッセージの公開範囲を、あえて友だちに限定した場合、どんな展開が予想されるだろうか。投稿主の意図は必ず尊重されるだろうか。また、自分に送られてきた個人的なメッセージ画面のスクリーンショットを、第三者に晒《さら》している人を見たことがあるか、お子さんに聞いてみよう。なぜそんなことをする人がいるのか？ やってもいいことなのか？ そういうことは技術的にできてしまうことだし、実際によく起きているが、自分がやられないようにするにはどうすればいいのだろうか。

距離のとり方

今どきの子どもたちは、恋愛の出会いやつきあいはじめのやりとりに加え、別れるときのいざこざや、好きでもない相手からしつこく迫られたときなどに、昔ながらのやり方（直接会うか電話で話す）と、ネット（SNS、チャット、メール）の両方の世界で対処している。ピュー研究所の調査では、10代の全回答者中25パーセントが、これまでにSNSで、誰かを「トモダチ」から外したりブロックしたりしたことがあるという。理由は、その人物がふざけすぎて、他の人を不快にさせたため［★7］。そういったふざけすぎた振る舞いをされる側になりがちなのは、10代の女の子なのはおそらく予想通りだろう。前述の調査で、友だちを外したりブロックしたりしたことがあると回答した子を女の子に限定すると、結果は35パーセントに上昇した。男の子16パーセントという結果の2倍以上である［★8］。

お子さんのこういった経験について話し合う糸口のひとつとして、娘さんやまわりのお友だちが、とても強引な人や、しつこく寄ってきた相手をこれまでにブロックしたことがあるか、娘さんに尋ねてみることだ。その際娘さんには、強引な態度を取る相手は受け入れられないものだし、そういう態度を取られたら我慢しなくてもいいということをはっきりと伝えてあげよう。もしお嬢さんが友だちを解除したりブロックしたりしても、まだしつこくそういった態度を取ってくるようなら、あなたから学校または警察に通報しなくてはならない場合もある。

いやがらせにはさまざまな形がある。ひとつには、他人についての性的なうわさ（本当の話のこともあれば一部本当でほとんどウソのこともあり、あるいはまったくの作り話のこともある）を言い広めることだ。

私が主催する、親御さん対象の懇親会に参加したあるお母さんの話。娘さんがメッセンジャーアプリを立ち上げたまま、スマートフォンを置きざりにしていた。それでお母さんは偶然、娘さんが同じ教会に通う男の子に、教会での青少年対象のお泊まりイベントのあと送ったメッセージを目にしてしまう。「ちょっと、なんかマジで信じられない。あんた、私たちが@#$#したこと、みんなにバラしたでしょ。もう絶対、あんたなんかに近づかないからね！」。それに続くやりとりで、男の子は娘さんに謝って、娘さんもこう返した。「もう絶対、私にウソはつかないでね」。最後には、ふたりは互いに「もういいよ。仲直りしよう」となった。そのお母さんは、娘さんが自分に相談してきたり、相手と別れたりもせず、自分で解決したことを頼もしく感じたし、娘さんの年頃の仲間は、セックスについて話すのは当たり前ということも心に留めた。さらに、娘さん本人は決して話してはくれないけれど、彼女の恋愛の関係やセックスについて、もっと気をつけておこうと思ったという。

また、いやがらせにあったり、しつこい相手をブロックしたり、という状況になるのは女の子の方が多いのかもしれないが、一方で、そういった極端にしつこく迫られる行為は男女どちらも経験しているという点を、私は指摘したい。私は多くの親御さんから、息子さんが女の子から無数の電話やメッセージを受け取って、どう対処していいのかわからないという話も聞いている。特に、小学5年生から中学1年生頃は、男の子がまだ準備ができていないうちから、女の子の方が男の子に興味を持つ時期である。気の合わない相手をどうあしらうかは、成長過程や恋愛やおつきあいについて学んでいくなかで、重要なことだ。SNSの輪が広がれば、人との交流ももっと複雑になっていくため、子どもに手を差し伸べて、必要に応じて親が相手との関係に線引きをしてあげることも大事だろう。

ある男の子の親御さんは、他の親御さんと交わした会話をこう振り返る。「女の子の親に伝えたんですよ。お嬢さんが息子に、1日に30回も40回もメッセージを送ってくるって。なのにその親はなにも知らないんです」。これは明らかに、判断の必要な状況だ。低年齢の男の子の場合、どう返したらいいのかわからないこともあるし、いじわるで相手を傷つける返信を送るかもしれない（例送られたメッセージを全員に共有するなど）。よく考えてみよう――そんなことをしたって、事態をますますこじらせるだけだ。別のお母さんの話。お嬢さんが男の子からいじわるな返信メッセージを受け取って、大きなショックを受けたという。そこでお母さんが男の子のお母さんに伝えたところ（お母さん同士はすでに知り合いだった）、そのお母さんが逆ギレして、女の子のお母さんは驚くやら落ちこむやらという事態になった。

もし他の親御さんが、自分のお子さんの態度や行動について話そうとしてきたら、身構えず、できるだけ柔軟な態度で接しよう。まずその親御さんが話をしてくれたことに感謝し、そのうえで、ちょっと本人に状況を確認してみますね、と伝える――その後また親御さんに会って、問題解決に向けて話し合う。親同士で協力し合うことが、お子さんの相談に乗って、アドバイスをしてあげることにもつながる。子どものよき相談相手になるには、仲の良いグループだけで固まるのでなく、協力し合えるネットワークを築いていきたい。お子さん自身のことや、お子さんのお友だちグループについて知れば知るだけ、お子さんがネット世界で賢く生きぬいていく手助けがしてあげられるようになるのだ。

テクノロジーは機能的、ヒトは感情的

〔日本でのLINEのような〕チャットは友だちと連絡を取り合うのにぴったりの手段みたいに思えるけど、いくつかの危険もはらんでいる。複数の仲間同士でパッとやりとりして、いろんな計画を立てられるのは本当に便利。大人にとって、チャットとは、あくまで用件をすます実用的な連絡手段。感情的ないざこざは、テキストメッセージやSNSでは十分に伝わらないものだ。メディアのシンプルさに対して、人の気持ちはあまりに複雑だからだ。実用的な連絡を中心に利用するよう、子どもたちに話してみてもいいだろうが、現実には、友だちづきあいや恋愛関係がチャット経由で

進展するくらいだから、彼氏彼女とどろどろとこじれた話になったり、いろんな感情がうごめいたりするのもしかたがない。テキストのやりとりのさまざまな場面についてお子さんと話し合ってみると、チャットにふさわしい内容と、そうでない内容がだんだんお子さんにもわかるようになるだろう。

また、子どもたちは、友だちからなんの反応もないとき、心配する気持ちを示さなくてはならないと思っている。夕飯や宿題をすませて携帯を覗いてみたら、いつのまにか未読のメッセージが20通もたまっているときなど、ほんとイラつくものだ。送ってきた相手は、その間こちらが何をしていようがお構いなし。届いたメッセージは、アプリのメッセージ機能の場合もあれば、いわゆるメールの場合もある。お子さんには、お友だちが今何をしているのか想像してみて、お友だちの都合に合わせて節度を保つよう話してみよう。そうすれば、お子さんもお友だちも、なにか見逃していないか不安で、年中メッセージ画面に釘付けということにならなくてもよくなる。

これとまさに同じ問題が起きているのは、オンラインゲームの世界だ。マインクラフトが得意な5年生のジョナサンの話では、たまにゲームから離れるときもあるけれど、ノートパソコンのマインクラフトは立ち上げっぱなしにしている。それはつまり、実際にはプレイしていなくても、オンラインでプレイ中と表示されているということだ。そして、他のプレイヤーは、ジョナサンからすぐに反応がなかったら、傷ついた気持ちになってしまう。ジョナサン自身はこの状態をよくわかっているが（「だって相手は今コンピュータに向かってもいないかもしれないわけでしょ」）、お友だちにはたまに、反応がないのはわざと無視しているからなんじゃないかと誤解されるという。これを解決するには、ゲームのソフトを終了させて、完全にオフラインになるのが一番だ。そうすれば、今オンラインになっていない状態が他のプレイヤーに、表示されるようになるから。

テキストでのコミュニケーションは、子どものネット交流に欠かせない大切な要素なので、そこでの暗黙のルールを子どもが学んでいけるよう、親も時間を割いて、子どもに手を貸してあげよう。私のワークショップに参加した子どもたちは、チャットやメッセージのやりとりの中で起こるさまざまな問題について、話し合う場がぜひ欲しいとしょっちゅう思っているようだ。お子さんとチャットについて話し合うにあたり、次のような質問をしてみよう。場合によっては、何人かの子どもを集めたグループでこういった質問をしてみると、お子さんとあなたとの間だけで話していてもわからないことが見えてくるかもしれない。

● グループチャットのどんなところが楽しい？　逆に、楽しくないところは？
● これまでお友だちから超長文のメッセージや、超しつこく頻繁にメッセージを受け取ったことはある？
● 誰かにメッセージを送ったけどすぐに返事がこなかったときはどうする？
● お友だちに送ったメッセージを、誰かに晒されたことはある？

こんな質問をきっかけにして、お子さんに体験を話してもらおう。過剰に反応せず、なるべく穏やかに話を聞くのがコツだ。

誘われていないパーティの投稿を見る

わざとかそうじゃないかは別として、子どもというものは、他の子を仲間はずれにする。リアル世界での交流の場でも、なかなか難しい問題だ。ネットの世界では、人とのつながりがいつも変わり続けている分、事態はもっとややこしくなる。

私が主催する子どもを対象としたSNSワークショップでは、SNSがこじらせていると思われる、ある大きな問題について、毎回時間を取って話し合うようにしている。その問題とは、自分を除く全員が仲良くお出かけしたり、遊んだりしているように思ってしまうこと。ただし、それは必ずしも事実とは限らず、みなさんがよく忘れがちな点もある。もし、自分がいない場所で開かれたパーティやイベントに集まったお友だちが、リアルタイムで写真を投稿して見せつけられたなら、その方がよほど落ちこんでしまうということ。このことはぜひ覚えておいてほしい。

ワークショップに参加した子どもたちの話によると、特に傷つくのは、そういった投稿を目にしたために、友だちがそのイベントのことを隠していたとわかった場合だという――でも、もしも、事前にその友だちから「別の予定があって」遊びに行けないとはっきり言われていたとしても、自分はそこに含まれていないし、友だちだってやはりよい気持ちはしないかもしれない。時には、お友だちが家族と一緒にいるところを見るだけで、疎外感を感じてしまうこともある。なぜだろう。人はふつう、相手とケンカしたり、他の子ども同士がケンカしている様子をわざわざ記録に残そうとはしない。それよりも、幸せな瞬間とか、カメラの中に収まった全員が笑っている写真などをシェアしたいものだ。SNSは、生活のポジティブな面を見せる傾向にある（それは悪いことじゃない）けど、それは、その通りに暮らすなんてムリ、という現実にはありえない姿を作り出すことにもなってしまうのだ。

SNSの生みだす疎外感

このように私たちにとってのSNSとは、友だちとの集まりに呼んでもらえなかったときに疎外感を感じさせる存在であるし、もっと言えば、いつも人生勝ち組で、笑顔にあふれ、特別な瞬間があるような生活を送っていないと、自分の生活や考え方が間違っているんじゃないかと思わせる存在でもある。この「つながった」時代に、大人が子どもに伝えてあげられる大切なこととは、SNSは、書いた言葉だけがひとり歩きするという特性がとても強いということ。人は自分のごく一部を切り取ってシェアしているにすぎないし、そのシェア内容だって、計算し尽くした場合もあれば、ボーッとして適当に書いている場合もあるのだ。

親としては、小中学生や高校生がスマートフォンを持つとどうなるのか、しっかりと関心を持ち続けたいところである。たとえばあなたが小学6年生の子どもだとして、土曜の夜、どこかに出かけるあてもなく家にいる時に、自分が呼ばれていないパーティの様子をリアルタイムでSNS実況するのを見せつけられたら、どんな気持ちになるだろう。高校生にもなっていれば、少しは人に配慮もできるようになるからマシだろうか。それとも交友関係が広がるがために、グループがいくつもできて、それぞれから仲間はずれにされるような、もっとサイアクな事態になったりして。子どもは年齢が上がるにつれ、人づきあいもうまくなるけど、なかには高校や大学のパーティやイベントで、仲間に入りきれない気分になる子もいるのだ。

SNSで幸せそうな様子を演出したり、たくさんのつながりがあるように見せている人もいるが、実はそういった投稿をする人も、その裏で本当は悲しいことがあったり、自分に自信がなかったりして、不安定な気持ちでいることを隠そうとしているときだってあるということを、お子さんと話し合ってみよう。（2014年1月に）名門ペンシルベニア大学の女子学生マディソン・ホレランが自殺するという事件があったが、その後友人たちが、彼女の笑顔の写真を集め、大学1年目の生活が幸せに満ちたものだったかのようなイメージを作った。実際には、友人ひとりひとりが悲しみを受け入れられず苦しんでいたのだが。その感動的な記事「マディソン・ホレラン――友人たちがシェアする素顔の学生生活」[★9]の中で、彼女の親しい友人たちがインスタグラムに投稿した幸せそうな笑顔の写真と、その時感じていた本当の気持ちについて語った。SNSがいかに自分を演じなくてはならない気持ちにさせる場所かを物語っている。

親として何ができるか

お子さんがひとりぼっちの気分を少しでも味わわなくてすむよう、親として力になってあげたい。そんな時には、みなさん自身が仲間はずれにされた経験をお子さんに話してあげるという手がある。仲間はずれを味わっている子どもには、しばらく「休み」を取ってSNSから離れてみるようすめてみよう。特に、お子さんが別の仲良しグループに移ろうと考えている時や、誰かと絶交したばかりの時には、「元友だち」のことばかりに気を取られることも問題になる。

これは恋愛関係のおつきあいにも当てはまる話だ（本章で後述）。お子さんは、別れた恋人をSNSでフォローして、何時間もずっと感傷にひたったりしていないだろうか。親としてはお子さんに、そのようなことをすればよけいに自分が傷つくだけだから、別のやり方で傷を癒やすよう教えてあげたいところだ。

また、特定の人（たち）をブロックしたっていいと子どもにわかってもらえるようになるし、親を口実にして、SNSで過ごす時間を短縮することだってできる。ネットで自分以外の友だち全員が一緒にお出かけしているなんてことは、知らない方が身のためだ。でも時には、それをわざわざ知らせてきて、わざと嫌な気分にさせる人もいる。アイタタ。

お子さんとソーシャルメディアについて話し合うにあたり、次のように切り出してみてはどうだろう。

- ＳＮＳ（やグループチャット）で仲間はずれになっている子がいると思うか
- インスタグラムで写真を見て、自分が仲間はずれになってると気づいたことはあるか。それはどんな時だったか。
- 他の子に仲間はずれにされたという気持ちにならないよう気づかって、ＳＮＳになにも投稿しないことにしたことがあるか。それはどんな時だったか。
- インスタグラムで自分の知らないイベントがあるとわかった場合、どんな対策を取れると思うか。いくつか挙げてみて。
- しばらくスマホから離れたら、なにか重大なことを見逃すような気持ちになるか。そんな気持ちに、これまでなったことがあるか
- 他の人を仲間はずれにされた気分にさせようと思って、わざと友だちと一緒に仲良くしている写真を投稿している子がまわりにいるか
- そういうことをする子にはどんな得があると思うか

質問のうち、自分が仲間はずれになっていると気づいたときにどんな対策が取れるかについて、私のワークショップに参加したある中学生グループは、次のように答えた。

- 映画を見る

●アイスを食べる
●他の友だちを誘って遊ぶ
●SNSを見るのをやめる――スマホをどこかにしまう!
●運動する
●家族とお出かけする

この中学生グループはさらに続けて、もし他の友だちが一緒にいたら、やはり写真を撮ってSNSに投稿したかもしれない、と話してくれた。なぜそんなになんでも写真に撮って投稿しようと思うのかと聞いてみたところ、ひとりの女の子は「自分が学校以外でもいろいろやってることを見せたい」からだと答えた。別の子は、「楽しいことをしているときはそれをみんなに見てもらいたくなる」から。その他の全員は、SNSはその瞬間を記録して思い出を残す手段だから、と口をそろえた。

そこで私はこう尋ねた。「何かのイベントの写真を投稿するとき、そのイベントに参加していない子には写真を見せない方がいいと思うか?」。すると子どもたち全員が「そうは思わない。どの写真を投稿するかはその人の自由だから」と言う。うちひとりの女の子は、「1回のイベントにつき写真1枚なら許せる。2枚だとちょっとやり過ぎ。3枚以上の写真を見せられると、ヤな感じ」と語った。こんな時私は、ルールというのは場所や状況によってそれぞれ異なるもので、子どもは自分の仲良しグループのなかで、それなりのおつきあいルールを決めていくものだ、という話をする。

携帯電話やスマートフォンから一時的に離れるのもよい方法だと、この中学生グループは話してくれた。あなたからお子さんには、こう伝えてあげよう。仲間はずれにされても自分に原因があるなんて思わないこと。それが自分に自信を持つための大きな一歩になると。

友だち同士のトラブル（と仲直り）

テクノロジーは、ふつうはそれ自体が10代の子にとっての悩みの元ではないけど、何かあったときに、問題を悪化させる原因になりうることはたしかだ。ネットの世界がリアル世界と並行して存在するパラレルワールドだと理解できれば、そこで起きるさまざまな問題が、実生活で人との間に起きている問題となにも変わりないということがわかってくるはずだ。ただ、それがひとたびネット環境におかれた途端に、ちょっとややこしくなるだけ――もしくは、元々込み入っている問題が、輪をかけて複雑になってしまうのだ。

では、ネットの世界で失敗してしまったとき、どうやって修復すればいいのか。子どもたちを対象としたワークショップで、話し合ってもらった。まず、みんなが共通して挙げたのは「晒しすぎ問題」。自分について個人的な内容を投稿しすぎてしまうと問題だ。友だちについてのよい話題や、時には秘密の情報をシェアする問題も挙がった。

一度投稿してしまったらもう元には戻せない、ということを子どもたちはわかっている。でも、ヤバいという感覚はあって、せめて被害を最小限にとどめようと手を尽くす。ええ、それはもうソッコーで。ワークショップに参加した子どもたちは、不快な内容の投稿を削除したり、写真を削除して謝罪したり、内容に誤りがあったとまわりの人に知らせたり、といった方法を話してくれた。だけど、そういった解決手段、子どもはどうやって見つけるのだろう。子どもたちは、学校から教会の日曜学校までいろんな場面で、トラブルを自分たちなりのやり方で解決しているようだ。私が子どもたちから聞いた限り、「デマを拡散する」という手段を使って、うっかりシェアした知られたくない事実をごまかす子が多い。または友だちに仕返ししてもらう、という方法も。「友だちが代わりに、僕についてのウワサを広めていいってことにする」という具合に。子どもは、友だちとの間でトラブルになると、すぐに何かいろいろと手を尽くして「仲直り」しなくてはという気持ちに駆られてしまうようではある。

そういった解決手段を取れるようになるのは、だいたい5年生から6年生あたりからのようだ。ちょうど対人関係が複雑になってきて、いろんな駆け引きを覚えはじめる時期だ。その時期に初めて自分専用の通信デバイスを手にする子も多く、問題をややこしくする一因にもなる。

親としては、嘘や噂、仕返しといったやり方は、事態をますます悪化させるだけということを子どもが理解できるよう協力してあげたい。子どもというのは、つい目の前の問題にだけとらわれて、広い視野で物事を見られなくなりがちだ。人とのつきあいのなかでは、お互いを信頼する条件は変わっていき、それを元通りにするのに時間がかかる場合もある。実際にお子さんも、たったひとつの行いで相手の信頼を損ね、それを修復しようとして、いっそう事態をこじらせているかもしれない。

相手と直接会わないままに互いの感情が入ってメッセージのやりとりする状況を修復するのは大変なことで、その点をお子さんに意識してもらうことはとても大切だ。人とコミュニケーションするツールを不安がらずに賢く選ぶことも、トラブルを解決するために必要なスキルだ［★10］。お子さんにぜひ知っておいてもらいたいのは、気の滅入るような内容のメールやメッセージを受け取ったら、まず深呼吸をすること。そして、もしできれば、相手と直接会うか、せめて電話で話をすること。親のみなさんだって何度も経験しているはずだ。仕事で、1通のメールにムカーッときてすっかり頭に血が上ってしまう。でも、相手と会って話したおかげで、怒りがすっかり収まった。もしくは、相手に共感する態度を示して、「ちょっと話しましょうか？」と声をかけるだけで効果があった——。

お子さんについても同じこと。友だちとのトラブルに巻き込まれたらどう対応するか、話してあげよう。グループチャット中に険悪なやりとりがあったときにはどうすればいいだろうか。または誰かの写真投稿に失礼なコメントがついたときには？　人は時に、自分自身が渦中に巻き込まれるのを避けつつ、他人同士のもめごとにけっこう入れ込んだりする。もしお子さんが、周りのそういったもめごとを目にしたり、巻き込まれたりしたときには、自分はこの手の話をするのって苦手なんだ、と相手に伝えたっていいし、そっとその場を離れたり、なにか理由をつけて離れたっていい。またはいじわるな態度を取ってきた相手に、こんなことが起きて悲しいという気持ちを直接伝えてもいい。相手の態度が本気モードで脅しにかかっているなら、親や先生など信頼できる大人に報告すべきだという点も、お子さんに伝えておきたい。

人は誰だって失敗する。対人関係の複雑さには大人だって悩まされているということを、子どもにも知ってもらうべきだろう。大切なのは、失敗したときに思いやりと忍耐をもって誠実に乗りこえていく術を学ぶことだ。みなさんなら、対人関係の修復にどんな方法を考えるだろうか。誰かの例を出して、会話の行き違いやそれを解決した話をするのもひとつの手だ。次に挙げるのは、ワークショップに参加したある親御さんが、人間関係を修復した実例だ。「叔母のマーシーが妊娠中っていうことは、もうみんな知ってるんだと思ってて、フェイスブックでその話題にふれたんです。そしたら叔母がものすごく怒ってしまって——今だったら、そんなの私が話すことじゃないから当たり前ってよくわかるんですけどね。その時話題にする前に、どこまでの人に話してあるのか、本人に確かめればよかったんですよね。叔母にはちゃんと電話して謝りました。申し訳ないことをしたと今も思ってるけど、本人とはよく話し合えましたし、これから二度とそういうことはしないつもりです」

「デジタル世代の子どもに教えるのが最も大変なのは、忍耐だ。人との連絡や対話が素早くできることは、現代社会の長所でもあるが、すぐに対応しなければという焦りがますます高まってもいる。みなさんもご存じの通り、子どもというのは問題をすぐに解決しなくちゃならないという気持ちに駆られるものだ［★11］。対人関係でストレスを抱えたい人なんて誰もいない。だけど、すぐに修復できるとも限らない。時間が解決する場合だってある。お子さんには、焦って解決しなくても大丈夫、広い視野で物事を見ようと伝えてあげたい。子どもが失敗から学べることは多く、ネットに限らず生活全般の能力を学ぶ機会になる。そして親のあなたが自分の失敗談を正直に話し、相手に対して心から申し訳ないと思っていることや、その後仲直りして、今もよい友だちでいるといった話をお子さんに聞かせてあげることが、何よりの解決法になる［★12］。

ネット世界に関するもうひとつの問題は、自分の失敗がまわりの仲間や友だちグループ全員に知られてしまうことだ。中学生の親御さんからよく聞く悩みは、ひとつ失敗をすると、それが大勢の人に知られてしまうと思い、「学校中のみんなに見られている」みたいな気持ちになることだ。現実には、ほんの少数の仲間内に知られただけなのに、お子さんには夢でうなされるほどの辛い体験になるのだ。グループチャットでみんなが間違った方向に向かっているときに、ひとりでふざけたことを言ってみんなを笑わそうとしたり、誰かの写真にピントのずれたコメントがついたり、何かを投稿しても「いいね」やコメントがつかなかったり、そういった出来事はどれも子どもにとって屈辱的だし、孤立を招いてしまう。前述のラジオ番組「ディス・アメリカン・ライフ」に登場した10代の女の子ジェーンは、インタビューで、SNSにハマっている子は、SNSを「自分の交流世界の相関図を知る」手段だと思っていて、誰が誰とつきあってるかとか、誰と遊びに行ってるかとか、誰と親友かといった関係を見ていると語る［★13］。そして、知らなくてもいいことを知って、傷つく場合だってあるようだ。

お子さんに初めてデバイスを持たせる親御さんに向けて、私がお伝えしているのは、SNSを使うと、今起きていることが、内容を問わず次々に目の前に飛び込んでくるようになる、ということ。

SNSは、元々内向的な性格のお子さんを外向的に変えるものではない。元々堂々と安定した性格の子を、いじめっ子やいじめられっ子に変えるわけでもない。ただし、仲間内のいざこざや仲間はずれなど対人関係上の悩みについて、事を大きくしてしまい、時には、ほんのちょっとしたケンカを重大なトラブルへと発展させてしまう場合もあるのだ。

〝炎上〟問題——ネットがコトを大きくする

人づきあいにおいて、争いは避けられないものだ。そして何か起きたとき、SNSはあまり解決の役には立ってくれない。私はいつも、「迷ったら、とりあえずオフライン」と言っている。人と仲直りする方法を子どもに教えることは、何よりも大切だ。言い争いを解決しようとするときって、焦って早く解決しようとする気持ちが先に立ち、事態が一気にこじれてしまったりする。パッと行動に移すのを控え、我慢強い態度で、直接会って解決する方がだんぜん効果的。そういった例がこれまでなかったかどうか、お子さんに聞いてみよう。電話でもまあ効果はあるけど、とにかくテキストメッセージだけで解決するのは、ほぼ不可能だと思っておこう。「メッセージではお互いに言いたいことが伝わらないから、会って話さない？」といったシンプルなメッセージを相手に送って、事態をこじらせないようにするコツをお子さんにすすめてみよう。

なにも反応しないことだって、誤解を招く場合がある。子どもには限度やけじめをわきまえることを教えているし、返事のできない時間帯をお友だちに伝えるようにもさせているけど、それでもお友だちは返事がなければやはり焦るようだ。グループインタビューに参加したある12歳の女の子は、運動が得意で、大規模な仲良しグループのなかでも人気者だ。その子の話では、「すぐ返信しないと、人に怒ってるって思われちゃう。〝なんか怒ってる？〟ってメッセージがくるし。だから怒ってるわけじゃないって相手に返事する。ただケータイを閉じていたかっただけ。メッセージは読んでるけど、時間がなくて、いちいち返事してられないだけ」。

この他にも、ワークショップに参加した多くの子どもたちが、メッセージを送った相手が読んだかどうかはわかるようになっていると話してくれた。もし「未読」のままだったら、返事がなくてもあまり気にならないけど、もし「既読」になっていたら……なぜ、どうして返事をくれないのかと気になってしまう。そんなジリジリした気持ちとうまくつきあうコツをお子さんに身に付けてもらうには、じっと我慢して相手の状況を理解することや、あなた自身が似たような状況のときどんな気持ちなのかをお子さんに話して聞かせるのもいいだろう。たとえば、こんな話。「今すぐ飛行機のチケットを買いたくて、パパの予定がどうしても知りたかったからメッセージ送ったの。返事が待ちきれなかったけど、きっとパパは今、会社で上司かお客さんと打ち合わせ中なんだと思って。だから私も返事が来るまでの間、なにか他のことをしていようかな。イラついてパパに怒ったってしょうがないもんね」。

意見の対立があったときに、それをもめごと好きな仲間にすぐに知られる状態になっていると、対立がいっそう激しくもなってしまう。ネット世界の交流が火に油を注ぐ面はまさにこういうところにある。10代の子は誰もが、他の子のもめごとにすぐ首を突っ込みたがるものだ。お子さんに、これまでに誰かがもめている場に「勧誘」されたように感じたことがあるか、聞いてみよう。もしも、グループチャットの中で、突然罵り合いが始まったら？　あるいはインスタグラムに誰かが投稿した写真に、別の誰かがいじわるなコメントをつけたら？　そこに自分が巻き込まれたら？　それによって事態はよくなるだろうか、それともますますこじれてしまうだけ？　よく私は、もめごとはある意味、スポーツの試合を観戦するようなものだと言っている。

グループインタビューに参加した中1〔7年生〕の女の子が、SNSの投稿写真についたコメントをきっかけに始まったトラブルについて話してくれた。「とにかくいろんな意見に分かれて誰の味方すればいいのって感じだし、みんなどうでもいいことで、私を味方につけようとする。巻き込まれないようにしたら、きっとみんなの怒りは私に向いてくるし。それでもっと話がこじれていくんだよね……」。

小学校高学年から中学生のお子さんには、何かあったらいつでも親を口実に使っていいと伝えておこう。グループチャットで、話の流れがネガティブな方向に向かい、他の子（または先生でも誰でも）の悪口で持ちきりになったら、お子さんには、「ごめん、俺、親にケータイ見られてるから。離脱するわ」とか「こういう話すると、親にマジ怒られるから、俺抜けるわ」などと仲間に伝えられるようになってほしい。もしくは親を頼ることなく、単に「ちょっとそういう話するの、ヒドくない？　私やめるね」と言ってもいい。親を言い訳にして子が助かる場合もあるのだ。

作家のレイチェル・シモンズは、著書『女の子どうしって、ややこしい！』（鈴木淑美訳、草思社）の中で、女の子同士の敵対関係について研究している、例に挙げているのは、ふたりでメッセージのやりとりをするうちに、ひとりの子がもう一方の子を「無視する」ために、わざと別の子をグループに誘う、というもの。見せかけの友情は、敵対関係を包み隠してくれるとシモンズはじめ複数の人が書いている。そしてこういった敵対感情とは、なにも女の子に限った話ではない。男の子というと、友だちづきあいはもっと単純で、敵対するときもっとわかりやすく体で争ったりすると思いがちだが、実際には女の子と同じように、友だちとの敵対関係を恐れているし、実際に経験もしている［★14］。

SNSやメッセージのやりとりによって、陰険でケンカ腰になりうるのは、男の子も女の子も同じだ。画面の中でそういったメッセージやコメントを繰り返し見ることができる特性から、何度も何度も文を見返してしまうのも、デジタル世界のコミュニケーションが持つマイナス面のひとつだ。それともうひとつは、書いたものを誰かに晒されてしまうこと（「ちょっとここに書いてあるの見てみて――ほら、あの子が悪口言ってるよ。ヒドいよねー」）。誰かの書いたことを、前後の文脈を無視して、一部を切り取って拡散するなど簡単にできてしまう時代だ。モニカ・ルインスキーは、TEDトーク「晒された屈辱の値段」の中で、電話で「友だち」（だと思っていた人物）との会話を盗聴され、すべて公開されていることを知りつつ会話を続けた耐えがたい経験について語った。みなさんは実際にそのような目にあったことはないと思うが、もし個人的な内容を話したところを録音されて、公開までされたら、と想像してみてほしい。相手への信頼もガタ崩れだ。幸いなことに、通常私たちの子どもは、ルインスキーのように世界中に注目されるほどの会話をすることはないだろう。

だけど、たったひとつのテキストメッセージが、会話の流れから切り取られてひとり歩きをすると、大きな問題に発展しうることは、心に留めておきたい。

より深刻な問題　ネットいじめ

みなさんのお子さんは、お友だちや人づきあいの輪の中でどんな存在なのだろうか。それがわかってくると、お子さんについて気にかけるべき部分がわかるようにもなる。お子さんのＳＮＳの投稿や発言すべてを追っている、「フォロー中」の仲間は何人かいるだろうか。そしてそれが仇になって、将来仲間はずれにされる可能性は？　お子さんを「フォロー中」の子どものうち、お子さんが実在することを知らないバーチャルな知り合いは、１人、２人、または３人？　その知り合いはグループチャットに参加しているだろうか。それは本人が入りたいと言ったから、それとも自分が加わっていない会話で他の子が何を話しているか気になるから？　お子さんがＳＮＳと上手につきあうコツを自分自身で工夫できるよう、親が手を貸してあげることで、いずれお子さんは、自分をしっかり持って堂々と、思春期を過ごしていけるようになるはずだ。

お子さんがＳＮＳを身近な存在に感じる年齢になる頃には、おそらくみなさんも、もうお子さんがどんな仲間と気が合うか、何となくわかるようになっているのではないだろうか。息子さんはみんなに好かれる（または恐れられる）優等生タイプ？　娘さんはガードが甘くて「まわりに流されやすい」タイプ？　あるいは息子さんは、ごく親しい友だちがひとりかふたりいる、自信を内に秘めたタイプ？　お子さんのグループのタイプや、お手本にしたい人、影響を受けている人とは。みなさん自身がお子さんをよく観察し、なんでも決めつけたりせず、できるだけ積極的にいろいろなことを知るようにする。これこそが、お子さんの世界をより深く理解するための方法だし、みなさんからお子さんに、落ちついたアドバイスやサポートを提供したいなら、これは重要なことだ。

お子さんの仲間同士のなかでの立場や役割がわかったら、今度はお子さんに、自分以外の仲間がSNSでどんな風に自分を見せているか、お子さんがどういう風に見ているか、聞いてみよう。お子さんが新しいアプリを使いたいと言ってきたら、まわりのお友だちがどんな風に使っているか、お子さんに話を聞いてみよう。みなさんも、アカウントを持っていなくても、そのアプリを時々覗いて、相当な部分を理解することができる。仲間のアカウントについてどう思うかお子さんに聞いてみるだけで、かなりのことがわかってくる。お子さんがこれまでに、SNSで初めて知り合った人と、あとで直接会ってみて驚いた、という経験をしたことがあるか、聞いてみよう。

いじめなど相手を傷つける悪質な行為が起きると、事態はもっと深刻になる。いじめと、仲間同士のよくある言い争いやトラブルとを切り離して考えるよう、お子さんに話そう。お子さんは物事の限度をわかっているだろうか。度を超した段階というものをお子さんはわかっているだろうか。お子さんは安心して学校に行けているだろうか。自分の手に負えないとなったとき、お子さんはあなたに話をするだろうか。そういったことについてきちんとわかっていれば、シャレにならない深刻な事態が起きたときでも、あなたももっとお子さんの力になれるようになるだろう。

お子さんのネット世界での行動について、親として気にかけるべききっかけになるのは、何らかのサインだったりする。たとえば、お子さんがお友だち同士で起きる事件を楽しんだり、言い争いの混乱の中で成長している様子を、あなたはわかっているだろうか。それはまさに問題が起きていることのサインであり、親が相談相手として関わるタイミングを示している。しかし、もし、その事件がお子さんを孤立させたり、辛い思いをさせたりしているなら、親がもっと積極的に関わって、お子さんが自分の世界を確立していけるよう、手を貸してあげたい。SNSでの交流を通じて、他人の生活について知りすぎてしまった子どもには、別のことに興味が向くよう積極的に手を差し伸べてあげたい。そうしないと、他人のことが気になるタイプの子どもは、ネガティブな感情や行動に走りやすいからだ。SNSは元々他人の生活をせんさくして回る特性があるものなので、タイムラインをだらだらと眺める習慣を持つと、そういう妄想がつきまとって頭を離れなくなったりする。お子さんがストレスを感じたり、仲間から孤立したり、落ちこんでしまったりするようなことがある場合には、気をつけるべきだ。

次に挙げるのは、ネットで起きるさまざまな事件の例で、いじめやその他ネットでの悪意のある行為につながる可能性のある（ない）もの。孤立したり、互いに敵対したりする事件の場合、いじめには分類されないかもしれないが、事が発展すれば、間違いなくいじめになりうる。

- 他の子のスマホを取り上げ、いじわるで、バカで、くだらないメッセージを誰かに送りつける。ササッと画面を操作して（あっという間にやってしまうのでご用心！）

- 他の子の恥ずかしい写真をシェアする。写真の内容は実にさまざまだ。ひどい内容の写真を見つけたり、いじめやいやがらせをほのめかす行為をずっと続けたりする。
- 根も葉もないうわさを広める（やり方は写真と同じ）
- 友だち2人をそれぞれ煽《あお》って、互いにトラブルが起きるようにそそのかす
- 誰かが誰かをアンフォロー／フォローを外したことを「さりげなく」教える
- SNSのコメント欄でのやりとりを通じて、もめごとを引き起こす。別名「トローリング（釣り、荒らし）」
- グループチャットのなかで、誰か特定の子に向けて「グループから外れるべきだ」とそれとなくほのめかす

お子さんがこれまでSNSで、誰かがいじわるな行為をしているのを見たことがあるか、聞いてみよう。親のみなさんとしては、お子さんが怖い目にあったり、とても困った事態になったりして、学校に行けない、夜眠れない、または前述のような行為の被害にあって極度のストレスを感じたりしていないか、ぜひ探っておきたいところだ。それと同時に、お子さんがその状況の中でどんな立場におかれているか、できるだけ先入観を持たず、知るようにしよう。ある日突然、お子さんを守る側に立つことになっても不思議ではないのだ。オンライン世界は広大なので、相手に「やられたらやり返せ」は、ほとんど通用しないのだ。

また、お子さんには、たとえいやがらせやいじめにあっても、オンラインで仕返しをすれば必ず

また自分に返ってくるということを念押ししよう。そして、脅しやいやがらせのメッセージやコメントはしっかりと記録に残そう——アプリを退会するのはそれからだ。無理をしてそこでの交流を続けて、嫌な目にあい続けることなんてない。すぐにその場を離れて親や信頼できる大人、友だちなど安全に過ごせる人たちといるよう、お子さんに伝えよう。そうすればお子さんは、大人と一緒に問題を解決し、事態への対処方法も見いだせるだろう。

子どものソーシャルスキルを知る

本章をお読みになったみなさんは、お子さんの仲間同士のおつきあいやSNSでの交流について多少様子がわかってきただろうか。今どきの子どものネット交流は、気持ちの面では私たちの記憶にある学校時代とそう変わらないけれど、当時よりもいっそう複雑になっていることは間違いない。本章のまとめとして、お子さんのソーシャルスキルを測るための簡単な基準をまとめておきたい。

- お子さんは、リアル友だちと、ネットのフォロワーなどの「トモダチ」との違いをはっきりわかっているか
- ネットで友だち申請があっても、必ずフォロバして、トモダチにならなくてもいいとわかっているか
- お子さんは自分がやりとりしているテキストメッセージを自分でうまくコントロールできるか

● しつこい相手にきっぱりと断る方法をわかっているか
● 仲間同士の言い争いが一線を越えたとき、親に相談にくるか
● グループチャットや1人1台のやりとりのなかで、礼儀正しく抜けることができるか
● 何かを投稿して読んだ相手がどんな気持ちになるかを考えて、投稿をためらったときのことについて、お子さんは話してくれるか。
● SNSのグループでわざと仲間はずれになった例について、お子さんは話してくれるか
● もめごとが起きたら早い段階で「離脱してオフライン」になる方法をお子さんはわかっているか。または他の子がもめているのをそっとそのまま放置できるか?

みなさん、どうか忘れないで。お子さんがSNSを含む人づきあいを上手にやっていけるよう、力になれるのは、大人のみなさんなのだ。これまでにも述べたように、テクノロジーに関して、お子さんには知識があるが、みなさんには知恵がある。たとえ、お子さんがSNSで悪質な出来事にあっても、それを切り抜けていけるよう、お子さんにとっての大きな羅針盤となってあげよう。

8 デジタル時代の学校生活

現代の子どもの学校生活は、私たち親の時代とほとんど変わらないということもできれば、当時とはまるで違うともいえる。当時と変わらない面とは、学校が、先生や同級生の集まる学びの場所になっていること。昔と同じように学習発表会あり、休み時間あり、宿題あり、それに小テストや通常の試験もある。あの独特の校舎の匂いや、ランチの匂いも健在で、親の私たちを、なつかしい学校時代に連れ戻してくれる。

その一方で、学校は当時とはまるで違う場所にもなっている。やはり、テクノロジーの影響でさまざまな変化が起きている面は否定できない。宿題の量が増え、テストの比重が高まり、学習課程もどんどん変わってきている。第7章で友情について述べたように、お子さんの仲良しグループとのおつきあいを見ても、学校にいるときよりも、夜や週末の方が（バーチャルに）会いやすくなってもいる。

現在多くの学校で導入している「1人に1台（Programs）プログラム」では、ひとりひとりの生徒にタブレットやノートパソコンを与えている。生徒がコンピュータを使う機会は増え、宿題などの学習作業のほか、先生への連絡もコンピュータからのメールになってきている。学校によっては、コンピュータを使って創作活動をするというこれまでにない機会もあり、そういった体験をする機会は私たち親の時代にはなかったものだ。そして言うまでもなく、テクノロジーに関する学習内容は、学校によってそれぞれに異なる。

こういったさまざまな変化のうち、デジタル時代の今の大きな問題とは、デバイスのせいでいろいろなことに気が散って、ひとつの物事に集中できなくなることだ。私はこれまで、親御さんや先生方がこの問題について話すのを、数え切れないほど耳にしている。子どもが授業中に、ゲームやネットサーフィンをしていることは親御さんも伝え聞いているし、家では、まさに目前でその現場を目撃している。子どもはタブレットやノートパソコンを使って宿題をしようとしても、いろいろと気が散っている様子だし、時にはスマートフォンや携帯電話をずっと手にしたままだったりもする。

学校関連の情報を手に入れる方法も、大きく変わってきている。先生とのやりとりや、連絡物の提出などは、以前よりもっと頻繁にやりやすくなっていて、そこに良い面もあれば問題点もある。かつて通学リュックにぎっしり入っていたおたよりやプリント類は、今ではメールのやりとりや、学校によってはツイッターのツイートに代わっている。親と学校、親と子ども、そして子ども同士で連絡を取り合って、情報を手に入れる手段が増えた点には、学校と親の両方が気づいてはいるが、その変化を十分に自覚しきれていない面もある。

私はこれまでに、多くの学校でワークショップを開き、学校経営者や職員に、親御さんの求めている情報共有や連絡の方法についてお伝えしてきた。今親御さんが求める連絡手段は、テクノロジー関連に絞りこまれてきており、学校や自治体でもそのような親御さんのニーズやルールの変化に合わせて、ソーシャルメディア対応の専門スタッフやコミュニケーションの専門家を配置するようになっている。しかし、そういった専門家がいる場合でも、わが子が学校で日々体験することについて、親が聞く相手は、ほとんどの場合、担任の先生になる。本章では、実際にあったさまざまな問題を例に挙げていきたい。

学校と親との関係

お子さんの学校でのネット生活について、もっと知りたいと思っている人は、まずご自身について、次の点を確認してみよう。

- お子さんの学校でテクノロジーを活用した学習活動について学校側から知らされているか（一部知っている、だいたい知っている、すべて知っている）
- お子さんが宿題をする際に、デジタルのいろいろな誘惑で集中できなくなったとき、しっかりと対処できているか（十分対処できている、まったく対処できていない、時々うまく対処できる）

- コピーや模倣でない、自分が独自に創った作品がどういうものか、お子さんに説明できるか？
- テクノロジーに関して、あなた自身は楽観的か、それとも悲観的か？
- お子さんは学校の勉強をする際、紙の教科書とデジタル教科書、どちらを好むか？
- 親と教師間のやりとりで、お約束の受け答えを知っているか？
- お子さんがデバイスを使って宿題や勉強をしているときに、画面を覗く時間が頭の働きを鈍らせる原因になっているということだが、では、テクノロジーの上手な使い方とは？
- 「1人1台プログラム」へ移行する中で、お子さんの学校（または先生）に対し、親として力になれることを具体的に提案したことがあるか

テクノロジーが気を散らす

私はよく、学校での講演やイベントなどで出会う親御さんたちから、不安や悩みを聞くことがある。なかでも、テクノロジーが集中を妨げる原因になっていることは、地域や学校を問わず、親にとって悩ましい、共通の――そして切実な――問題だ。

インターネットの安全性維持を目指す非営利団体アイキープセーフ（iKeepSafe）が発表した最新の統計を見れば、親が心配するのもごもっともだとわかる。10代の28パーセントが、デジタルとの関わりが宿題の妨げになっていると回答［★1］。学校以外の場でも、小学校高学年の44パーセント

がデジタルでいろいろやることで他のことをする時間がなくなっているとし、17パーセントがデジタルとの関わりが友だちや家族との関係に問題を生じさせているとする[★2]。

大人（私も含む！）も例外ではなく、やはりデジタルが生活に支障をきたしており、大人の回答者のうち14パーセントが、テクノロジーに向かう時間をもっと減らすべきだと思っていると回答。そんなの無理だと思ったあなたは、大人だって無理なんだから子どもにとっていかに無理難題かを想像してみてほしい。小学高学年から中高生は、こういった悩みを克服するための助けを必要としているのだ。まずは現実と向き合おう。今やネットを完全に遮断した生活が送れる人なんてほとんどいないと言っていい。実際に、デジタルとの関わりは生活に大きなメリットをもたらしている。だから子どもたちに対してもやはり、完全にネットを遮断させようなんて思うべきではない。

たとえばちょっと手ごわい宿題で長めのレポートを書くというとき、画面上では文章をあまりチェックできないと思ったら、それを一度印刷して紙面上で校正すべきだろう。ペーパーレス化とはなんだかよさそうな響きであり、環境にもやさしいかもしれないが、重要な原稿のチェックは紙で行うべきだと、今でも多くの人が感じているのだ。

宿題と集中を邪魔するもの

こんな場面に覚えはないだろうか。お子さんは宿題をしに自分の部屋へ向かう。手には学校から支給されたiPad。3時間後、宿題はまだ終わっていない。お友だちとチャットかフェイスタイムでもしていたのだろう。最初は、宿題に関する相談でもしていて、だんだん別の話題に移ったというところか。ひょっとしたらお子さんは、音楽を聴いているうちに、新しいプレイリストを作る「必要に迫られた」のかもしれない。それか、インスタグラムの投稿写真を見て、自分以外の仲間が「お出かけ」しているのを知って、寂しくなったのだろうか。あるいは、単にボーッとして宿題に集中できないとか。

たいていの小中学生は、宿題に3時間や4時間もかけなくてもすむはずだ。宿題がなかなか終わらないという万人共通の悩みは別として、お子さんが宿題を終わらせるまでの時間の目安について、ぜひお子さんの担任に確認してみよう。もし先生の目安以上に時間がかかりすぎる（あるいはかからない）場合、根本的に何かが間違っているのかもしれない。

宿題をする際にネットを遮断する必要のある子どもは多い。先ほども述べたように、その点をお子さんの担任に確認してみよう。全部が全部オンラインでこなさなくてはならない宿題ばかりではないのだから、家庭学習の時間を、オフラインにする手は有効かもしれない。みなさんだって、夕飯の直後にメールチェックができないようになっていれば、家族との会話をしたり、やらなければならない家事に取りかかったりできるのではないだろうか（！）。

気を散らすものとうまくつきあうには

お子さんが、タブレットやノートパソコンで宿題をしているとき、いろいろと気が散ってなかなか終わらず悩んでいる。もしそんな状況が見られたら、その要因を突き止めて、少しでも軽減していく方法を、お子さんと一緒に探ってみよう。次にいくつか方法を挙げるので、みなさんの家族にとって一番良いやり方を見つけてほしい。

●同時に複数デバイスの画面を見るのを禁止にする。

私がこれまでに会った生徒の多くが、同時にふたつ以上のデバイスの画面を見ることを親に禁止されていると語ってくれた。このルールを守るには、子ども自身が他のデバイスをどこかにしまって、ひとつの画面に集中する自制力が必要になる。その場合、もしたとえば、宿題をするためにタブレットが必要だとしたら、そのタブレットに集中するよう強くすすめるようにしたい。

●テクノロジーにはテクノロジーで対抗

「LeechBlock」や「Freedom」のような「ジャマものブロッカー」ツールをありがたく使っている子どもも中にはいる。つい見てしまうサイトをブロックすることは、根本的な解決にはならないが、効果はたしかにある。現に私も今、本章を執筆中、ブロックツールを使ってSNSを閲覧しないようにしている。友だちの赤ちゃんのかわいい写真は気になるし、最新のニュース速報だってチェックしたいけど、今はとにかく集中しなくては。

家族共有スペースで宿題をする

この方法は、家族によって、有効な場合もあれば、そうでもない場合もある。

テクノロジーをシャットアウトする

とにかく家庭内のＷｉ－Ｆｉをオフにすること。そうしている親御さんはけっこう多いし、お子さんが宿題や勉強を終わらせるのに何よりの手段だ。繰り返すが、インターネットとそれにつなぐことは、宿題作業のほんの一部であることが多い。ひょっとしたら何かのオンラインコミュニティを訪問してひと言コメントをするよう期待されているかもしれないが、そんなことは宿題のうちごくわずかな一部分にすぎない。仮にブログに投稿記事を書く宿題が出たとしても、まずオフラインで仕上げて、あとでアップすればいいのだから。

まずはつながっていない状態から始める

それでも、もしお子さんが「だって宿題のために（友だちとオンラインで相談したり、インターネットで調べたりが）必要なんだもん」と言ってきたら、まずインターネットにつながっていない状態でできる宿題を全部すませて、その後でオンライン作業をさせよう。時間を決めたり、親のあなたがついていてあげれば、子どももすませなくてはと悟るだろう。

●親の悩みも見せる

さらに、親のあなた自身も、いろいろと気が散って集中できない悩みがあることを子どもに伝えてあげる。気の散る要因がいかに仕事の生産性を損なうかということや、最新のテクノロジーにばかり追われていると時々とても大変に思えることなど、あなた自身の悩みをお子さんに話してみよう。親にもそういう悩みがあると知るのは、子どもにとってもいいことで、集中できず苦労しているのは自分だけじゃない、という気持ちになれるものだ。

気の散る要因となるのは、デバイスそのものではなく、その使い方なのだ。デバイスのおかげで、私たちの生活は、良い意味でも悪い意味でも大きく変化した。ネット世界で正しく行動するには、プラスの面をできるだけ伸ばし、マイナス面を最小限にとどめることだ。もし気が散って集中できないことに深く悩むようになったら、それはお子さんに対して、よりアドバイスをしてあげやすい立場になったということ。集中できない問題にきちんと向き合い、お子さんの宿題が終わるよう力になってあげよう。

マルチタスクと注意散漫問題

子どもがデバイスで注意散漫になる問題について、私が行った研究の結果、テクノロジーへの考え方として、楽観派と慎重派の大きく2種類に分類されることがわかった。

●楽観派

テクノロジー楽観派は、技術の進化によって人の知性は強化されると信じている。途方もない知識をいちいち暗記しなくてもよくなった分、これまでにない斬新な形でさまざまなアイデアを生み出し、それらを結びつけていけるというのだ。教育学者のキャシー・デイビッドソン教授は、ひとつの物事を行う「モノタスキング」が必ずしも脳の働きと親和性があるわけではないと指摘している［★3］。

●慎重派

テクノロジー慎重派は、人はみな、ごく「上っ面の部分」をすくい取ってサッと目を通すにすぎず、深く内容を読んで理解していないと考える［★4］。たしかに、今や誰もが電子テキストを読む時代になったけれど、その形式に問題点がいくつかあることも忘れてはならない。テクノロジー慎重派は、人が紙の本や手書きのノートを見なくなったとき、見落とすであろう情報について神経を尖らせている。私が聞いたいくつかの話や調査によると、人は紙の本を読み、手書きでノートを取ると、電子デバイス以上に学習効果があがるという［★5］。

このテーマに関する研究は、他でも進められており、人は情報を得るとき、紙形式の方がデジタル形式以上に情報を得やすい、という結果もある［★6］。ここで心に留めておきたい質問がひとつ。この話は、これまで紙形式で情報を得てきた経験がある人だけに当てはまる話だろうか。それとも紙という形式で、ページをめくったり、今どの辺りを読んでいるか、ひと目でわかったりするなどの働きが、記憶に作用する効果があるということなのだろうか？　そしてデジタルネイティブ——つまり私たちの子どもにとって、どのような違いがあるのだろうか。

カリフォルニア州立大学ドミンゲスヒルズ校で心理学を教えるラリー・ローセン教授による調査結果では、複数の大学生グループを調査したところ、学生たちは大事な宿題に取り組んでいる最中に、かなりの頻度で携帯電話やスマートフォンをチェックしていたと、サイエンスライターのアニー・マーフィー・ポールがレポートにまとめている［★7］。私たちは作業をしながら休憩時間をはさもうとするし、気持ちの面でもオン／オフを切り替えることで、持てる力を最大限発揮しようとするものだ。作業のジャマが入るといっても、実際にはほんの数秒間のことのようだけど、その後に集中を取り戻して作業に再び没頭するまでにはけっこう時間がかかってしまう。このように「方向を見失うこと」が問題で、いったん逸れた状態から元の作業に何度も何度も戻そうと苦労するうちに、私たちは疲れ果ててしまう。そのために、1時間ですむ宿題に2時間も3時間もかかって消耗しきってしまうのだ。その苦労とは、宿題作業そのものではなく、たえず作業に気持ちを向けることへの苦労なのである。

私たちが親としてすべきことは、子どもが同時に複数の画面を見ないよう協力してあげることと、複数作業の間を行ったり来たりするると、いったん離れた作業に再び集中するのは大変だということを、子どもによくわかってもらうこと。テクノロジー研究家のアレックス・スジョン——キム・パンが著書『ネット中毒』（未邦訳）で述べているが、「デジタルが可能にした〝スイッチタスキング〟により、瞬時にいくつもの作業を切り替える必要に迫られ、人は短時間で次々に頭を切り替えて、やるべきことに集中する力を試されている」［★8］。スイッチタスキングによって創造性やひらめきが得られると過信する人は多いが、他方で「いくつもの作業をしょっちゅう切り替える、重度の〝スイッチタスク屋〟は、長時間集中することができなくなっている」という調査結果が示されている［★9］。

親と教師間のコミュニケーションの変化

テクノロジーは、私たちの生活行動のほぼすべてを変えてきた。親と教師間のコミュニケーションも例外ではない。親は子どもの担任と連絡を取りやすくなってきているし、それは私たちの親世代がかつて私たちの担任に連絡を取っていた頃以上であることは間違いない。連絡が取りやすくなり、話す機会が増えるのは良いことかもしれないが、危険な面もいくつかある。これまでにない形でコミュニケーションを取るということは、これまでにないマナーと、これまでとは違った対応を迫られるということだ。

よく問題になる例として、返信までにかかる時間がある。あなたは子どもの担任にメールやチャットで連絡したが、すぐに返信がこない。でも、「すぐ」って、正確にどれくらい？　連絡のやり方なんて人それぞれだし。もう一度送ってみるか。あ、ひょっとして、余計なことをして、ムダにこじれてしまったかも。

新しいテクノロジーへの理解度や習熟度は、教師によって差があるようだ。私の経験上、そういった差は、年代とはあまり関係ない（実際に、年配の教師が、ツイッターで個人学習ネットワークを広げたり、卒業した各地の教え子たちとネットでつながったり、人と一緒に何かを始めるのに新しい方法を試してみたり、といったさまざまな機会にわくわくしている例も多数ある）。つまりは、それぞれの教師がいかに学校の研修などで新しいテクノロジーを知る機会を与えられるか、そしてそれをいかに教師自身が納得のいくやり方で、さまざまな形に活用できるかにテクノロジーの習熟度はかかっている。授業の際、教える内容や生徒のタイプによって、各種ツールを活用してより良くしていこうと考える場合もあるだろうし、逆に、別のやり方の方が良さそうだと思えば、テクノロジーをとことん使わない方向に持って行く場合もあるだろう。

学校からの連絡が増えるにつれて、本当に必要なことを選び出すのが大変になってきて、学校との関わり方に苦労する親（私自身も含む）もいる。メールやメッセージ、ツイッターなどで学校と連絡を取り合う親もいれば、紙の連絡帳や手紙で連絡を続ける親もいるだろう。そしてそのように多種多様な連絡手段が、親にとって大きな負担になることもたしかなのだ。

こうした状況をマイナスにとらえることなく、教師と健全な関係を築くためのヒントを次に挙げたい。

子どもに限度を教える

もしお子さんが、自分で先生にメールできるくらいの年齢になっていたら、メール関連のマナー、送る内容や頻度などを考えて、慎重に行動するよう伝えよう。あなたにせよお子さんにせよ、単に先生にメールする方法を知っているからといって、毎回そうすることが得策とは限らない。先生にメールを送ろうと思ったときは、メール以外の方法で解決できないか、まずご自身（またはお子さん）に問いかけよう。お子さんがメモを取り忘れて今日の宿題がわからないなら、クラスのお友だちに聞いたり、オンラインの学習管理システムを見るという手もある。自分でメモを取ったり、学習管理システムを見たりもせず、先生にメールで聞くことが、お子さんの習慣にならないようにしたい。また、先生からすぐにメールの返事が来ないのは当たり前で、先生は今お子さんの作文を添削中かもしれないし、研修中かもしれないし、はたまた食事中かもしれないということを、あなたとお子さんそれぞれが覚えておくようにしよう。

先生にツールを確認

今使っている教科書にデジタル版はあるか。その教科書を勉強するために（または宿題をするために）インターネットは必要か。ネットにつなぐ時間はどれくらい必要か。こういったことを先生に聞いておくのは名案で、宿題をする間に気を散らす要因を減らすことができるようになる。その宿題のだいたいの作業内容をわかっている場合は、ネットを遮断、または、必要なときだけ接続する（Wi－Fi常時接続ではないコンピュータまたはタブレット）時間をあらかじめ準備しよう。

● **学校のきまりにしたがおう**

学校で禁止されているデバイスをお子さんに持たせるなどして、学校生活に面倒を持ちこまないこと。たとえあなたに悪気がなくとも、お子さんが禁止デバイスを学校に持っていけば、クラスで問題になりかねない。なにか正当な理由があるなら——たとえば家族の緊急事態や病気など——、学校に許可をもらうようにしよう。

● **自由に情報へアクセスできるのがいいことばかりとは限らない。**

お子さんの試験や小テストの点数と、それに基づく成績の発表をオンラインで行って、親に確認させる方式をとっている学校は多い。これは、よほど要領のいいデキる親でない限り、たいていは便利というより苦痛以外の何ものでもない。また、その「結果確認」の日に、お子さんにメッセージを送ることもやはり負担になる。もしお子さんが学校にいる間、携帯電話に出てはならないきまりがあるなら、それにしたがおう。

「1人1台プログラム」の問題点

「1人1台プログラム」を導入した学校では、その移行に伴い大きな環境の変化にさらされるため、私のもとには、移行後の取り組み方について相談したいという依頼が毎年のように殺到する。移行は、教師や学校関係者だけでなく、親にとっても大きな負担になる。そう、たとえばお子さんの学校にいざ1人1台プログラムが導入されるとなって、あなたからも学校に質問したいことがあるとする。そんなときは、親たちの不安の声に対応すべく、保護者向けの説明会やオンライン公開資料などを用意してくれる学校も多い。

しかし、学校や自治体としては、誠意をもって移行を進めているにもかかわらず、移行作業そのものに追われてしまって、親との連絡や周知徹底されない場合もある。親はもっと情報をもらって関与したいと思うし、学校側が親からの意見や質問を必要なときに十分聞いてくれないとなると、もっと心配がつのることにもなる。そんなとき、よく直面する問題を次に見ていきたい。

▼「1人1台」による変化　学校編

1人1台方式に移行した学校では、子どもが1日のうち画面に向かう時間が長くなることが、親の心配の種になる。よく親御さんからは、「画面に向かう時間を制限するようにいつも言われているんですが、1人1台方式になるとその時間はどのように影響されるでしょうか?」という質問が寄せられる。それに対する答えとして、まず1人1台方式になったからといって、お子さんが学校にいる間じゅうずっとタブレットやPCに向かっているわけではないという前提が示される。ただし、毎日とは言わないまでも、1日1時間から2時間はデバイスに向かっている日がほとんどだといえる。

また、テクノロジーの活用方法がいろいろとあるなかで、画面に向かって何かをするだけでは、その本当の便利さに気づけないという面もある。それよりも、画面に向かう以外の活動とのバランスを取る方が大事かもしれない。お子さんが今、実世界で行っている、人と一緒にする作業や課外活動などには、どのようなものがあるだろうか。いろいろな活動をする中で、お子さんの勉強時間、ネットにつなぐ時間、それ以外の遊び時間は、それぞれバランスの取れた状態になっているだろうか。たとえば算数の宿題（オンライン／オフライン問わず）やテレビやビデオを観る（学習／遊び含め）などの活動に加えて、自転車に乗る、粘土で何かを作るといった遊びを取り入れれば、よりバランスの良い生活が送れるようになる。

▼宿題に取り組むための環境づくり

学校によって差はあるものの、たいていの場合、小学3、4年から中学あたりになると、宿題の内容が変わってきて、一晩ですむ単純なプリントから、もっと日数をかけて取り組む課題になっていく。課題には、あらかじめ計画を立てて取り組む必要があり、そういった計画の段取りをつけることや、学校でもらったいろんな資料やノートの整理、それに、学校生活全般をきちんと送ること

――プリントをロッカーにぐちゃっと入れたままであること、宿題を忘れること、その他数え切れないほどストレスをためこむことが無い状態で――、その働きを「遂行機能」という。この機能がうまく働かず、苦労する生徒は少なからずいる。そして、私が見聞きする限り、できて当たり前と大人に期待される面も往々にしてあるため、子どもは宿題の計画や持ち物の整理を親に任せてしまったりもする。そういったときには、ぜひ子どもに、テクノロジーをうまく活用する方法を教えてあげよう。それで心理学者ハワード・ガードナーの言う「アプリで能力アップ」状態になれればしめたものだ［★10］。くわしくは、アナ・ホマユーンの『そのくちゃくちゃのプリント、とっくに提出期限過ぎてるよ』（未邦訳）を読んでみてほしい。

お子さんに課題が出されたら、一緒に内容を確認しよう。課題提出日までのそのほかの予定をみて――たとえば、提出前の週末に家族旅行があるとする――、それなら課題は提出日よりも前の×日までにすませないと、などとお子さんと話そう。カレンダーを見ながら、期限までの日数を見て、作業工程を考えることは、生活力を高めることにつながる。小学校高学年から中学生で、そこまでのことをひとりでやり遂げられる子はほとんどいない。その課題をこなすまでにかかる時間を見積もることだって、なかなかできない。また、計画づくりにあたり、なんでも自分の頭の中で解決しようとせず、まずカレンダーを見ることを習慣づけるのも、けっこう難しい。私の家にベビーシッターのアルバイトに来る高校生を見ていると、勤務日程の相談など、みなそれぞれうまくこなしているように見えるが、なかにはカレンダーを見もせずに出勤日を伝えてくる子もいる。やはり多くの家庭では、手で書き込める（ホワイトボードや紙の）カレンダーが欠かせないと考えているようだ。

私の家では今のところデジタルのカレンダーに頼っているが、将来息子が大きくなってきたら、家族の集まる場所に、みんなでひと目で見られるカレンダーを置いておくとなにかと役立つだろうと考えている。

▼「1人1台」方式　家庭編

学校で1人1台方式が導入されるとなれば、家庭での生活もそれに合わせる必要があると考える親は多い。デバイスの使い方は人それぞれだけど、たとえばiPadは、お子さんが宿題をするのに使う必要があるデバイスでありながら、遊びにも使いやすい。もしかしたらあなたは親として、お子さんの宿題にもう少し関わって、この先起こりうる問題を軽減させる手助けをしてあげなくてはならないかもしれない。まずお子さんの担任に問い合わせて、宿題の所要時間を確認するほか、宿題のために（もし必要がある場合）、お子さんがネットに接続する時間としてどれくらいを見ておけばいいかを確認しよう。とりわけお子さん同士のグループ作業では、クラスのお友だちとネットでつながる時間の目安を担任に聞いておくといいだろう。

お子さんの使うデバイスがネットにつながっている場合は特に、そのデバイスで宿題をする間、お子さんを見守っていたいと多くの親は考える。たとえばリビングのダイニングテーブルでお子さんに宿題をさせるのは良い方法だ。ただし、お子さんが静かに作業できる環境を整えてあげること。宿題中はテレビを消し、その他邪魔になりそうなものはとにかく遠ざけておく。これを実践すれば、お子さんが落ちついて宿題に取り組む習慣ができるはずだ。

もしお子さんがテクノロジーに「ハマりすぎちゃって」いる場合は、どうするか。それでもまだ、親が見守る形で学校貸与のデバイスを使えるだろうか。そのデバイスは、ネット接続の状態で使わなければならないだろうか。またお子さんは、デバイスそのものよりも、特定のアプリにハマっていないだろうか。そういったアプリも、親がアクセス用のパスワードを管理するという条件下で、子どもの利用を制限することはできる。デバイスから離れられないというよりも、マインクラフトやインスタグラムにハマっているという子どもの方が多いはずで、そう考えた方が理にかなってい る。私だったら、子どもが家で困ったことになっているなどと学校の担任に報告したりせず、なるべく子どもが外で傷つくことのないようにしてあげたいと思う。

仮に、お子さん自身のデバイスを取り上げて、学校のiPadやノートパソコンでネットにアクセスさせることにしたって、お子さんはお友だちとチャットする手段を必ず見つけるはずだし、きっと学校のデバイスを持ち出せてラッキーと思っているはずだ。親としては、どこで歯止めをかけるか判断しなくてはならない。たとえば週末の間だけ家庭内Ｗｉ－Ｆｉを切断するとか。その間、あなたはひとりスターバックスコーヒーに駆け込んで、ご自分のメールチェックをするとか。まあ、子どもがいる家で、大人の都合通りにいくなんてことは、まずありえないわけで。いえ、それでもね、お子さんがもし４Ｇ接続のスマートフォン持ちになったら、状況はガラリと変わってしまうのだけど！

▼「1人1台」方式　特別支援編

私はこれまでに、学校で「５０４プラン（障害のある児童生徒に個別のニーズに応じた教育を行う計画）」やＩＥＰ（個別学習プログラム）の認定を受けたお子さんを持つ多数の親御さんたちと話し合ってきたほか、学校で特別支援教育を行う先生方とも接し、さまざまな学習段階の生徒たちをひとつの教室に集めることの問題点や悩みについて聞いてきた。高機能自閉症の息子さんを持つあるお母さんの話では、無数にあるアプリから使いたいものを選ぶため画面を次々スワイプしていく、そこからしてもう、本人はいっぱいいっぱいになってパンクするという。別の親御さんは、ＡＤＨＤ（注意欠陥・多動性障害）の息子さんが学校生活でのストレスとうまくつきあう手段のひとつとして、ゲームアプリを始めたはいいが、息子さんがハマって止まらなくなってしまった、という話を聞かせてくれた。こういったケースでは、お子さんのネット利用について、ある程度の許可を与えつつ、将来的には５０４プランやＩＥＰの一環として、お子さんのノートパソコンやタブレット利用に一定の制限を設けることも考えていくよう、学校、お子さんそれぞれに対して取り組んでいくことになる。中には、ほんの少しの利用制限（デバイスの利用開始時間と終了時間を先生がチェックするなど）をかけるだけでも、終日利用可能の状態に比べて事態が改善される場合がある。

　こういったお子さんを決して責めたりすることのないよう、学校に対応してもらうよう働きかけていこう。もしかしたら、お子さん自身にいい考えがあるかもしれない。ＡＤＨＤや高機能自閉症の子どもには、会話の受け答えがとてもすばらしい子も多く、そういった子どもなら、本人が学業などやるべきことを続けやすくするにはどうすればいいか、協力的に話し合うことができる。それに、学習障害やASD（自閉症スペクトラム）、ADHDの子どもを支援するための優れたアプリも多数出ている。治療プログラムの一環としてこういったアプリケーションやテクノロジーを補助的に活用するのも効果的だ。

特別な支援が必要な子どもにとって、気が散って集中できなくなる数々の要因は悩ましい問題だが、その一方で、テクノロジーがコミュニケーションを可能にしてくれる面もある。技術やノウハウを持った先生のもとで、そのような子ども（そしてその家族も！）は、生活や人生が変わるほどの恩恵をテクノロジーから受けているのだ。大切なのは、テクノロジーツールそのものに加え、教育の専門家がそれを使いこなすこと、そして、お子さんの個性に応じた対応を教師や親が一丸となって行うことなのだ。

新たなカンニング問題

教育現場でのカンニングなどの不正行為、それはこの世に学校というものが誕生して以来、脈々と絶ゆることなく存在してきた問題であり、テクノロジーによってさらに大問題となってきていることは疑う余地もない。テクノロジーまわりにくわしい子どもたちは、これまで以上にいろんな抜け道を見つけられるようになり、しかもまわりの仲間とネットでつながって、連絡がとりやすくなっているため、本来の勉強をマジメにやらず、ラクをしようという誘惑から逃れられなくなっている。それでも、子どもにだって、ちゃんとマジメにやろうという気持ちはあるので、本人たちが道を踏み外さないようにするのは、親のアドバイス次第になってくる。

なんでも「ググる」とすぐに答えはたくさん出るけど、親としては、そのGoogle検索結果はさておき、宿題や勉強の内容そのものについて考え方を示してあげたい。ズルや手抜きがないように注意深く見守っている先生ばかりではないので、親が子に手を差し伸べて、マジメにやっていくのが大変な今の時代にこそ、真剣に勉強に取り組む子になってほしい。子どもたちだって、すぐに答えが出てしまうことへの誘惑を十分自覚しているのだから。以前私がインタビューした、1人1台プログラムの学校に通う中1〔7年生〕グループは、iPadを使った宿題が出ると、ついカンニングをしそうになる、という不安を口にしていた。

中には、わかっていながら確信犯でカンニングしている子もいる。同じインタビューで、ある中学1年の男の子は、Photomathというアプリについて話してくれた。このアプリでは、数学の問題をカメラで撮影・スキャンすると、すぐに答えを出してくれるという。男の子は、アプリにいちから問題を解いてもらうのはさすがに良くないことと理解はしていたが、自分で解いたあとで、答え合わせにアプリを使うのはオッケーだと考えていた。するとグループの他の女の子が「そんな風にアプリを利用しても数学は本当には身に付かないと思うけど、もし問題の意味とかもうわかってるんだったら、たまに使うくらいはいいんじゃない」と答えた。

みなさんも、お子さんが宿題を解くためにそんなアプリを使っていたらどうしようと心配になったら、担任に聞いてみるか、お子さんに宿題を見せてもらうようにしよう。この手のアプリは、「教育用」と銘打っているものなので、アプリの分類自体はあまり当てにならない。とはいえ、EasyBibなど引用文献リストが自在に作成できるアプリは、大学生・大学院生にとって大変便利だったりもする。

作品の権利の理解

レポートを書く際、資料を適切に活用し、引用を明記する方法について、きちんと教わっている子どもも多いが、大量の資料や情報に囲まれると、「なぜわざわざ自分で文章にしなきゃならないわけ？」と疑問に思う子も出てきたりする。私がこれまで教えた大学生にも、講義の中で見せた、他の人が著した映画解説の資料を、そのまま自分のレポートに（出典も明記せずに！）引用してもオーケーだと考えている学生が何人もいた。引用中に書かれた論点は著者オリジナルのものだし、その映画の論考については、すでに著名な映画評論家のジーン・シスケルとロジャー・イーバートがまとめたものがあるので、わざわざ自分の言葉で新たに説明する必要もないだろう、というのが学生たちの言い分だった。

子どもたちにとって、ネットの情報が自由に手に入るからといって、利用したい放題というわけではない、ということを理解するのは大変なことだ。大量の情報があふれ、さまざまな考え方があるなかで育っていく現代の子どもたちは、ネットにあるコンテンツはなんでも自分の使いたいように利用できると考えてしまってもしかたない。著作権のある資料を教育目的で利用するのはおそらく許されるかもしれないが、公正利用の規則については明確に定義されていない。著作権の侵害は重大な事態を招く場合があるので、人の持つ知的所有権に関して、お子さんに少しずつ教えていくのが望ましい。

お子さんの作成したかわいいYouTube動画だったら、なにも問題なさそうに思えるが、ある日担当弁護士から削除通知、それか、サイアクの場合、召喚状を受け取るような事態にはなってほしくない。お子さんのものづくりを楽しむ気持ちを決して抑えたくはないけれど、お子さんがさまざまな取り組みを楽しく安全に進められるよう、基本的なルールを教える意味はあるだろう。

多くの学校では、特に図書館司書を中心に、子どもたちに著作権や知的所有権について教える動きが盛んになっているが、すべての学校というわけではない。もしくは、せっかく著作権や知的所有権について図書館で教わっても、お子さん自身が学校の勉強と家での遊びを別物と捉え、レポートの書き方について教わったことが、そのまま、遊びで作っている動画にも当てはまると理解していないかもしれない。みなさん自身がふだんの仕事の中で出会った実例をお子さんに話してあげれば、お子さんの参考になるだろう。もう少し大きいお子さんなら、コピーライトについての専用サイトや本を通じて情報の公正利用の方法やさまざまな実例を知ると役立つだろう。いずれにしても、ルールについての予備知識は必要だ。

共同課題の取り組み方

複数の人と共同で作業をしたり、宿題に取り組んだりといったことが、テクノロジーのおかげでやりやすくなった。ネットを通じて同級生同士もいつもつながっているので、一緒に勉強する機会もぐっと増し、リアルタイムでいろいろな意見を交わすこともできる。マイナス面としては、子ども同士で（特に中高校生の場合）テストを写メして交換することも簡単にできてしまうという面がある。

今どきの宿題は、共同で取り組むものも多い。親のみなさんには、そういったグループワークの持ついくつかの側面について、不満に感じている方もいるだろうが、実はお子さんも、同じように感じている可能性が高い。なにしろ人と一緒に何かをやるって、なかなか面倒で大変なことだ。

お子さんは、グループのメンバー全員が平等に作業をしているとは思っていないかもしれない。どんなグループでも、それはありえる現実だ。できれば、みなさんから担任の先生に相談して、子どもたち同士の話し合いに任せるよりも、平等に作業を分担する方法を子どもたちに教えてあげているかどうかを確認するようにしよう。

もし担任が、共同作業計画について進んで教える姿勢でないようなら、お子さんに、たとえば、複数人で同時に共同で作業する場合と、ひとりずつが作業する（自分が作業しているところに、相手が追加や変更をして、その後また自分が編集を加える）場合、それぞれの長所を話してあげよう。グループの人数が増えると、メンバーそれぞれに役割を割り振らない限り、同時に作業するのが大変になっていくものだ。

不正行為への対応

カンニングなど、学校の勉強で不正行為をすることについて、お子さんと話し合うための質問項目を次に挙げる。

- 仲間と共同で作業することと、カンニングとの違いは？
- 自分のアイデアを誰かに横取りされたことはあるか。そのとき、どんな気持ちがしたか。また、どんな対応をしたか。
- 自分が考えたアイデアと、誰か別の人のアイデアの違いを知る方法は？
- 宿題についてわからないことがあるとき、どこまでの質問だったら仲間にメールで聞いていいと思うか。
- 同級生からしょっちゅう宿題について質問されたらどう対応するか。断ってもいいタイミングとは。親や教師にそのことを相談してもいいタイミングはどうやって知ればいいか。

学校側がルールを徹底できないときの対処法

学校のテクノロジー関連の方針は、古い内容の場合が多いため、誰もそれに従わない。テクノロジーはとてつもない速度で変化しているし、それに合わせて方針を改定していくのも大変なことで、学校側も対応に困っているのが現状だ。なにしろほんの数年前には、小学校、そして多くの中学校でも、パーソナルデバイスに関わる方針なんて必要なかった。でも今はもう、あって当たり前！

最近私が仕事したある中学校では、「私物のデバイス禁止」というルールがあったが、子どもたちはみんな自分のスマートフォンを持っていた。学校側が生徒の実態を把握して、問題を未然に防ぐようなルールに改定すべきなのは明らかだった。保護者たちは、学校側にルールをもっと強化してもらいたいと思っていた。実はわが子にだけは、こっそり例外を適用したいと願いつつも。しかし実態は、多くの学校がルールの強化に取り組んでおらず、特に裕福な郊外地域や私立の学校ではきわめてゆるい基準になっていて、全生徒に私物のスマートフォンの提出を義務づけるなどの厳しいルールは存在しない。そういった学校に通う子どもの親の中には、ルールの強化を望む人も一部にはいるが、大半が声高に反対するものだ。

みなさんにできることは何だろうか。学校や地域などで他の親御さんと一緒に、校則を強化するよう学校に働きかけてみることはできる。ただし、現状に合わせた形で。授業にデバイスを導入済みの学校なら、子どもたちが完全にデバイスから離れるのはまず無理、ということを踏まえておかなくてはならない。でも、みなさんの方で、お子さんが学校にいる間は自分からメッセージを送ったり電話をかけたりしないというルールを決めて、お子さんにもそれにしたがってもらうという形での協力は可能だ。さらに、休み時間のうち最低でも1回は、体を動かす時間にあててもらいたいと考える大人は多い。子どもの健康のため、そこを第一に考えてもらえるよう、親から学校に働きかけることはできる。

休み時間や昼食の時間をネット禁止にする学校は多いし、金曜日をノー・スマホデーにすべく奨励する学校もある。学校が問題を認識し、改善に向けて取り組んでいるのは好ましいことだ。でも、心に留めておきたいのは、私が「どさくさタイム」と呼んでいる、休み時間や下校時などのすきま時間には、ルールをどうにも徹底しきれない場合もある。そこはもう、徹底しようにも無理だと思っておくくらいがちょうどいいだろう。一部の小学校では、保護者たちが自主的に、休み時間や昼食時間に子どもたちの見守り活動を行っている。一度でも見守りをすれば、学校の生活時間の中で比較的ゆるい時間帯に、デバイスが子どもたちの間に入り込んでくる、その感覚がわかってくるだろう。そのようなときに、テクノロジーがマイナスの方向に使われているなら、お子さんを休み時間や放課後にゲームクラブやプログラミングクラブに参加させてあげようにすればいい。そうすれば、親がいちいち子どもの動きを見張るよりも、はるかに有意義な時間の過ごし方ができる。

親がとるべき行動とは

本章を読んだみなさんが、お子さんの学校生活と上手にかかわっていく新たなヒントを得られれば幸いである。「関わっていく」とは、単に教育に関心を持つとか、ルールを徹底してもらうといった話だけでなく、親のみなさんが、お子さんに対してどのようにかかわっていくか、ということでもある。みなさんには、ネットの世界で適切な行動をとっていけるよう願うが、それはご自分のお子さんのためであることはもちろん、お子さんが教育を受けている地域全体のためにもなるのだ。ネット時代に学校生活を送る子どもに、親としてできることは、次のようなことだろう。

- テクノロジーにそれほどくわしくない先生に力を貸してあげたいが、どうすればいいか。
- あなたから（またはお子さんから）先生に質問があるとき、メールを送る前に、まず別の手段で疑問を解決しようと努力する姿勢をお子さんに見せているか。
- 気が散って物事に集中できなくなる問題について、どんな対策をとっているか
- お子さんの勉強の進度を確認するため、学校の学習管理システムにログインする方法を知っているか。このシステムはあなたにとって役立っているか、それとも苦痛になっているか。
- お子さんの宿題に時間がかかりすぎている場合、親として何をしてあげられるか
- 仲間との共同課題に取り組む子どもに対し、親として何をアドバイスしてあげられるか
- お子さんが宿題をすませるのに全体でどれくらいの時間がかかるか、そのうちオンラインでやるべき作業がどれくらいあるかを把握しているか
- テクノロジーに関する校則がありながら、学校が徹底しないとき、どうしたらよいか。

9 「公開」設定の子どもたち

――デジタル時代に大人になること

現代の子どもには、ネット世界でのいろいろな評判がついて回る。ネット上に形跡が残る、ともいう。私たち親が好むと好まざるとに関わらずだ。だからこそ、親としては、自分の作り出すものにはすべて個人情報が伴うということを、子どもにしっかりと理解してもらいたい。かといって、極端に恐れる必要はなく、ただ、子どもがSNSやネットに投稿するコンテンツを、いつもプラスの内容にするようすすめてあげればいいだけのこと。といっても、なにも物事に批判的になったり反論したりしてはダメ、というわけでもない。ただ、そういったときでも、建設的で、相手を思いやった伝え方にすべきだ、と言いたいのだ。

自分の投稿やシェアしたコンテンツを人に見てもらうことは、自分について知ってもらうことに他ならない。それを学ぶ絶好の場所は学校である。子どもが自分の作品を公開するよう促してあげて（もちろん作品をつくるのが先だけど）、すばらしい作品をいろんな人に見てもらうようにしよう。そうすれば優れたコンテンツを発表することが、ネット上の形跡にどれほど密接に関連しているか、子どもにもわかるようになるだろう。

まずは大人が知ることから

親にとってSNSは脅威だし、それが子どもに与える影響を考えると、なにかと不安だらけだ。SNSそのものや、なかで行われていること自体はそれほど悪いものではない。問題は、わが子のSNSまわりですでに起きている、なんだかよくわからない話題や出来事のこと。SNSアカウントを持ったからといって、子どもの性格が必ず変わってしまうというわけではない。でも、そこに固有の危険があることはたしかなので、わが子がSNSの中で何をやっているか、知っておくに越したことはない。

SNSで何をやっているか、親のあなたにチェックされている（かもしれない）と知るだけで、あまり羽目を外さないようお子さん自身が気をつけるようになってくる。公共のトイレで、まわりに人がいるときは、手を洗う率が高まるという研究結果もある。ひとりきりでいるよりも、まわりに誰かがいる方がちゃんとして振る舞うのは皆同じ。親に見られているとわかれば、お子さんが間違った道を選ばないようになる確度はぐっと高まる。たとえそこまで細かく監視するつもりがあなた自身になくても、「万が一スマホをどこかで落としたら、誰かに中身を見られるかもしれないよ」と、ひと言お子さんに伝えておくのは有効だ。

SNSそれ自体は、子どもにとって脅威ではない。それをどう使いこなすかが問題なのだ。インターネットでつながった世界は、想像をはるかに超えた可能性を子どもたちにもたらしてくれる。10代の子どもたちはさまざまなツールを使いこなしては、自分の体験や考えをSNSに投稿する。ただし時には、自分が何を投稿する（しない）べきか、子ども自身で判断できなくなる場合もあるのだ。

ネットに流通する写真

第2章で述べたように、今や写真は、お子さんの仲間づきあいのなかで大きな位置を占めている。写真を撮って、シェアすることがこれまでになく手軽にできる時代なのだ。自撮りして、友だちをタグ付けした写真をネットにできるだけ大量にアップすることを、自分の目標のように思っている子もなかにはいる。

お子さんが写真に夢中になっていることを嘆かわしく思ったり、バカにしたりするのは簡単だけど、現実問題として今、ネット上のデジタル画像はコミュニケーションの一部となっている。そして現代の子どもや若者にとって、とても大切な存在でもある。親が頭ごなしに否定したり、見ない振りをしたりすれば、最新技術をひとつ黙殺することになる。子どもたちは、画像でお互いに気持ちを伝え合ったり、対話をする術を学ぶことを必要としているのだ。

写真アプリ事情

写真投稿アプリのうち、子どもたちの間で一番人気があるのは、本書執筆時点ではインスタグラムだ。次に人気なのはスナップチャット、比較的やってる子が少ないのはフェイスブック。また、チャットアプリのWhatsApp（ワッツアップ）、Kik（キック）などでも、チャット以外に写真や動画をシェアできる。フェイスブックは、15億以上のユーザー数を誇り、最近の親御さんは何らかの形で大なり小なり利用している。たまにチェックする程度の人から、かなりハマっている人まで、利用方法はさまざまだ。たぶんみなさんも、これまでに何かの機会に、写真をSNSに投稿するという経験をしたことがあるのではないだろうか。

インスタグラムとフェイスブックでは機能の面に違いがある。フェイスブックでは、投稿の文章に追加する形で写真や画像をつけることもできるが、インスタグラムでは写真そのものが投稿になる。写真はクリエイティブにアレンジでき、フィルターを適用でき、説明文の部分はそれほど重要ではない。

つまり、写真を見た人は、その背景をよくわかっていないと理解できないという意味だ。

スナップチャットは、写真を一時的に表示させるしくみになっている。受信者が画像を開いてしばらくしたら、表示されなくなる。スナップチャットストーリーの機能でも、24時間しか表示されない。

15歳の作家ルビー・カープは、いろいろな種類のSNSを使うなかで、こんな感想を述べている。「10代特有の、自信が持てず不安でたまらない気持ちをよくとらえてる。イケてない風に見られたら嫌だから、自分が〝SNSの舞台〟でアクティブにやってるところをみんなにしっかり見せなくちゃ。今やってることを楽しむっていうより、とにかく写真に撮って、その場にいない子をうらやましがらせたいって感じ」[★1]

SNSで語られる話題は仲間づきあい関連のものが多いし、リアルタイムでシェアされるのが常なので、見た人はすぐに不安な気持ちになってしまう。この仲間の中にいていいのか？ 他のどこかでもっと楽しいことが起きてるんじゃないのか？ ルビー・カープのような10代の子どもは、自分たちのFOMOに根拠がないことをお互いによくわかっているし——だから、他の仲間だってたぶん、自分たちと同じでたいしておもしろいことしてるわけじゃないけれど——、かといって、自分もまわりの友だちも、スマホを見るのをやめて、今この瞬間のリアルなことに気持ちを向けよう、というわけでもない[★2]。

みなさんが本書をお読みになる頃にはきっと、ここで紹介した以外にも、さまざまなアプリが出て、お子さんやお友だちの間で人気になっていることだろう。私たち親は、そのひとつひとつのアプリの何から何まで知るべきかというと、そうではない。それよりも私は、お子さんが夢中になっているアプリについて、その魅力や特徴、トラブルになりそうな面などをざっと理解しておいてほしいと思う。幸いなことに、お子さんたち自身の話を聞けば、そういったことはわかるものだ。

子どもたちは、写真をシェアしながら、そこに写った、一部の仲間にしかわからない内輪ネタを話し合うことに喜びを感じる。インスタグラムが10代の子に大人気なのは、おそらくそれが理由だろう（一方、フェイスブックはその年代の子には人気がない）。スナップチャットも同じ位置づけだ。たとえばこんな感じ。ある大学の名前が入ったスウェットを着た女の子の写真。通りすがりのユーザーから見たら何ということもない写真だけど、友だちが見れば、その子が今日、その大学から合格通知を受け取ったとわかる。そこにこめられたメッセージは瞬間的で、効果てきめんで、しかも内輪にしかわからないものだ。ふつうはこういった内輪受けの表現を読み取る力は、大人ならあまり好ましいと思わないけど。

10代前半の子どもとアダルト画像について話し合うには？

10代の子や、もっと幼い子どもたちの間で、性的な写真を送り合っている問題について、どう取り組めばいいだろうか。この話題になると、親や先生など大人たちは、みなさん尻込みしてしまう。10代の成長期を通じて、子どもは性的に成熟するが、それと同時に、エッチネタに興奮したり、禁止されていることにこっそり手を出したりもしたくなってくる。ネットで「アダルト・H画像」に分類されていない写真にも、アダルト系の画像は多い。

6年生のお子さんに、キスするように唇を突き出したり、髪をかき上げたりするポーズでお友だちと写真を撮るのはふさわしくないと説明するのは大変かもしれない。

このデジタル時代に性を表現する10代の女の子や大人の女性について描いたドキュメンタリー映画『セクシーベイビー』（2012年）では、12歳の女の子ウィニフレッドとその友だちが、ブルックリンにある最新のマンション周辺で写真を撮るシーンが出てくる［★3］。家具にもたれかかり、服から肩をチラ見せして、12歳の女の子たちなりに精いっぱいの「セクシーさ」を演出している。父親は、そういう写真をSNSに投稿しないようふたりに伝えるが、本人たちはどうしても我慢できず、仲間に写真をシェアしてしまう。次に映るのは、ウィニフレッドとその母親が、怒りをぶつけあうシーン。ウィニフレッドは泣いている。トラブルになったことよりも、母親に、ふしだらな写真と言われたのが悲しいのだ。この年頃の女の子はみな、どうしようもなく悩んでいるものだ。映画の後半でウィニフレッドは、「誰とでもヤリたがってる」風に見せなきゃいけない、と語るが、その後に映るのは、体育の授業の写真をスクロールして画面で見ているシーン。まだいろんな面で、ほんの幼い女の子にすぎないのだということが、映像からも伝わってくる。

母親としても気が動転して、ついそんな反応をしたが娘にふしだらなんて口にしたことを悔やんだだろう。子どもと写真について話し合うときには、否定的な言葉を口にせず、こう伝えてはどうだろう。「セクシーに見せなきゃって思う気持ちはわかる。でも、まだちょっと早いんじゃないかな。そういう写真を投稿して、エッチな目であなたを見る人を誘惑しなくてもいいんじゃない。あなたは今のままでキレイだし、これ以上みんなに見てほしいとかモテたいとか思ってほしくないなあ」。男の子の場合は、6年生や中1［7年生］の時点では、まだそこまで差し迫った状況ではないにしても、Hな写真やAVを見てみたい、という衝動に駆られる子はいるだろう。

思春期のコミュニケーションを研究するスザンナ・スターンによると、セクスティング（性的な内容のメッセージや画像を送り合うこと）の問題に関しては、子どもに教えるよりも、話し合う方が有効だという。そういった写真はいろいろな状況の一部を切り取ったものだということを子どもが理解できるように話し、さらに、大人になった自分がその写真を見たらどう思うか、子どもに意見を聞いてみよう［★4］。

私が10代の子どもたちと話すときは、みんなに合わせる、ということについて考えてもらうようにしている。人から気に入られたい、注目を集めたいという動機で、自分の写真を送ろうなんて気持ちには決してなってほしくない。仮にわいせつな写真を受け取っても、それ以上シェアしなくてよいと理解する必要がある。万が一、その写真が学校中に拡散されたとしても、合意があってシェアされているわけではないし、自分もそれに加担すべきでないことを知っておいてもらいたい。しかし、前述のスターンは、セックスや性的な感情への興味関心は、思春期の子どもにとってごく当たり前のことだとも指摘する。言いかえれば、写真を作成、シェアしているからといって、わが子が何かとんでもなく道を誤っているわけでもない。今私たちの生きる社会に、性的な興味を、誰かに晒されることなくじっくり探っていける方法が存在しないというだけのことなのだ。

さらにスターンは、男の子と女の子では、同じセクシーな写真を撮ってシェアするのでも、本人を取り巻く環境に大きな違いがあると指摘する。それは私たちが、女の子を性的関心の対象として過剰に扱う社会に暮らしているからでもある。女の子や女性の身体は、メディアや大衆文化の中でさまざまな形ですっかりモノ扱いされているため、男の子とイチャついたり、セックスをするきっかけに、相手にHな写真を送ろうと女の子自身が思っても不思議ではない。そして男の子についても、お気に入りの女の子の写真（ひとりであれ多数であれ）を保存しても問題ないと思ったとしても、社会通念的には、まるきり外れたことではない（その通念を変えたいと思っている大人の苦労もむなしく）。だからといって、親が男の子の行動をそのまま受け入れていいというわけでもないのだが、でももし、息子さんやそのお友だちが、女の子の写真を自分のスマホに保存しても問題ないと考えているとしたら、それはきっと、本人が周辺から得た考え方によるものなのだ。

もしも、お子さんが、自分の写真をどこかに投稿したり、仲間からHな写真を受け取ったりする様子を見たなら、まずはあわてず、どうしてそんなことになったのか状況を探るようにしよう。誰かから強制されてやっているのなら、それはたしかに重大な問題だ。仲間同士でほんの出来心からやったことで（例　元カレや元カノの写真を送るなど）、もう二度としないという場合でも、一応気にすべき状況である。さらにもし、その写真が互いに合意のうえでやりとりされたもので、お子さん自身が傷ついたり迷惑に思ったりしていないという場合は、それこそ明らかに、しっかり取り組みたい課題になってくる。

私が子どもたちに向けて講演する際、声を大にしてこう伝えている。もし疑わしい写真を受け取ったら――本人が写ったものや直接送ってもらったものでもない限り――、自分に送られたものではないと思っておくべきだと。本人の同意なしに写真を送りつけるのは、倫理的侵害にあたる。法律上の面倒な問題だって出てくるし、そして何より問題なのは、人はなんでも集めないと気がすまない性質なので、つい写真に写った人が知らないうちに画像を広めてしまうという点だ。もしお子さんやそのお友だちが、自分の写真をいつのまにかネットに「拡散」される目にあったら、第三者に相談することを検討してもいいだろう。

誰が投稿を見るのか

マイクロソフトの研究員ダナ・ボイドは、SNSの中で育つ現代の若者たちの意識を探る草分け的な研究を行っており、私たちもその一端を知ることができる。著書『つながりっぱなしの日常を生きる――ソーシャルメディアが若者にもたらしたもの』（野中モモ訳、草思社）では、ある若者がフェイスブックに投稿したところ、思いも寄らぬ人から反応があったという例にふれている。友だちに向けた投稿だったはずが、送った本人の家族（や他のつながりのある人たち）にも見える状態になっていたためだ。家を出て遠方の大学に通うお姉さんから「よしよし弟、いい子だね～」という書き込みがあって、余計なことを書くな、と思ったそうだ。実際には、フェイスブック上でつながっている人全員に公開されたわけだが、本人は「姉ちゃんに見てほしいわけじゃないのに」という気持ちになった［★5］。

同書でボイドは、若者と大人とでは、SNSの使い方に違いがあると指摘する。若者にとってのSNSは、今その場にいない友だちとでもバーチャルに交流できる「第二の場所」。10代の子は自分が何者か定まらず不安定なため、スナップチャットなど1日から数日程度、短期間表示されるタイプのSNSアプリに惹かれるようだ。フェイスブックなどにもそれなりに魅力を感じるが、一度投稿すると、ウォールに長期間記録されることが、13歳〜17歳の間で不人気になっている理由らしい。ボイドいわく、「(スナップチャットなど〔日本では一時期のSNOWなど〕)写真投稿系のSNSが今人気の理由には、過去の自分まで検索できるようになっていてほしくないから、という面もある」[★6]。そういうわけで、投稿した写真が一定期間を過ぎると消去される(スナップチャット)、フィードに埋もれて表示されなくなる(インスタグラム)など、短期表示タイプの〝消える系〟のSNSアプリが、若者の間でますます人気になっている。これに比べてフェイスブックでは、写真アルバムが過去にさかのぼってすぐに検索できるようになっている。いや、私はそれこそ大人なので、フェイスブックの「今年を振り返って」機能が好きだけど。1年前と今とでは友だちから髪型、趣味まで変化がないので、1年を振り返るのは楽しいばかり。過去の忘れたい自分を思い出させないで、なんて気持ちにはならないから。

子どもに限らず大人にとっても大きな問題になっていることだが、特にSNSを始めて間もない子どもは、自分の投稿を誰が見ているのか忘れたりもする。投稿するとき、念頭にあるのはごく一部の仲間のみで、数えられる程度の友だちに向けた内容をシェアしたりするので、他の人たちもその内容を目にしていることを忘れてしまうのだ。興味深いことに、そういった思いも寄らない人(親も含む)からコメントや反応があると、時には、怒りを感じたり、プライバシーを侵害されたと感じる子どももいる。たとえその写真や文章が「公開」設定になっていたとしてもだ。投稿した内容は他の人が見たりシェアしたりする場合もあるということを、親から子どもに伝えるといいだろう。また、プライバシー設定がONになっているときでも、思いついたことをなんでも自由に書き込めるわけではないということも子どもに覚えてもらうようにしよう。ネットに載せた投稿のひとつひとつがシェアされ、再シェアされうるのだ。

なかには、Omegle（オメグル）などのチャットアプリに参加して「見知らぬ人とチャットで話す」子どももいるが、ほとんどの子どもがネットで会話する相手は、ふだん会っている友だち同士や、ネットのつながりであっても元々知っている相手だ。SNSは、子どもたちにとって仲間の交流広場のようなものだ。私の仲間で、いつもマインクラフト情報を教えてくれるエリオットとジョナサンは、見ず知らずの相手と交流対戦することは、「別に気にしないけど、ちょっとコワい気もするね。相手が外国語でしゃべり出したらどうしよう、とかね」と語る。ほとんどの場合、公開サーバーに移ってくると、元々個人的に知ってる子どもをつい探してしまうのだ。その他の子どもは、ゲーム中に話しかけたりメッセージを送ってきたりする相手のことを話してくれ、それは「ゾッとする」気分だと言っていた。

SNSや連絡リストのもうひとつの問題は、誰をフォローして、誰と友だちで、携帯電話番号を交換している相手は誰か、といった友だちの情報を収集することだ。中2〔8年生〕のエイドリアンは、「誰か知ってる子がいたとして、それか、名前を聞いたことのある子がいたとして、ふつうその子にフォローしてもらうでしょう。で、フォローバックするのは、そうしないと変だから」と語る。親は子に、ただ「名前を聞いたことがある」程度の知り合いまでひとり残らずフォローする必要はないし、連絡リストを定期的に見直して、たとえば、誰だったか思い出せない人なら、フォローを外す手もあると、教えてあげよう。もし6年生のお子さんが、グループチャット中に自分の携帯番号を町中に広めてしまったとしても、中学生になって新しい番号にすれば、心機一転、新生活を始められる。

すでに述べた通り、子どもはSNSに投稿するとき、特定の相手を対象としていて、他の人が見ているとはおそらく思っていない。見る人全体を思い浮かべること、そして、自分の投稿が思いも寄らない人にシェアされるかもしれないということを忘れないようにしたい。大人の私たちは、そのまま転送されては困るようなメールを書かないといったことを経験から学んでいるが、実際には、そうとは知りつつも、うっかり書いたことがある人も多いのだ。

子どもたちに次のような質問をしてみよう。

- 自分をフォローしてもらいたくない相手や、ブロックしたい相手を見きわめるには？
- ネットでつながりのある相手が、SNSでつながってくれないとき、相手を失礼だと思うか
- 自分の投稿に対して、思いも寄らない人がコメントしてきたことはあるか。そのとき、どんな気持ちがしたか？

フォロワーと「いいね」――数が多ければ人気者？

「いいね！」やフォロワー数の多さで判断するという問題についてはどうだろうか。実を言うと、私にもその経験がある。以前ＴＥＤトークに登壇し、その様子が（大手バイラルメディアサイトの）Upworthy（アップワーシー）に掲載されると、その後数週間、１日の視聴数が数百単位で増え続けた。その期間は私自身もつい、日に何度も視聴数をチェックしたし、たしかに数がどんどん増えていくことにかなりワクワクしていたものだ。

子どもが仲間のネットワークを築いていくなかで、誰とつながったり、フォロー関係になったりするか、親も一緒に見てみよう。単に、人の動向を知りたいだけの相手だったら、フォローすべきではない。子どもは、学校でみんなが知っている子など、人気者をフォローしたがるものではある。でも、自分と友だちというわけではない相手が今何をしているかなんて、本当に知って楽しいことなのだろうか。その相手がしていることに、自分は関わっていないのに。こういうことは大人にもあって、ＳＮＳ上の数のつながりで判断しがちなときもある。ただし大人は、数ばかり多くても、人としてつながりの弱い関係で占められているユーザーを、うさんくさいと思うことも時にはある。つながりの種類や数は、アプリやサービスによって特徴が決まってくる。たとえばツイッターやインスタグラムでは多数のフォロワーがいるのは当たり前だけど、フェイスブックでは、一部の有名人やビジネス目的ページを除き、もっとお互いの関係性を重視したつながりになっている。

中１〔７年生〕の女の子を対象にしたグループインタビューを実施したところ、フォロワーやＳＮＳのつながりが「多すぎる」と思う数は、相手個人が誰なのか実際に特定できる人数よりも25パーセント多いということが明らかになった。つまり、インスタグラムのフォロワーが３００人いる子にとっては、フォロワーが500人を超えると、「多すぎる」状態になるということだ。

子どもの場合は、クラス替えのたびに新たな友だちグループに属し、そこから抜け出せなくなるものだが、大人の場合は、「人気がある／ない」の範囲以外のところで関係を築いている人がほとんどだ。仕事や家事をこなしながら友だち関係を維持するには、どうしても人づきあいをふるいにかけて、本当につきあいたい相手を優先する面はある。学生時代からの古い友人とか、20代の頃に親しかった友だち、その後仕事や子育てを通じて親交を深めた友だちなどだ。

SNSを使わない子

インターネットでの投稿に、SNSを使わない子も中にはいる。私の知っているアニーという女の子の例。思いやりがあって美術の得意な彼女は、公立のマンモス校に通っていて、ランチの時間は毎日一番仲良しの子と一緒。友だちづきあいはそれほど広いわけではなく、どちらかというと内向的で、控え目な性格だ。美術の才能があって、廃品を再利用していろいろな作品を創り出すのが得意だ。母親も協力的で、地元の若手アーティストを紹介するウェブサイトに娘を登録してあげた。そのサイトで作品を紹介するほか、「Etsy」などハンドメイド作品販売サイトに出品するのが主な活動になっている。それらの場で、彼女は他の若手アーティストと交流し、作品を発表し、感想をもらったりしている。

このように、SNSを介さなくても、オンライン、オフラインの両方で、社交の輪を広げていく方法はたくさんある。この女の子の両親は、娘が11歳の時点で、インスタグラムに投稿してほしくないと思ったという。娘もそれに同意した――自分や友だちの写真を撮りまくって公開することは、SNSの大きな部分を占める要素だが、元々そんなことをしたいとはこれっぽっちも思っていなかったから。

なかには、SNSで嫌な目にあったのをきっかけに離れていく子もいれば、単にSNSそのものが嫌いという子もいる。しばらく離れることで元気を取り戻すこともある。お子さんがもし、SNSを避けているとしても、本人の性格上の理由であれば、心配しなくていいだろう。ただし、ある日突然全アカウントを閉鎖してSNS断ちをしたりすれば、何かとてもマズい事態のように見られるかもしれないので、そうならないよう親が気をつけてあげたいところだ。

新時代の自分の見せ方

SNSが身近にあるせいか、私がワークショップやグループインタビューで話した子どもたちは、仲間に対して、自分をどう見せるかをよく心得ている。たいていの子どもは、自分のプロフィールを見せる対象を、見知らぬ人たちに囲まれた広い世界というよりも、学校やSNSの限られた世界中心に考えている。

親としては、子どもがSNS世界で何をしているかを十分に理解することで、手を差し伸べたり、相談に乗ったりできるようになる。それはなにも、親もSNSに参加すべきだとか、子どもの言葉づかいに合わせるべきだ、という意味ではない（いや、絶対にやるべきではないし）。とはいえ、子ども同士がゲームをプレイし、グループチャットをし、SNSで交流する様子を端から見ると、かなりゴタゴタしているようなのはたしかだし、その反面、内部から見てみれば、子どもたちも目に見えないところでけっこうルールにしたがっていることがわかる――しくじると最悪だけど！　そのようなルールについてお子さんがどう感じているか、仲間同士の世界でお子さんどんな役割を演じているかを知ることは、ルールやアプリそのものの細かな情報を洗い出していくよりも、はるかに大切なことなのだ。

今どきの子どもたちは自分をどう見せるかについて、かなり気を遣っているが、それは将来の就職に備えてというよりも、学校の仲間や、今自分が居場所を模索中の世界に対して自分を表現したいからだ。子どもたちはSNSに投稿後、どれくらいすぐに「いいね」やコメントをもらえるかを予測したりもする。外れだった場合はガッカリするし、その投稿を削除することだってある。ここで、第7章でふれた、（ラジオ番組「ディス・アメリカン・ライフ」に登場した）ニューヨーク市在住の中3〔9年生〕の女の子3人の例を紹介しよう。3人は、司会者アイラ・グラスのインタビュー中に、撮影スタジオで撮った1枚の写真をSNSに投稿し、こんな話をした。

アイラ・グラス（以下ＩＧ）：さあ、これからみんな、何が起きると思う？

エラ：ふつうまあ最低でも――うーん、ふたりくらいからすぐに「いいね」が来るかな、ふつうはね。あ、でもわかんない、まだ朝早いし、みんな起きてないかもしれない。
ＩＧ：朝の11時で、学校が休みの日か。写真を投稿するのに向いてる時間帯じゃないんだね。夜だとふつう、一番「いいね」やコメントがもらいやすいのかな。ええと、今、11時を1分過ぎたよ。スタジオで撮った写真になんの反応もないね。さあどうする？
エラ：あ、待って。「いいね」３人来た。
ジュリア：やった、３人。
ジェイン：誰から？
エラ：３人だけどね。コメントはまだこない。ひとりは私とすごく仲のいい子。あ、また「いいね」来た。ふたり。
ジェイン：ふたり？　よかった、けっこうたくさん「いいね」来てるじゃん。
エラ：３人。また来た。
ジェイン：で、今何人「いいね」来た？
エラ：6人かな。
ジェイン：ホントだ、1、2、3、4、5、6……すぐ6人から「いいね」が来た。けっこうすごいね、エラ。

自分の投稿に反応を求めることと、その反応を予想することは、「公開」の場で育っていくなかで避けては通れない要素だ。親としては、「いいね」ばかりにとらわれる子になってほしくないが、子どもに対して何をしてあげられるだろうか。まず大切なのは、この年代の子どもには、友だちづきあいにおいて、けっこうガチガチな暗黙のルールがあることを理解してあげることだ。たとえば、「あの子たちがどんな人かはわかんないけど、もしいじめたりしたら、あんたとは絶交だからねっ」といったような。

そういった「ルール」について、子どもたちの口から語ってもらう機会を作り、さらに、テクノロジーまわりにくわしくない子どもに対し、SNSでの友だちづきあいに関する暗黙のルールがあるということを説明してあげることは、大きな一歩になる。もしお子さんが、本人の知らないルールを破って地雷を踏んでしまったら、助けてあげよう。みなさんのすべきことは、お子さんにルールをきっちり守る人になってもらうことではなく、お友だち同士でおつきあいする最低限のルールを、お子さん自身が理解できるようにしてあげることだ。このほか、小学校高学年から中学生の時期のお友だちづきあいまわりについては、レイチェル・シモンズの『女の子どうしって、ややこしい!』(鈴木淑美訳、草思社)、ミッチェル・アイカードの『ミドルスクールの子どもたち』(未邦訳)、ロザリンド・ワイズマンの『女の子って、どうして傷つけあうの?——娘を守るために親ができること』小林紀子/難波美帆、日本評論社)などが参考になる。

彼らのルール

以前私は、郊外の高級住宅街に住む中1〔7年生〕の女の子を対象としたグループインタビューを実施した。参加した女の子は全員がiPhone持ちで、インスタグラムのヘビーユーザー（ただしひとりを除く。iPhoneは持っているがあえてインスタグラムをやってない子がいた）。それ以外の子はみんな、自分の写った写真に敏感で、写真についての「ルール」も、本人同士の間でいろいろとあった。

女の子たちは、自分たちがおかれた経済的に恵まれた境遇もある程度自覚していて、旅行で行った高級ホテルやプールなどの写真をシェアするのはマズイよね、と互いに話していた。その暗黙のルールを（うっかり）破ってしまった、ジョスリンという同級生の具体例を挙げて。そのルールは、他のいろいろな暗黙のお友だちづきあいに関するルールと同じで、破って初めて、明らかになったのだった。

同級生のジョスリンは、あるとき外国の高級リゾート地での贅沢な休暇旅行を終え、そのときに撮った写真を学校の課題の一環として、みんなに見せてしまった。それを見た他の女の子たちは嫌な気持ちになり、その旅行に「お勉強」的価値なんてないよね、と思ったという。女の子たちは、ジョスリンのやったことを子どもっぽい自慢だと決めつけた。他の子たち（やはり非常に裕福と思われる）の例を次々に挙げ、もっと「贅沢旅行」をしてる子や、「超豪華な家」に住んでる子もいるけれど、みんなそれぞれ、投稿する写真についてもっとよく「わかってる」と話してくれた。

▼性的な部分がどう見られるか

この、旅行写真をうっかり見せてしまったジョスリンには、もうひとつの問題が起きた。ビキニ姿の写真を投稿したことがやり玉に挙がったのだ。「出るとこぜんぜん出てないのにね」。水着写真やその他特殊な場面の写真を投稿するときは、見せてオッケーの友だちとそうでない友だち、投稿のタイミングなどの、いくつかのルールがあることが、子どもたちの話でわかった。女の子はみんな、露出の多すぎる写真や「エロすぎる」写真をネットに上げないよう、大人から言われている。そして、どうやら仲間たちからどう見られるか、ということについても、投稿写真の明確な判断基準にしているようだ。

仲間に自分がどう見られるかは、子どもが最も気にしていることだ。でも残念なことに、都市部か郊外地域かを問わず、性に関する二重の基準が存在し、見せる相手によって基準が異なるのが当たり前になっている。ビキニ姿の写真を投稿することについてのお作法なんてどこにも書いてないけれど、投稿した女の子は、危ない橋を渡ることになる。自分の魅力をアピールするのはいいことだけれど、「エロすぎ」たり「気合い入れすぎ」たりするのは悪いこと。それに、性的アピールをすると、「誰とでもヤリたがる」イメージがすぐについて回ることにもなり、子どもたちの間で「評判の悪い子」というレッテルが貼られる。そこはもう、私たち親の子ども時代とまったく同じだ。

インタビューをするという、公平な第三者の立場だったためか（それに私からたくさん質問をしたせいか)、女の子たちは、その「ビキニルール」を私にくわしく説明してくれた。そのため女の子たち自身も、これまで意識しなかったルールが具体的になっていった。そのルールとは、「姉妹や家族と一緒に写っているなら、ビキニや水着姿の写真を投稿してもかまわない」というもの。これには、そこにいた女の子全員が同意した。言いかえれば、あまり狙ってセクシーさをアピールしなければ、それでオッケーということだ。女の子にはかわいくセクシーに見られたいという願望があるものだが、その反面、まだ幼いので、けがれのないイメージで見られたいとも思っている。仲間の間で好ましいイメージは、ほんのちょっぴりセクシーだけど、全面的にセックスアピールしている風に見られないように、という辺り。そんなちょうどバランスよく見せるなんて、大人だって難しい話だし、中1の女の子にとっては無理もいいところだ。そう言われてみればたしかに、この「まだあどけない女の子」が「出るとこ出てないビキニ姿」の写真を見せるのは、ルール破りの行為だったということになる。でも、まったく逆の側から見ると、どうだろうか。

インタビューをした女の子たちは、別の同級生の話をしてくれた。やはりルールは破ったけれど、ビキニの子とは違う形だったという。その子はまわりから、かなりセクシーに見られていた。あまりに行きすぎなので、その「エロすぎる」子とつきあわないよう、母親に言われている子も何人かいた。そしてこの問題は、残念なことに、テキストメッセージで晒されることになった。「Mちゃんと遊んじゃダメってママに言われてるの」と、あるグループチャットにメッセージが書き込まれたが、Mちゃんもそのグループのメンバーだったのだ(ヤバっ)。本人の気持ちを煽りたて、事はますますこじれていくことになった。

性的にどう見られるかという問題は、女の子に限らず、男の子にだってあることで、SNS世界で大きな問題にもなりかねない。SNS世界で、男の子も身体について自意識を感じるようになったり、ポルノや性的な写真を「男子のおつきあい」として必ず見なくちゃならないというプレッシャーを強く感じたりする。親のみなさんから男の子たちに、そういう写真を見たくなければ無理に見なくてもいいし、本物のセックスとは切り離して考えるべきだ、と伝えてあげるのが大切だ。実際の相手になる女の子や女性は、AVの台本で男優の演技に反応するのと同じには絶対にいかないということを、男の子たちに知っておいてもらおう。

男の子、女の子を問わず、子育ての大切な要素とは、自己をしっかりと見つめ、性的な面も含めて、自分の外見に自信を持って堂々と振る舞える子を育てることであり、自分や他人をモノとして扱わないようにすることだ。このほか、子育てにおける性問題の悩みに関しては、青少年グループ、ボーイ／ガールスカウト、地域のボランティア活動などとの関わりが役立つ場合もある。

▼子どものためにできること

親として子は心配だが、あまり心配ばかりせず、オンラインで自分を良く見せるために子どもがどれくらいの手間と時間をかけているかに目を向けてやるべきだと、私は考えている。前項では、中学1年〔7年生〕の女の子同士の間で、いくつかの暗黙のルールが明らかになったことを紹介したが、人づきあいのルールは、グループごとにそれぞれ異なるものなのだ。

世の中に一定のきまりがあると知ることは、入り口としてちょうどいい。そして、子どもたちに、自分の仲間同士特有のきまりについて、話してもらうきっかけともなる。世の中のきまりを確認すれば、お子さんやお友だちが、SNSやグループチャット、その他ネットの交流の中で、どんな友だちづきあいをしているかを、理解することにもつながってくる。そういった（ふだんは）言わなくてもわかる、暗黙のルールが表に現れると、子ども同士が仲間の投稿ややりとりをどれだけ細かく見張っているかや、仲間が自分について投稿した内容に、どれだけ注目しているかがわかってくる。みなさんは、子どもの相談相手になるにあたり、手がかりになる情報はすべて知っておくようにしよう。

他の子に対して強く否定的な評価をしない、そして自分の投稿が否定的に評価されたとき、ストレスにうまく対処する。子どもにこのようなことを伝えておきたい。子どもは、自分なりのおつきあいの輪を作っていくが、その中で、いつのまにかでたらめなものを含む、自分たち独自のルールを作りだしていっているのだ。

お子さんに、こんな質問をしてみよう。

- もしあなたが、「○○○利用ガイドブック」を作って、SNSサービスやお気に入りのアプリを他の子に紹介するとしたら、利用中の失敗やトラブルを避ける方法として、どんなことを伝えてあげられるか
- その「ルール」は男の子、女の子共通か、男女で別のものか。その理由は？

- あなたが変えていけそうな「ルール」はあるか
- これまでSNSを利用していてストレスを感じたことは
- SNSの自分なりの息抜き法は
- みんなから「いいね」が欲しいがために投稿をしたことはあるか
- 投稿にほとんど反応がなかったとき、それを削除すべきだと思うか

▼人から見られる自分をどう表現するか

あるとき、私のワークショップに参加した子どもたちに、いろんな子どもの写った写真を見せてみたところ、さまざまな意見が飛び交った。「この男の子、だらしなさそう」とか「あの女の子、気合い入りすぎ」「笑い方がバカっぽい」などがよくある意見だったが、他には、これはインディアナポリスのある学校でのことだが、あるお金持ちの子の写真を見た子どもたちが、「〝カーメル〟の子だ」と、郊外の高級住宅街の名を口にした。実際の写真は、ミネアポリスの高級住宅街で撮ったものだった。つまり子どもたちは正しいときもあれば、間違っているときもある。このときの子どもたちは、自分たちの知る土地の感覚だけでいろいろと勝手に推測していた。会話を聞いていると、人物や服装、場所など細かな情報を手がかりに撮影場所を割り出そうとしている様子がよくわかる。この例でいうと、写真の人物は、住宅地の車道の袋小路部分で、手前の緑地に立っていたことから、郊外の住宅地という推測は理にかなっていた。でも、ある女の子を指して、子どもたちみ

んなが「調子に乗ってる。ジコチューだよね」と評した理由は？　こんな時は、ただ単純に、相手をどうこう評価するのを子どもに止めさせようとしてもダメだ。それよりも、まず写真を見た第一印象やその理由を子どもに語ってもらったうえで、知らない人のことを、写真だけ見て相手のことを判断してしまいがちだと、伝えてあげるのが賢明だ。

他人について評価する正しいやり方を、親の私たちが示すこともできる。たとえば、お子さんとこんなゲームをやってみよう。他の子どもの写真をいろいろ見せて、お子さんに人物評価をしてもらう。写真に写った人や、撮影された場所や状況がわからない時は、評価が辛口になったりもする。だけど、今どきの子どもは、ちゃんと写真に写った情報からいろいろな背景を把握できるはずだ。勝手な推測をせずに相手を評価するお手本を親が示してあげよう。背景に写ったいくつかの手がかりを除けば、写真の人物についてほとんど知らない、ということを示してあげること。写真に写った以外に、その人物について知る他の手がかりや状況について話してあげよう。

中2〔8年生〕のグループに、一度も会ったことのない人物の写真を見たことがあるかと尋ねてみたところ、ほぼ全員が手を挙げた。次に、その人物に実際にあった時、写真で受けていた印象と違っていることに驚いたことがあるかと尋ねたところ、これにも多くの子が手を挙げたのである。

お子さんのネット上の足跡

私は「ネットに残った足跡（digital footprint）」という言葉が大好きだ。足跡を残すということは、一歩ずつ先に向かっているということだからだ――進歩や成長はすばらしいことではないか。といっても、その一歩ずつの足跡は、自分のあとに何かを残していくことでもある。なかには、風の強い日に砂地を歩いたときみたいに、すぐに消えてしまう足跡だってある。でも、固まる前のコンクリートをうっかり踏んだときのように、もっと長い時間残る跡もある。何が残るかは、情報の前後関係次第だ。

「足跡」という言い方はどちらかというと比喩的な表現だ。本人たちが意図して残すつもりがなくても、ネット世界ではいつのまにか、自分の痕跡を残してしまうものだからだ。フェイスブックに投稿した1枚の写真、送信した1通のメール、携帯電話から発信した1件の電話、それらひとつひとつの行動をとるたびに、私たちはデータを作りだしている。データが十分にそろえば、1枚の写真から、どこにいたか、何をしていたか、誰と一緒にいたか、すべてわかってしまう。

これまでとはまるで違う世界がそこにあると思うと、なんだかゾッとしなくもない。思いきって、もう「ネット離れ」したくなるという人もいるかもしれない。でも私たちは、最新技術の便利さと引き換えに、この目に見えない不自由さと毎日向き合っているのである。だからまずは現実に向き合って、自分のネット上の足跡とうまくつきあっていく方法を探ってみよう。さらに、もっと重要なことだが、子どもたちの判断力を高めるために、データの集め方を理解できるよう手助けしてあげよう。

「捕獲」と「晒し」

親や教師は、子どもがネット上に残す形跡についてともすると心配になりすぎる面がある。慎重な行動を取るべきということはある程度常識になっているが、根も葉もない都市伝説が広まっている面もある。SNSが悪い結果をもたらす否定的な話、悪い噂が立って、評判が落ち、修復できなくなるといった話を、みなさんも何度か耳にしたことがあるだろう。

SNSで人の投稿などを広める、有害な「捕獲」や「晒し」は本当に嫌なものだ。相手を嘲る悪質行為であり、ひとつの無責任なツイートのせいで、誰かが職を失うことにもつながってしまう。夏休みにバイト先の制服が気に入らなかった子が、そのことをツイートするのは、判断ミスだといえる。そう、それは本人のミス——自分でツイートしたんだから。だけど、もしその子が、どうしても辞めるわけにいかなかった夏のバイトをクビになったとしたら、それを聞いた人は楽しい気持ちがするだろうか？　何百人もの人に話題のネタにされる必要があるだろうか。その子にとっては、バイト先をクビになっただけでもう、とんでもないショックなのに！［★7］

子どもは、冗談とそうでないことの線引きを模索している段階にあるために、そういったミスをうっかり犯しがちなものなのだ。私たち親（や教師）自身だって、そういうミスを犯さないよう気をつけなければならない。子どものミスを指摘することが、決して「捕獲」することになってはならない。子どもたちは今まさに、人づきあいの方法を探りながら学んでいるところであり、健全なやりとりを育んでいく必要があるのだ。だから親としては、手を貸してあげるのが現実策だけど、それよりもっと大切なのは、ミスを犯してしまったときに、それを修復する方法を教えてあげること。相手に許してもらうにはどうすればいいか。二度とそんなミスを犯さないようにするにはどうすればいいか、といったことだ。

私が16歳の頃、友だちに、ヒトラー関連の悪趣味なジョークを作ってばかりいる子がいた。当時は校庭や学生寮で、そういうジョークが——たとえ有害なものであっても——どこかに記録が残ることはなかった。大人になった今、その友だちは映画業界で、とある立派な職に就いている。ぶっ飛んだユーモアセンスは健在だが、さすがに大人の賢明な判断も備わって、ヒトラー関連のジョークをツイートするには至っていない。

さて時代は変わって、今どきの子どもたちだ。悪質なジョークをひとつでも、インスタグラムやツイッター、スナップチャット（そう、すぐに消えてなくなるスナップチャットでもだ！）に投稿すれば、何年もずっと残ってしまう。どんな意図や目的であれ、一度投稿した内容は取り消せないのだ。SNSをはじめ、メールやチャットなどネット上でのコミュニケーションは、どれも消えてなくなるように思えるけれど、だまされてはいけない。ネット世界で立派な人になるには、オフラインと同じように、オンラインでも賢く行動することだ。

もしお子さんのお友だちや同級生が、どう見ても悪意のある内容を投稿——またはマズいことをコメント――したところを見かけたら、相手にきっぱりと、こう伝えられるようにしてあげたい。

「ウケると思って書いたんだろうけど、それぜんぜんおもしろくないから」。

お子さんとこんな話題から会話を始めてみるのはどうだろうか。

- お友だちがグループチャットでウケをねらっておもしろいことを言おうとしたけど、かえって誰かを傷つけてしまったところを、これまでに見たことがあるか
- 実は悪意があるのに、「ＪＫ（ちょっと《Just》ふざけただけ《Kidding》）」や「ただの冗談だよ」と発言している人はいると思うか

▼シェア、投稿を練習してみる

これまで私は、子どものネット上の形跡を扱っていく方法についてで親御さん方を支援してきたなかで、親というのは失敗や誤った行動についてよく心配するものであり、マイナス面ばかり気にしすぎる傾向にあるということに気づいた。子どもはどのみち将来学校を卒業し、その後就職するのだ。たとえ12歳の頃Tumblrブログに書いた文章に、スペルミスがあったとしても。

大人が子どもにしてあげられることとは、子ども自身が得意なことを見つけて、自分なりに良くできた作品や、納得のいく自分を見せられるよう、背中を押してあげることだ。そういった形で子どもの力になることとは、子どもの誤った行動を「かばう」ことや、悪い評判を「かき消す」ことよ

りも、はるかに子どもの役に立つ。それに、子どもが創造力について学ぶうってつけの機会にもなる。学校内のブログなどは、お子さんにとって、自分の作品を紹介して「有名」になる練習の場としてぴったりだろう。

もし何か深刻な問題が起きて、将来お子さんが大学に出願する際、詳細を説明する必要に迫られた時には、お子さんをよく知る学校の先生や習い事の先生に相談するといいだろう。いざとなれば、仮に失敗があっても、状況や説明のしかた次第で、きっと理解してもらえるはずだ。

▼SNSプロフィールを定期的にチェック

私は、親のみなさんやお子さんが利用中のそれぞれのSNSアカウントを、せめて年に2、3回はチェックして、プライバシー情報の見直しや公開検索エンジンで表示される情報の確認をすることをおすすめしている。お子さんは動画や写真を投稿している？　主要な検索エンジン1、2種類で検索してみるといいだろう。万が一、なにか好ましくない情報を見つけたとしても、取れる手段はいくつかある。その画像や文章を投稿した本人に連絡を取り、削除を依頼する。たとえば、SNSの投稿でプライバシー設定をほとんどしていないものは、ネット検索に表示される場合がある。お子さん自身のSNSのタイムラインに載った投稿であれば、お子さんが削除することもできるだろう。ネットのアーカイブから完全に「削除」されていなくても、その投稿自体を削除することで、検索結果に年中表示される事態は、いくらか軽減されるようになる。

▼本当のファン――礼儀正しく交流すること

ネットで礼儀正しく交流するよう子どもにアドバイスをするには、ブログのコメント欄を活用するのが一番だ。自分のブログで、コメント欄の運用方針を決めるようすすめてみよう。よく見かけるルールに「私の書いた記事全体をお読みいただいたうえでコメントください」といったものがある。しかし、せっかくそう明記しても、ちゃんと読まない大人たちが書きこんだ悪意のあるコメントがずらりと並ぶ――そんなコメント欄、みなさんもきっと見たことがあるはずだ。

別のやり方として、コメント欄を承認制にするよう設定しておく方法がある。そうすれば、親も事前に目を通すことができる。ただし、けっこう手間がかかるので覚悟して！　それをやる位だったら、お子さんをネット世界から完全に遮断してしまう方が、はるかに楽かもしれないほどだ。諸事情から親のみなさんがお子さんにアドバイスする時間がないなら、むしろその方がいいくらいだ。

もうひとつ言えば、各コメントの文体やムードは、子どもが特に敏感になる部分だ。いったんもめごとが起きれば、内容を問わず対処は難しくなるし、それは大人だって同じだ。オンラインでのやりとりには、話がこじれる要素が必ず加わってくるものだ。直接会ったことのない相手に共感するのは大変だし、ブログのコメント欄は、そこに書かれた内容でのみ判断されるからだ。

お子さんにこんなことを聞いてみよう。

● 同意できない内容のブログ記事に対して、反応すべきかどうか。反応すべきでないのはどんな時か。

- 読んだ記事などに対し、相手を尊重しつつ、しかるべく反論するにはどうすればいいか
- 同意できない場合、相手を論破しようとして、証拠や、きっちりした論拠を持ち出したりするか
- 誰かに対して、いじわるなコメントをしているのを見かけたら、何をする（しない）べきだろうか

こういった話題を事前に子どもと話し合って記録に残しておけば、実際に問題が起きた時の備えになる。子どもは実践と失敗を繰り返しながら学んでいく過程にあるけれど、親子で話し合うことで、子ども自身も何かのヒントを得ることになる。コメント欄の運用方針を、自分で決めてもらうことで、全体のバランスを取ることを子どもが学ぶきっかけになる。コメント欄の管理にばかりとらわれていては、相手との交流がおそろかになるし、かといって自由に放置すれば、人を傷つける発言が出て来たり、あまり意味のある会話もできなくなったりする。まさに人生勉強のひとつなのだ。

▼データの足跡を残す

SNSは決して無料というわけではない。たしかにみなさんは、フェイスブックやGoogle、その他ソーシャルプラットフォームに直接料金を支払ってはいないけれど、無償のサービスなどではないのだ。あなたはそれぞれのサービスに対し、データを提供するという形で代償を「支払って」いるのだ。ちゃんと読んでいないかもしれないが、みなさんはサービスの利用を始める際、画面に

表示される「利用条件（TOS）」や「エンドユーザーライセンス契約書（EULA）」に対し、「同意」をクリックしているのだから。そういった文面はわざと難解な書き方をしてはいるが、要は無料でそういったサービスを利用するのと引き換えに、みなさんがやりとりするデータを、企業側が利用することに同意する、という内容なのだ。

なんだか恐ろしい、でしょ？　まさか企業側が不正な目的でデータを利用しようと考えてはいないと思うが、善意のためというよりも商用目的でサービスを提供しているのは間違いない。そういったサービス自体、ユーザーとの信頼関係のうえに成り立っているビジネスモデルなので、その信頼を損ねるような活動をする意図が企業側にあるとは考えがたい。それでも自分のデータがどのように利用されるのかを意識しておくのはいいことだし、それによって、自分の投稿を安心して「調整」し、お子さんにも同じ行動を取るようすすめてあげられるようになる。

ネットでの行動すべてがデータ形跡として残っていくのだ。サービス提供企業側は、あなたの投稿やコメントをいちいち見たりはしない（興味すらない）けれど、「ボット」を使って、キーワードを拾ってはいる。これによって悪影響はあるだろうか。なにも影響ないという人もいるだろう。みなさんの感じ方はそれぞれだろうが、いずれにしても、自分のデータがどう利用されるかを知っておくことは、ＳＮＳとのつきあい方を知るうえでプラスになる。ひとつひとつのやりとりをするなかであなたはデータを生み出しているし、そのデータはあなたの人となりを表すものなのだ。それをうまく扱うたったひとつの方法は、あなた自身がデータの内容に気を配っていくことに他ならない。

▼位置情報のタグ付け

自分が今いる位置を一般公開してしまうと、毎回必ず大問題になるというほどではないにしても、人にけっこう見られてしまうのはたしかだ。お子さんがＳＮＳのアカウントを設定・更新する際、あなたも一緒に、設定画面を見てみるといい。位置情報の設定は既定でＯＮになっている場合があり、思いもよらないところで自分の位置情報が公開されていることがあるのだ。

お子さんと位置情報について話し合い、意見を聞いてみよう。話すうちに、毎回の投稿で、自分が今いる場所を、それを見た全員に知らせるのがあまり良いこととはいえない理由がいろいろと見えてくるはずだ。安全や防犯の問題は言うまでもないけれど、ひょっとして、自分の居場所を知らせたことで、友だちを傷つけているかもしれないなんて、お子さんは考えたことはあるだろうか。リアルタイムで居場所を知らせることで、その場にいない子を仲間はずれにしていることをわざと知らせる作戦に使う場合だってあるのだ。位置情報がＯＮになっていると、昨日いた場所（または１時間前にいた場所でも！）が知られることになり、友だち同士のトラブルの原因にもなりうるのだ。

プライバシーと個人情報の公開

本章前半でも述べたように、親（や大人全般）には、今どきの子どもたちがプライバシーを大事に思っていないと、勝手に決めつけている節がある。どうしてかって？　それは10代の子たちがフェイスブックで「暴言」を吐いたり、ツイッターで不当に「暴露」したり、秘密にしておくべき写真をシェアして広めたりしているからだ。

今も忘れられない話だが、私が中学1年〔7年生〕のある時、友だちと一緒に家まで歩いて帰っていると、その子が、自分の両親が大嫌いだと打ち明けてきた。それまで親が嫌いなんて思ったこともなかった私は、とにかく話を聞くだけ聞いた。その後も、その話は私の頭を離れず、どういう意味か考え続けた。やがてその子ともっと親しくなるうちに、その子が親に対して、深い怒りを抱くのも当然だとわかった。その時、その子が心を開いて語ってくれたのは、個人的な心の深い部分に関わる本音であり、私もそれを受け止めることができた。では今この時代に、同じ話題をSNSで持ち出したらどうなるだろう。「両親が大嫌いなの」とひと言書いても、軽い気持ちか、ただの冗談と思われてもしかたがない。あるいは、思った以上に、深刻に受け止められてしまうことだってあるかもしれないのだ。

たしかに、SNSと下校時のリアルな会話とでは、あまりにも勝手が違う。でも、問題なのは、子どもたちの中にプライバシーという感覚がないからではなくて、場に応じたつきあい方をよくわかっていないことなのだ。両者の違いと、それぞれの場でうまくやっていく方法を子どもに教えたくてもなかなか一筋縄ではいかない。

そう、たとえばみなさんが、ある友だちに腹を立てたとしよう。みなさんは、怒りをぶつけたくてたまらない。そこで別の友だちを呼び出して、話を聞いてもらう。洗いざらい何もかも。ああ、すっきりした。で、おわかりの通り、みなさんはここで同時に、爆弾をひとつ抱えることになる。ここで洗いざらい話した内容が、腹を立てる原因となった子の耳に入るかもしれない。でもたとえばこの話を、リアルに会って話すかわりに、Tumblrに投稿して別の友だちに読んでもらうとする。そしてその3週間後、その子に偶然見られたとしたら、どうなるだろう。おそらくその時点までは、個人間で解決した問題だったのかもしれないが、SNSに投稿したことで、この先もずっと「残る」ものになってしまった。わざとではないし、一見消えてなくなるようにも見えるけど、実質的には、永久保存の記録となったのである。どうしてなのか子どもに理解してもらうのは、ほとんど無理といっていい。こんなとき、親として次のようなことができるだろう。

- 家族のSNSルールを作る——投稿していい内容とすべきでない内容について。それぞれのルールの細かい部分について、直接話し合うようにしよう。
- お子さんに、本物の友だちや家族を登場させて、いろんな状況を仮定してもらい、その対策を考えてもらおう。そうすれば、お子さんもきっと、本物の感情や相手を思う気持ちを考えながら、いろいろな状況に沿ったルールがわかるようになるだろう。
- 周りの友だちが「間違った」行動を取っている例を、お子さんに探してもらおう。実例を挙げることで、お子さんがSNSでの行動を批判的に見ることができるようになるし、親のみなさんにとっても、お子さんがどんな判断をするか、見てあげる機会になる。

子どもたちの未来を生きる知恵

本章でとりあげた問題のなかには、進んで考えたくないような問題もあるかもしれない。でも、どうかみなさんには、あまり重くとらえず、励みに思ってほしい。子どもたちがデバイスやネットを利用するなかでやってしまいがちな失敗の多くは、実生活のなかにも存在することなのだ。ネットでのつながりが事をいっそう複雑にしているだけの話。時には、大人が子どもの行動に対し過剰に反応してしまい、事をいっそう荒立ててしまったりもする。でも、どうか忘れないで。子どもたちにはこれから先、このデジタル世界で、さまざまなことを学び、創り出し、発信していく未来がある。子どもをしっかり支えてあげるなら、悩みや問題よりずっと、未来にひろがる可能性の方がきっと大きくなるだろう。

おわりに　デジタルシティズンシップ——新しい社会に向けて

デジタルとリアルが共存しつながり合っていく時代、子どもたちにはぜひしっかりとした「デジタルスキル」を身につけていってほしい。それは、まわりの人と関係を築き、それぞれの関係のなかで自分も成長していくためのスキルでもある。社会のなかでひとりひとりがしなやかに生きる力を持った人間へと育っていくには、このデジタルスキルが不可欠なのだ。

▼デジタルスキルとは

● 子どもたちがいまの社会、そして未来をすこやかに生きていくために、欠かすことのできないスキルである。時間ができたら身につけようという「ついで」のスキルではなく、今日から身につけていきたい必須のスキルだ。

● それはキー操作やプログラミングの方法といった、アプリやデバイスの機能や操作のスキルではない。

● それは「関係」についてのスキルだ。人とのつながりのなかで築いていくもの。人と信頼関係を築くためのスキルと言ってもいい。

このうえ何か勉強しなければならないの？　と途方に暮れる人もいるかもしれない。でも、少なくともみなさんは、子どものよき相談相手になれるはず。幸いなことに、子どもたちは本当のところ、みなさん方大人の助けを必要としている。もちろん子どもの相談相手になるために、大人が新たに学ぶべきこともある。

- 子どもにアドバイスをする前に、親自身のテクノロジーとのつきあい方を見直していこう。親のテクノロジーとの関わり方は、子どものモデルにもなる。
- 当の親自身が「こんなのワケ分からない」と言って、ネットから離れたりしないようにしよう。子どもは、このまったく未知の世界を渡っていくにあたり、親の道案内を頼りにしているのだ。
- 子どものデジタル世界について知ることも必要だ。子どもが新しく何か始めるときに備えて、それぞれのステップ（初めてのメールアカウント、初めてのスマートフォンなど）を親が理解し、手助けをする準備をしておこう。
- デジタルリテラシーを身につけるには、ある程度の知識や経験が必要だ。幸いにも、それは今からでも学ぶことができるものだ。

お子さんの使うアプリやデバイスをくわしく知らなくても大丈夫。知識の面では子どもにかなわなくても、親のみなさんには人生における経験と知恵がある。子どものよき相談相手になるために何より大切なのは、互いによく話をすること、子どもの生きる世界に共感し、子どもを知ろうとする気持ちだ。親が理解しようとしていることが伝われば、子どもも安心して心を開くようになる。

子どものデジタルコミュニティの片隅に、親もメンバーとして加えてもらえるようになれば、子どもへの助言者という役割が親にも自然と備わってくる。でも逆に、親に常に見張られ、監視（モニタリング）されていると子どもに思われてしまうと、困ったことが起きても子どもは親に相談してこなくなるのだ。

とはいえ、子どもは（たいていの場合）うまくやっているという点も心に留めておきたい。子どものやることなすことすべてを心配に思わなくてもいいのだ。

▼子どものよい相談相手になるは……

- 子どもにはテクノロジーの知識が豊富にある。だからといって、子どもは知恵に富んでいるわけではない。この両面を理解しよう。
- 子どもには創造性と洞察力がある。それでもやはり子どもは、大人のお手本や助けを必要としている。この両面についても理解しよう。
- 子どもは上からコントロールする人よりも、同じ目線で一緒に考えてくれる人を信頼するということをふまえておこう。
- ただ単に、デバイスの利用時間を制限するだけでは状況は改善しないし、きびしく監視すればするほど、子どもに信頼してもらえなくなっていくということを知っておこう。
- 間違った行為をした現場を取り押さえようと見張るのではなく、子どもが適切な行動ができるよう手を貸してあげよう。大人の不安や心配を行動の動機にせず、子ども自身が学び、発見する機会を与えていこう。

- コンテンツをただ消費するより、子ども自ら何かを創り出すことに価値を見出していこう。
- 子どものしなやかな考え方に寄り添うためにも、大人自身が好奇心を持つことを大切にしよう。
- テクノロジーが人とのつながりに関わる今日、友だちづきあいは以前よりいっそう複雑になっていること、子どもがよい人間関係を築いていくために大人の助けを必要としていることを知っておこう。
- 子どもが自分の個性を探ることは、大人へと成長するための大切なステップである。それと同時に、ネット上に個人情報が残る危険性もある。この両面を踏まえておこう。
- 子どものデジタル世界がより豊かなものになるよう、親子一対一の関係だけでなく、家族や友人、地域のなかで一緒に考えていこう。

あとはみなさん次第! デジタル時代のシティズンシップ

テクノロジーに囲まれ、ネットとリアルが共存する現代社会。そこで起きるさまざまな問題は、みなさんひとりで解決できるものではない。大人と子ども、または大人同士が互いに話し合い、一緒に考えながら解決していくものだ。

- まずむやみやたらにテクノロジーにおそれを抱くのはやめよう。親が不安がったり、あれこれと悪い想像を膨らませたりせず、子どもに使う機会を与え、目の前で起きる事実だけを見るようにしよう。

● テクノロジーに積極的に向き合おう。うわべだけでない、テクノロジーの可能性を知っていこう。

● 子どもの好奇心を大切にしよう。子どもの心は活発に動いている。テクノロジーを子どもが新しいことを学ぶ手段のひとつとして上手に活用すれば、子どもは本来持ち備えた創造性を、いっそう発揮するようになるだろう。

● 子どもたちの創造性にわくわくする気持ちをもとう。子どもは大人をお手本にするものだけど、大人だって子どもからたくさんのことを学んでいけるのだ。

● 子どもは可能性にあふれた存在だ。子どもがふだん生きている世界を知ろう。子どもの世界に招き入れてもらえる大人になろう。

● 大人と子どもの間に、誤解やすれ違いは必ず起きるものだ。大切なのは、ひとつひとつの問題にきちんと向き合い、互いの認識の違いを話し合うことだ。

コミュニケーションのツールは変わり続けても、人が生きていくなかで、ずっと変わらない大切なことがある。それはデジタル、リアルを問わず、社会のなかで個人としてどのように振るまい、人と関係を築いていくか考えること。未来の社会をしなやかに生きる「デジタルシティズンシップ」を考えていくのは、私たち大人の責任だ。これからを生きる子どもにとってだけでなく、家族や学校、地域にとっても大切な課題なのだ。

さあ、さっそく始めよう。子どものよき相談相手になろう。みなさんなら、きっと大丈夫。

謝辞

長年ホームグラウンドだった学問研究の世界を飛び出して、「デジタルネイティブ子育ての会」を設立して以来、胸躍るときめき、苦労や悩み、そしてこのうえないやり甲斐と満足感をすべて同時に経験することになり、それは今もなお続いている。私をこのような仕事に導いてくれた、両親をはじめお世話になった先生方、そして講演やワークショップなどで、現代っ子特有の喜びや悩みの数々を本音で語ってくれた多くの子どもたちに心より感謝している。

本書制作にあたり親身に力になってもらったうえ、刊行への気持ちを高めてくれたジル・フライドランダーとエリカ・ヘイルマンに感謝を述べたい。スーザン・ラウゾーは、本書を世に送り出すため、一貫して編集者の立場で尽力してくれ、ジル・ショーンハウトはその優れた知識や見解で本書を完成に導いてくれた。各位の編集過程における忍耐と見識に感謝する。また、本書刊行に向けて親身に企画を練り、尽力してくれたビブリオモーションのアリシア・シモンズ、アリ・シューケット、シェヴォーン・ベツラーにお礼を申し上げたい。名門出版社であるビブリオモーションの執筆陣に名を連ねることになり光栄である。作家仲間のヴィッキー・ホエフルは、執筆中のアイデアをはじめ、読者である親御さんに向けて役立つ情報を提供する方法について、さまざまなヒントを与えてくれた。

本書執筆中に賢明なアドバイスをくれた、ロン・リーバー、メアリ・オドノヒュー、デボラ・ギルボア、アニー・フォックス、デボラ・シーゲル、キャリー・ゴールドマンにお礼を申し上げたい。フェイスブック上に開設した「デジタルネイティブ子育ての会」グループでは、メンバーである多数の優秀な親御さんや先生方が、最新の教育事情に対し鋭い見解を示してくれる。ジーン・ウォルソーガザ、ミシェル・リンフォード、ショシャーナ・ワスコウ、マリア・ザバラ、ジーン＝マリー・オルソン、エレン・ゼメル、メリッサ・デイビスをはじめ、同グループ内のメンバーの皆さんには、私の考察を進めるにあたり、大いに力になってもらっている。ジェニファー・フォースバーグ、ロイアン・フィリップス、デビ・ルイス、ピーター・エクスタイン、カシー・ベル、エイミー・ニューマンほか、本書への意見を惜しげなく寄せてくれた、賢明で寛大な方たちに深く感謝している。

コンテンツ作りの天才であり構成力に優れたマイケル・ボージの存在なくしては、私は本書を完成させることができなかっただろう。ＴＥＤｘトークの登壇から本書刊行に至るまで、マイケルが私に投げかけてくれた的確な質問にいつも助けられ、彼がチームの一員であることをとてもありがたく思っている。マンディ・ホルムスは「デジタルネイティブ子育ての会」公式サイトを円滑に運営してくれ、アリシア・シニア＝セイウェルは私の作業を手伝ってくれている。ナターシャ・ヴォロンピオヴァはサイトのシステム設計、クリスティ・フルスカはその実装を担当してくれた。キャリー・コラースは聡明な戦略とコーチングを提案してくれ、私の仕事が実社会で必要とされるためのさまざまな戦略を考えてくれた。キャロリン・オーは私がワークライフバランスを見いだせるよう力になってくれた。ジェシー・シュタンシュスは私のロールモデルであり、機知に富む秀才であり、大切な友人でもある。このような素晴らしい従姉に恵まれて幸せだ。ジル・サルズマンは多数の新事業創設者を世に送り出してきた。各創設者は自分のＴＥＤｘトークで、彼女についても紹介すべきだと思う。カレン・ジェイコブソンからは多くを学び、協同で仕事をするなかで楽しい経験をさせてもらった。エイリーン・ロックフォードとジーン・シーガルは共に広報宣伝のプロであり、10

代の子を持つ素晴らしい親でもある。

以下に挙げる友人たちは、執筆と講演旅行に明け暮れた超多忙な1年間、私の正気を保つ手助けをしてくれた。ナディア・オールソン、ギリト・エイブラハム、マイケル・デイビス、メアリ・アボード、ローレン・リバーガー、サラ・レバイン、サニー・シュウォーツ、モイラ・ヒンデラー、リズ・ダフリン、ジョアニー・フリードマン、ジョン・ストーパー、リサ&ダン・スナイダーマン、ローリー・バプティスタ、トッド・クリチマー、ナオミ・シュラグ、マーブ・ホフマン、ロズリン・ブラウン、タマル&エリオット・フロリッチスタイン＝アッペル。また、友人であり豊富なアイデアの持ち主であるパートナー、サラ・アイには本書のタイトル決定に至る案を挙げてもらい感謝している。このほか、「デジタルネイティブ子育ての会」設立の際に協力してくれた友人たちであるステファニー・シュワブ、ジンジャー・マリン、クリステン・ホフマンSr.、シェリー・プレボストは、今も意見やアイデアをくれ、私を支えてくれている。また、自身の出来事や本音を語り、さまざまなヒントをくれた、多くの友人たちや小学生、ミドルスクール生、ティーンエイジャーたちに感謝を伝えたい。

全米各地の小中高校や各種セミナーで私の講演を聴いてくれた皆さんには、それぞれのテーマにおいて、貴重な意見を寄せてもらった。会場で寄せられた数々の質問は本書中の各所に引用し（名称は仮名）、おかげで本書の内容がいっそう充実したものになった。本当にありがとうございました。デジタル時代の子どもたちを支えていくという私の活動テーマに関し、多くの優れた先生方や学校関係者から学んできた。すべての先生方に感謝を申し上げたいが、特にジル・マラルド、ジーン・ロビンス、デイブ・パルゼット、スティーブ・デンボ、カール・フッカー、チップ・ドノヒュー、アマンダ・アームストロング、タマラ・カルドーに謝意を述べたい。ラジオ番組「ディス・アメリカン・ライフ」のホスト役アイラ・グラスと番組スタッフの皆さん、素晴らしく示唆に富んだ放送内容の引用について快く承諾いただきありがとうございました。デジタル世界で子どもから大人になっていくことについて、さまざまな意見を語ってくれた、数え切れないほど多くの10代の若者たちに感謝している。本書がこの若者たちの考え方を整理するのに役立つことを願うのと同時に、将来彼らが自分自身の見解について執筆した暁に、それを読むことを楽しみにしたい。

素晴らしい家族を持って心から感謝している。私の仕事について一緒に考えてくれ、出張のときは家庭を支え、仕事中や講演出張中に息子ハロルドを遊びに連れ出してくれた。大好きな姉サラ・ハイトナーからのテキストメッセージは、私を楽しく和んだ気持ちにしてくれる。いつも刺激的で支えになってくれるイーサン・ハイトナー、そしてアントニア・ハウスも最高の家族だ。セス&グレン・ゴールドマンとその家族にも心から感謝している。

ハワード&ルイス・ハイトナーとレノール・ワイスマンは、息子にとって最高の祖父母であり、私たちの頼りがいある両親でもある。

最後に、夫ダン・ウェイスマンに最大の感謝と愛を捧げたい。年中出張や執筆に追われる私に忍耐強くつきあってくれ、原稿に編集者視点での効果的なアドバイスをくれ、いつも公私にわたり支えてくれている。あなたと息子ハロルドは、まさに私の人生を照らす光である。

（敬称略）

解説「子どものケータイ利用に関する調査」から

株式会社 NTTドコモ モバイル社会研究所

本書は教育のICT化のすすむ米国での状況が前提となっており、子ども1人に1台タブレットやパソコンなどのデジタルデバイスを与える「1対1（1人1台）プログラム」についても度々言及されている。宿題によるデバイスの持ち帰りなど、親の判断以前に否応なく家庭の中にデジタル世界が入りこんでいる米国の様子が、本書のはしばしから伝わってくる。

日本では、一部ICT教育に積極的に取り組んでいる学校はあるものの、後述のように多くの小中高校ではデジタルデバイスの持ちこみや利用が制限されているのが現状で、米国のように学校側で子どもにデジタルデバイスを与え、宿題や勉強をさせる機会は少ないといえる。「デジタルデバイスを与えるかどうか」「それをどのように用いるか」は、日本ではまだまだ親に託されている部分が大きいといえるだろう。

モバイル社会研究所では、日本の子どもたちが、どのようなデジタル環境にあるのかを「子ども調査」として継続的に調査を続けている。特に、スマホ・ケータイの使われ方を量的に把握する調査を定期的に実施している。本稿では、日本での子どもたちのモバイル機器の使用状況と親たちのかかわりを「子どものケータイ利用に関する調査」の結果［★1］から見てゆきたい。

1　スマホをいつから持たせているか

子どもがある程度大きくなるまでスマホを持たせないという方針の家庭や学校は多い。関東1都6県の小中学生の保護者にスマホを持たせてもよいと思う年齢をうかがったところ16歳が26％、13歳が24％であった。本書によれば、米国でもその認識はあまり変わらず、多くの親たちが、子どもが中高生になるまでは、できればスマホは持たせたくないと考えているという。

しかし、調査の結果を見てみると、たとえ自分専用のスマホを持っていなくても、スマホはもっと早くから子どもたちに浸透しつつあるのが実態だ（図1）。弊所の調査では、家庭内で保護者のスマホを借りて使うなど、家族で共有しているものを含めたスマホ利用率は、小1〜小4の低学年でもおよそ3割となっており、5、6年になると4割以上に上昇する。中学生になると、利用率は一気に上がり7〜8割の子どもたちがスマホを利用している。自分専用のスマホを使いはじめるのは小6では2割だが、中1では6割に一気に拡大する。

なぜ中学になるタイミングで子どもはスマホを欲しがり、持たせる保護者が増えるのだろうか。

スマホを持たせはじめた理由を保護者にたずねたところ、11歳以下で持ち始めた子どもの場合は「緊急時に子どもと連絡がとれるように」が過半数を超え比較的多い。児童クラブの利用は小1〜小3が82％を占め[★2]、小学校4年生以降は、児童クラブから塾などに切り替え、通い始める子どもが多く、親子間で連絡を取り合う機会が増えることが想定される。「スマホを持たせる」のは、必ずしも子どもが欲しがるからとは限らず、安全等の大人の事情による理由も少なくない。

図1 利用しているスマホ・ケータイの種類（SA・学年別）

＊ 関東1都6県在住の小中学生の保護者500名に、
「あなたのお子さまが利用している機器について教えてください。
家族などで共有しているものでも構いません」と質問。

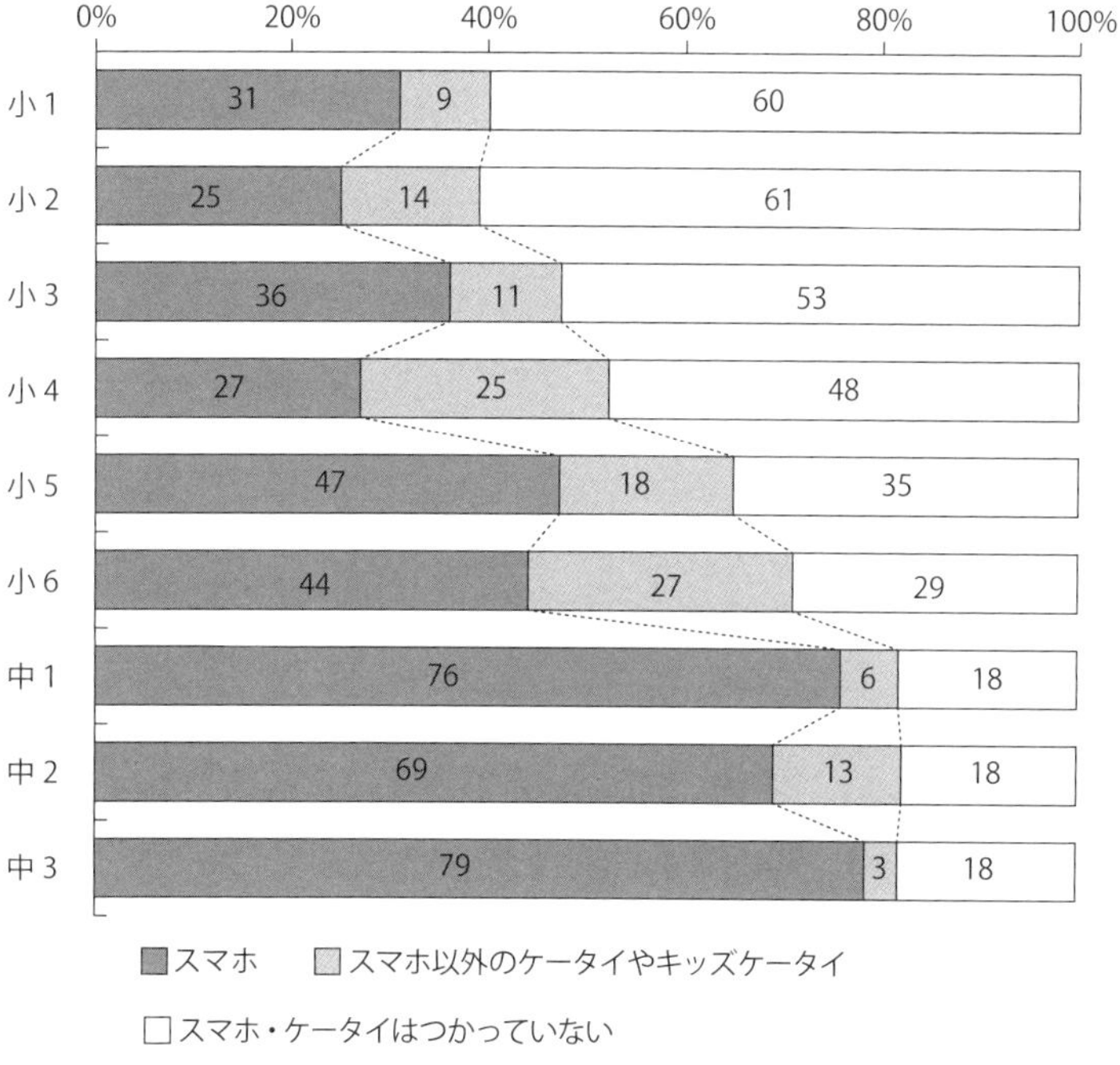

注

1 「スマホ」は回線契約をしているスマートフォン、いわゆる格安スマホ、
キッズスマホを含み、回線契約なしのスマートフォンは含めず集計。
2 スマートフォンとキッズケータイ・フィーチャーフォンを
どちらも利用している場合は、スマートフォン利用として集計。
3 本グラフでの「ケータイ」とは、スマートフォン以外の
フィーチャーフォンやキッズケータイをさす。

出所：子どものケータイ利用に関する調査2017（訪問面接）

12歳以上でスマホを持ちはじめたきっかけは、中学校等への「進学・進級」が4割程、「子どもの友だちが持ちはじめた」が3割程となっていた。「LINE」を毎日利用する子どもは中学生になると約6割に達しており、部活や友達との連絡手段として「LINE」での通話・メッセージのやり取りができないと、子どもの生活に不都合な場面が多くなることがうかがえる。

2　子どものICTサービスの利用状況

スマホを持つ年齢が子どものデジタル世界へのデビューとは限らないわけだが、では子どもたちはどのくらいの年齢で、どのようなICTサービスを使っているのだろうか。おおまかな利用開始年齢を見てみよう。

●YouTube

利用率：小1〜小3が5割程、小4〜小6が7割程、中1〜中3では8割。

毎日利用する子の割合：小1〜小3で3割程、小4〜小6で5〜6割程、中1〜中3では6〜7割程。

●オンラインゲーム

利用率：小1〜小3が3割程、小4〜小6が4割程、

　中1で7割に拡大するが中2〜中3は4割程に減少。

毎日利用する子の割合：小1〜小3で1〜2割程、小4〜小6で3割程、

　中1では5割程に拡大するが中2〜中3は3割程に減少。

●LINE

利用率：小1～小3が1割程、小4～小6が3割程、中1～中3では8割程に拡大。
毎日利用する子の割合：小学生は1割程度、中1～中3で約6割に急拡大。

●学校や塾の宿題のためのインターネット利用

利用率：小1～小3が1～2割程、小4～小6が4割程、中1～中3で6割程。
毎日利用する子の割合：小学生は1割程度、中1～中3では2割程に拡大。

●Twitter、Instagram

利用率：13歳未満は利用制限があり小学生ではほぼ利用されず、
　中1～中2で1～2割程度、中3で4割に拡大。
毎日利用する子の割合：中2までは1割以下、中3になると2～3割に拡大。

〔出所：子どものケータイ利用に関する調査２０１８（訪問留置）〕

先の調査では、小1でスマホを利用しているのは3割程度であったが、「YouTube」は、すでに小1～小3では5割程、小4～小6が7割程が利用している。子ども自身がスマホをもっていなくても、家庭のパソコン、タブレット、また親のスマホ等で、動画や音楽はすでに身近なものになっている。「YouTube」を「毎日利用する」子どもは、小1～小3で3割程、小4～小6で5～6割程にのぼる。
小4になると、これらの環境を用いて「検索」なども活発化しはじめる。興味深いのは、勉強でネットを用いる時間も増えている点で、小1～小3でも1～2割程、小4～小6が4割程、中1～中3で6割程が学校や塾の宿題にネットを利用していると答えている。スマホやタブレットを使うことで「疑問に思ったことをすぐ調べるようになった」と回答した子どもたちは、小1〜小3で約3割、小4〜小6で7割弱、中学生になると約9割になる。子どもはICT機器を必ずしも遊びだけに使っているわけではなく、学年が上がるに伴い学校や塾の宿題でも活用しており、著者ハイトナーも指摘するように「ネット＝制限すべき」とは一概にいえない状況となっているようだ。

中1でスマホを利用しはじめると、「LINE」等でのメッセージのやりとりが一気に活発化する。中3になると「Twitter」や「Instagram」が頻繁に利用されるようになり、SNSが10代の子どもたちの人間関係の場として欠かせないものとなっているだろうことが想像される。

3 子どものスマホ利用の心配事——長時間利用

以上のことからも、単純にデバイス利用時間を制限すればよいわけではないことはわかるものの、スマホの依存や、長時間利用による健康への悪影響は、親たちの大きな心配事である。保護者に「子どものスマホ・ケータイ利用で心配に思うこと」をたずねた結果、これらの懸念を回答するものが多かった。

それでは実際に小中学生はどの程度の時間スマホ・ケータイを利用しているのだろうか。小中学生自身にスマホ・ケータイでインターネットをする時間（ブラウザでの検索、映像の視聴、オンラインゲーム、「LINE」の利用を含む）をたずねた結果、高学年になるほど、インターネット利用時間が長くなる傾向があった。中学生になると4〜6割がスマホ・ケータイで毎日1時間以上インターネットを利用していた。3時間以上という答えも2割前後みられる。こういった背景もあり、スマホ利用の親子間ルールの設定については「スマホを使うのは決められた時間の長さだけ」がいずれの学年でも7〜8割となっていた。

4　日本の親と子の関係

弊所の調査では親子間ルールは学年が上がるにしたがい「守っている」という割合が減る傾向にあった。このような親子のルールを守ってもらうには親子間の普段の関係づくりが必要となる。親子間ルールの設定率は8割だが、ルールを破ってしまった場合の対応は、「子どもと話し合う」と回答した割合が小学校低学年では7割だったものが、中学生では5割以下に減少する。

その一方で、親子間で毎日5時間以上会話をする時間があると答えた保護者の割合は小1〜小4の保護者では約4割だが、学年が上がるにつれその割合は減少し、受験期の小6、中2〜中3は15％程度に落ち、その反面2時間未満という回答が4割を超える（図2）。

中学生になると、授業・部活・クラスメートとの交流や活動範囲が広がっていく。子ども自身に託された時間が増え、自分で時間をコントロールすることも求められる頃に、スマホの利用も活発化する。親たちが、目の届かないところでの子どもたちへの対応に苦慮されていることが想像される。

本書でも「中学生になると親があまり積極的にかかわれなくなっていき、スマホを買い与えただけで、大人からの助言もほとんどないままに、いきなり親の監視下を卒業して自分のデバイスでソーシャルライフデビューを飾ってしまう」と述べているが、これは日本でも同じ状況にあるかもしれない。

5　学校──日本での導入はこれから。「1人1台プログラム」

学校へのスマホ・ケータイの持ち込み状況をたずねたところ、8割以上の小中学生はスマホ・ケータイの学校への持ち込みについて、何らかの制限があるという回答であった。日本では２０１８年3月時点では児童・生徒の学習用コンピュータの整備台数は5.6人当たり1台[★3]にとどまり、本書の「１人１台プログラム」のように1人1台パソコンやタブレットを与えられている状況にはいたっていない。

しかし、すでに述べたように中学生の7~8割がスマホを利用しているなど、学外では利用している状況であり、２０２０年の学習指導要領の改訂をうけ、区内の公立小中学校へ通う児童生徒に対し、１人１台タブレットを配布し、「いつでもどこでも学べる」学習環境を準備する渋谷区[★4]や市内の全小中学校へのｉＰａｄの導入を定めた熊本市[★5]の事例のように、日本でも教育へのＩＣＴ利用は一部で始まっている。そういった意味で本書第8章（デジタル時代の学校生活）の内容は、数年後に保護者が直面する悩みとその解決策が先見的に書かれている大変貴重な情報だと思われる。

これからの社会を生きる子どもたちにとって「デジタル世界」は、すでに生きる環境の一部である。一度デジタル化した社会は、それがなかった時代に戻すことはできない。デジタル社会において、情報の渦に飲みこまれることなく信頼性の高い情報を見抜き、トラブルのないよう適切な公開範囲で情報発信をする術を知ることは、今後ますます大切になってくるといえるだろう。筆者ハイトナーが強調するように「デジタル世界でやりとりする知識や技を学ばないと将来のデジタル世界で苦労する」のは、日本の子どもたちも変わらない。

本書の内容は、ＩＴリテラシーの知識を通した子どもの人格形成や健全な友達関係を築くための親への支援策だ。情報検索の仕方や使い過ぎないための時間管理、写真の扱い方、オンライン上での友達付き合い

図2 親子間の直接顔を合わせた会話頻度（SA・学年別）

＊ 関東1都6県在住の小中学生の保護者500名に、
「あなたやあなたの配偶者・パートナーは、そのお子さまと、
一日当たり平均してどのくらい直接顔を合わせて会話しますか」と質問。

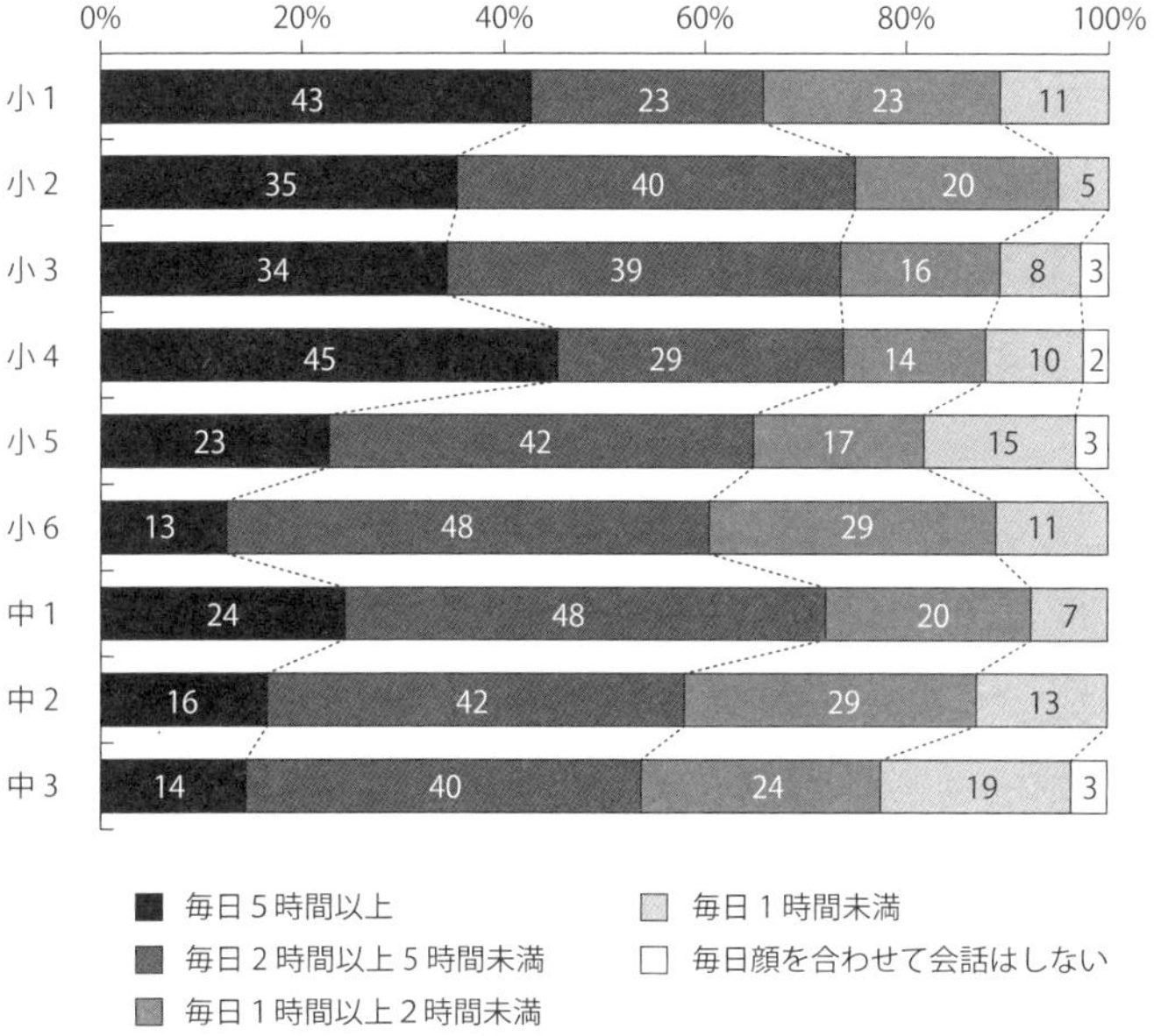

出所：子どものケータイ利用に関する調査2018（訪問留置）

などは、子どもたちの日常、生きる時間に直結する事柄である。米国と日本という環境の違いをふまえても、子どもの健やかな育ちを願う親たちにとって役立つアドバイスを得ることができるだろう。親子間で話し合っていただくきっかけとしても、役立てられるのではないだろうか。

最後に、モバイル社会研究所のウェブサイトでは、本稿で一部を紹介した子どものＩＣＴ利用についてのより詳細なレポートや、安全にスマホ・ケータイを利用するためのガイドを掲載している。日本の状況を伝えるものとして、こちらにもぜひアクセスしてみていただきたい。

http://www.moba-ken.jp

株式会社 ＮＴＴドコモ　モバイル社会研究所

*1 モバイル社会研究所「子どものケータイ利用に関する調査 2017（訪問面接）」
http://www.moba-ken.jp/whitepaper/18_chap4.html　(2018 年 12 月 11 日)
モバイル社会研究所「子どものケータイ利用に関する調査 2018（訪問留置）」
http://www.moba-ken.jp/project/children/kodomo09.html　(2018 年 12 月 11 日)

*2 厚生労働省（2017）「平成 29 年（2017 年）放課後児童健全育成事業（放課後児童クラブ）の実施状況（平成 29 年（2017 年）5 月 1 日現在）」

*3 文部科学省「平成 29 年度 学校における教育の情報化の実態等に関する調査結果（概要）（平成 30 年 3 月現在）」
http://www.mext.go.jp/component/a_menu/education/micro_detail/__icsFiles/afieldfile/2018/10/30/1408157_001.pdf　(2018 年 12 月 11 日)

*4 渋谷区教育委員会「渋谷区 ICT 教育システム「渋谷区モデル」導入について」
https://www.city.shibuya.tokyo.jp/assets/detail/files/edu_torikumi_pdf_icthuzokusiryo.pdf
(2018 年 12 月 11 日)

*5 熊本市「熊本市の教育ＩＣＴ推進に向けた連携協定を締結」
https://www.kumamoto-u.ac.jp/kenkyuu_sangakurenkei/sangakurenkei/kico/news_event/news/news_file/ict-suishinkyotei.pdf（2018 年 12 月 11 日）

※ 本稿に記載したすべての商品名、ブランド名は、各社の商標または登録商標です。

「子どものケータイ利用に関する調査 2017, 2018」

調査方法	訪問面接調査（2017 年）、訪問留置調査（2018 年）
調査対象	関東 1 都 6 県に在住する小中学生の子どもとその保護者
有効回答数	500 組の親子
サンプリング	層化二段抽出［クォータサンプリング法（都市規模別性年代）］
	7～15 歳の都市規模別人口構成比に応じて、町丁目（50 地点）を比例配分して抽出し、抽出された町丁目において、7 ～ 9 歳、10 ～ 12 歳、13 ～ 15 歳の都市規模別性年代人口構成比に応じて個人を割り当て、該当者をランダムウォーク法で抽出
調査時期	2018 年 9 月、2017 年 10 月

訳者あとがき

デジタルデバイスが生活の一部になった今日、特にスマートフォンはあらゆる世代にとって身近な存在となっています。iPhone 3G が日本で発売されたのが２００８年夏。インターネットが快適に使え、ＰＣと同等の機能を備え、通話もでき、数々のアプリがやりたいことをかなえてくれる。まるで四次元ポケットのひみつ道具のようなこの小さな万能機器に対し、もうそれなしでは暮らしていけないと感じている人も少なくありません。そんななか、子どもにいつ自分のスマートフォンを持たせるかという問題は、今子育て中の親にとって大きな悩みのひとつです。幼い頃からさまざまなデバイスに親しんでいるデジタルネイティブ世代の子どもたちの多くは小学校中学年から高学年、早い子では小学校入学前には自分専用のスマートフォンを持ち、まだ持っていない子でも、まわりの友達の影響で欲しがるようになります。親としては、子どもがＳＮＳやオンラインゲームにハマりすぎないか、ネットの世界で思わぬ危険やトラブルに巻きこまれないかと気がかりです。子どもが一心に画面に向かう姿を見て不安になる気持ちは、訳者の私も2人の子を持つ親としてよくわかります。

本書 *Screenwise: Helping Kids Thrive (and Survive) in Their Digital World*, Routledge, 2016 は、そんなデジタル時代の子育てに悩む親を主に対象としています。著者デボラ・ハイトナー博士は、このテーマに関して米国内外の学校等でコンサルティングや講演活動を行うほか、幼児から大学院までの子どもやその親、教師を対象に、年間数十回のワークショップなどを開催しています。「スマートフォン初心者のための講座」、

「ネットでの友達づきあいやSNSでのトラブル」など数々の実践的なテーマは好評を得ており、著者が主宰する「デジタルネイティブ子育ての会」公式サイト（www.rasingdigitalnatives.com）やツイッター@DevorahHeitnerなどには参加者から称賛の声が寄せられています。デジタル時代の子育てに役立つ内容はもちろんのこと、著者のユーモアを交えた気さくな語り口や、一つひとつの質問に丁寧に答える親身の姿勢が、参加者の「共感」を呼んでいるようです。

そう、本書のテーマのひとつは、まさしくこの「共感（Empathy）」です。Empathyとは、相手の状況や気持ちを丸ごと理解し、寄り添う気持ち。相手をかわいそうに思う気持ち＝同情（Sympathy）とは異なり、気持ちを移入することなく相手の立場を知り、他人の状況を想像する力です。この考え方自体は新しいものではなく、教育やビジネスなど各方面で、他者や異文化を理解するためのキーワードとして取り上げられてきました。しかし、単独でスマートフォンと向き合う時間が増えた今日、リアルに接する相手を理解する心がけはますます大切になっています。本書で著者は、親として子どもやまわりのお友だち、他の親などを理解すること、そしてお子さん自身が友だちや他者を理解する力を育んであげることが大切と述べています。

そして、このEmpathyを大切にしているのは、誰よりも著者自身なのではないでしょうか。本書を訳しながら、私はそう感じました。これまで米国内外で何百人もの子どもや大人と出会い、対話を繰り返してきた著者の語り口はとても温かく、他者に寄り添う気持ちに満ちています（公式サイト掲載のTEDxトークやインタビューの動画からもその人柄が伝わってきます）。子育て中の親として参加者と同じ目線で一緒に取り組む姿勢の著者に、講演やワークショップの参加者が心を開き、家族にも話さない話を打ち明けているという点も大いに頷けます。そうして著者に寄せられた、子どもや大人のリアルな体験談が豊富に紹介されているのも、本書の魅力のひとつでしょう。

本書を通じて著者は、これまで培った人生経験に自信を持って、子どもと向き合っていこうという励ましのメッセージを送っています。ネットやデバイスという時代特有のトピックを取り上げながらも、その根底にあるのは、子どもが大人になっていくなかで経験する普遍的なテーマばかり。最新のアプリやデバイスの情報に追われて大切なことを見失わないようにしようという著者のメッセージには、本書訳出中にもたびたびはっとさせられました。

10代の友達づきあいは、現在はＬＩＮＥなどでのメッセージのやり取りが主流ですが、かつては手書きの手紙を送り合っていたものです。ＬＩＮＥで絵文字やスタンプを選ぶのは、用件を伝える以上に、相手への気持ちを伝え、自分らしさを表現するため。それは、手書きの字の形に気を遣い、カラフルな筆記用具やレターセットを選んだ当時と、根底の部分では変わらないのです。また、今、家でYouTubeやオンラインゲームばかりする子どもを心配する親御さんのなかには、かつて自分の子ども時代にマンガやテレビばかり見て大人に叱られたことのある方もいらっしゃるのではないでしょうか。実は私自身がまさに、子どもの頃マンガばかり読んでよく親に叱られていたのですが、今その私も親になり、わが子に対して、YouTubeばかり見て、ゲームばかりやって、とつい口にしています。そんな親子のやり取りも、世代やメディアが移り変わっても、本質的に変わらないものだということを、本書は気づかせてくれます。アメリカと日本のデジタル事情は、アプリや学校のしくみに細かな違いはあっても、悩みは共通のもの。そんななかで、フェイクニュースの見分け方、SNSの交流など、デジタル世界ならではの問題にどう取り組んでいくか。くわしくはぜひ本書をお読みいただきたいと思います。

スマートフォンへの依存性や実生活への影響については、親だけでなく、子どもたち自身も不安に感じているという調査結果が出ています（More Than Half of Teens Think They Spend Too Much Time on Their Phones, Time.com, August 22, 2018）。そして、長時間画面に没頭し、他者とのコミュニケーションに支障が出ているのは、実は子どもよりも大人の方だという指摘もあります。これは、仕事で長時間PCやデバイスを利用する私にとっても耳の痛い話。子どもにかぎらず、大人の私たちも自分の行動を振り返り、デジタルデバイスとのつきあい方やネット世界のリテラシーを考えていきたいものです。そのためのさまざまなヒントがこめられている本書は、子育て中の親御さんにかぎらず、インターネットのない子ども時代を過ごした大人のみなさんにも、おすすめしたい1冊です。

なお、本書の訳出にあたっては、多くの方に力を貸していただきました。原書で語られる大切な言葉の数々を翻訳する過程では、敬愛する翻訳家の方々から多くのヒントを頂きました。また、日本の中高生のスマートフォン利用の実態について、先輩お父さんお母さんからリアルな体験談を聞かせていただきました。そしてNTT出版の編集部の皆さまに、この場を借りてお礼を申し上げます。ありがとうございました。

2018年12月

星野靖子

Culture of Aggression in Girls. New York: Harcourt, 2011.

Stern, Susannah. Telephone interview by author. January 22, 2016.

Turkle, Sherry. *Alone Together: Why We Expect More from Technology and Less from Each Other*. New York: Basic Books, 2012.

Turkle, Sherry. *Reclaiming Conversation*. New York: Penguin Press, 2015.

Wells, Adam. "PSU OL Coach Drops Recruit over Tweets." *Bleacher Report*, July 30, 2014. Accessed January 31, 2016. http://bleacherreport.com/articles/2146596-penn-state-ol-coach-herb-hand-drops-recruit-over-social-media-actions?utm _source=cnn .com.

———. Telephone interview by author, January 18, 2016.

Lanza, Mike. *Playborhood: Turn Your Neighborhood into a Place for Play*. Menlo Park, CA: Free Play Press, 2012.

Lareau, Annette. *Unequal Childhoods: Class, Race, and Family Life*.

Berkeley: University of California Press, 2003.

Lathram, Bonnie, Carri Schneider, and Tom Vander Ark. *Smart Parents: Parenting for Powerful Learning*. Elfrig Publishing, 2016.

Lenhart, Amanda, Monica Anderson, and Aaron Smith. "Teens, Technology and Romantic Relationships." Pew Research Center, October 1, 2015. Accessed January 31, 2016.

Lewinsky, Monica. Transcript of TED Talk, "The Price of Shame," March 2015. Accessed January 31, 2016. https://www.ted.com/talks/monica_lewinsky_the_price_of_shame/transcript?language=en.

Lieber, Ron. *The Opposite of Spoiled: Raising Kids Who Are Grounded, Generous, and Smart About Money*. New York: Harper, 2015.

Maushart, Susan. *The Winter of Our Disconnect: How Three Totally Wired Teenagers (and a Mother Who Slept with Her iPhone) Pulled the Plug on Their Technology and Lived to Tell the Tale*.

New York: Jeremy P. Tarcher/Penguin, 2011.

Meyer, Robinson. "To Remember a Lecture Better, Take Notes by Hand." Atlantic, May 1, 2014. http://www.theatlantic.com/technology/archive/2014/05/to-remember-a--lecture-better-take-notes-by-hand/361478/.

Owens-Reid, Dannielle. *This Is a Book for Parents of Gay Kids: A Question & Answer Guide to Everyday Life*. New York: Chronicle Books, 2014.

Pang, Alex Soojung-Kim. *The Distraction Addiction: Getting the Information You Need and the Communication You Want without Enraging Your Family, Annoying Your Colleagues, and Destroying Your Soul*. New York: Little, Brown and Company, 2013.

Paul, Annie Murphy. "You'll Never Learn." Slate, May 3, 2013. Accessed January 31, 2016. http://www.slate.com/articles/health_and_science/science/2013/05/multitasking_while_studying_divided_attention_and_technological_gadgets.html.

Pierce, Cindy. *Sexploitation: Helping Kids Develop Healthy Sexuality in a Porn-Driven World*. Brookline, MA: Bibliomotion, 2015.

Roffman, Deborah M. *Talk to Me First: Everything You Need to Know to Become Your Kids' Go-to Person About Sex*. Boston: DaCapo Lifelong, 2012.

———. Telephone interview by author, January 20, 2016.

Samuel, Alexandra. "Creating a Family Social Media Policy." *Alexandra Samuel* blog, May 26, 2011. Accessed January 31, 2016. http://alexandrasamuel.com/parenting/creating-a--family-social-media-policy.

———. "Parents: Reject Technology Shame." *The Atlantic*, November 4, 2015. Accessed February 01, 2016. http://www.theatlantic.com/technology/archive/2015/11/whyparentsshouldnt-feel

-technology-shame/414163/.

Seiter, Ellen. *Television and New Media Audiences*. Oxford: Clarendon Press, 1998.

Senior, Jennifer. *All Joy and No Fun: The Paradox of Modern Parenthood*. New York: Harper Collins, 2015.

Sexy Baby. Directed by Ronna Gradus and Jill Bauer. 2012.

Simmons, Rachel. *Odd Girl Out: The Hidden*

参考文献

Bers, Marina Umaschi. *Designing Digital Experiences for Positive Youth Development: From Playpen to Playground*. New York: Oxford University Press, 2012.

boyd, danah. *It's Complicated: The Social Lives of Networked Teens*. Yale University Press, 2015.

Bushak, Lecia. "Why We Should All Start Reading Paper Books Again." *Medical Daily*. January 11, 2015. Accessed January 31, 2016.

http://www.medicaldaily.com/e--books-are-damaging-your-health-why-we--should-all-start-reading-paper-books-again-317212.

Carr, Nicholas G. *The Shallows: What the Internet Is Doing to Our Brains*. New York: W.W. Norton, 2010.

Chua, Amy. *Battle Hymn of the Tiger Mother*. New York: Penguin Press, 2011.

Clark, Lynn Schofield. *The Parent App: Understanding Families in the Digital Age*. New York: Oxford University Press, 2013.

Damico, James, and Mark Baildon. "Examining Ways Readers Engage with Websites During Think-Aloud Sessions." *Journal of Adolescent & Adult Literacy* 51, no. 33 (2007): 254– 63.

Davidson, Cathy. "The Myth of Monotasking." *Harvard Business Review*, November 23, 2011. Accessed January 31, 2016. https://hbr.org/2011/11/the-myth-of-monotasking.

Fagan, Kate. "Madison Holleran's Friends Share Their Unfiltered Life Stories." ESPN, May 15, 2015. Accessed February 1, 2016.

http://espn.go.com/espnw/athletes-life/article/12779819/madison-holleran-friends-share-their-unfiltered-life-stories.

Gardner, Howard, and Katie Davis. *The App Generation: How Today's Youth Navigate Identity, Intimacy, and Imagination in a Digital World*. New Haven: Yale University Press, 2013.

Glass, Ira. "This American Life 573: 'Status Update' Transcript."National Public Radio, November 27, 2015. January 31, 2016.

Guernsey, Lisa, and Michael H. Levine. *Tap, Click, Read: Growing Readers in a World of Screens*. San Francisco: Jossey-Bass, 2015.

Heitner, Devorah. "Positive Approaches to Digital Citizenship." Discovery Education, September 3, 2015. Accessed January 31, 2016.

http://blog.discoveryeducation.com/blog/2015/09/03/positive-approaches-to--digital-citizenship/.

———. "Texting Trouble: When Minor Issues Become Major Problems." *Raising Digital Natives*, 2014. Accessed January 31, 2016.

http://www.raisingdigitalnatives.com/texting-trouble/.

———. "When Texting Goes Wrong: Helping Kids Repair and Resolve Issues." Family Online Safety Institute, June 10, 2014. Accessed January 31, 2016. https://www.fosi.org/good-digital-parenting/texting-goes-wrong-helping-kids-repair-resolve/#.

Homayoun, Ana. "The Dark Side of Teen Sleepovers." *The Huffington Post*. June 28, 2014. Accessed February 01, 2016. http://www.huffingtonpost.com/ana-homayoun/the-dark-side-of-teen-sle_b_5223620.html.

———. *That Crumpled Paper Was Due Last Week: Helping Disorganized and Distracted Boys Succeed in School and Life*. New York: Penguin Group, 2010.

Kleeman, David. "ISpy 2016: Five Things We're Keeping an Eye On."SlideShare, January 11, 2016. Accessed February 01, 2016. http://www.slideshare.net/dubit/ispy-2016-five-things-were-keeping-an-eye-on.

Intimacy, and Imagination in a Digital World (New Haven: Yale University Press, 2013).

第9章

1. Ruby Karp, "I'm 15 and Snapchat Makes Me Feel Awful About Myself,"*Mashable,* October 20, 2015, accessed April 21, 2016, http://mashable.com/2015/10/20/snapchat-teen-insecurity/#fTYTJpk065qj.
2. Karp, "I'm 15 and Snapchat Makes Me Feel Awful."
3. *Sexy Baby,* directed by Ronna Gradus and Jill Bauer, 2012.
4. Susannah Stern, telephone interview by author, January 22, 2016.
5. danah boyd, *It's Complicated: The Social Lives of Networked Teens*(New Haven: Yale University Press, 2015).
6. boyd, *It's Complicated.*
7. Adam Wells, "PSU OL Coach Drops Recruit over Tweets," *Bleacher Report*, July 30, 2014, accessed January 31, 2016, http://bleacherreport.com/articles/2146596-penn-state-ol--coach-herb-hand-drops-recruit-over-social-media-actions?utm_source=cnn.com.

Technology and Romantic Relationships."
5. Lenhart, Anderson, and Smith, "Teens, Technology and Romantic Relationships."
6. Lenhart, Anderson, and Smith, "Teens, Technology and Romantic Relationships."
7. Lenhart, Anderson, and Smith, "Teens, Technology and Romantic Relationships."
8. Lenhart, Anderson, and Smith, "Teens, Technology and Romantic Relationships."
9. Kate Fagan, "Madison Holleran's Friends Share Their Unfiltered Life Stories," ESPN, May 15, 2015, accessed February 1, 2016, http://espn.go.com/espnw/athletes-life/article/12779819/madison -holleran-friends-share-their-unfiltered-life-stories.
10. Devorah Heitner, "Positive Approaches to Digital Citizenship," Discovery Education, September 3, 2015, accessed February 1, 2016, http://blog.discoveryeducation.com/blog/2015/09/03/positive-approaches-to--digital-citizenship/.
11. Devorah Heitner, "Texting Trouble: When Minor Issues Become Major Problems," *Raising Digital Natives,* 2014, accessed January 31, 2016. http://www.raisingdigitalnatives.com/texting-trouble/.
12. Devorah Heitner, "When Texting Goes Wrong," The Family Online Safety Institute blog, June 10, 2014, accessed January 31, 2016, https://www.fosi.org/good-digital-parenting/texting-goes-wrong-helping-kids-repair-resolve/.
13. Glass, *This American Life.*
14. Rachel Simmons, *Odd Girl Out: The Hidden Culture of Aggression in Girls* (New York: Harcourt, 2011).
15. Monica Lewinsky, transcript of TED Talk, "The Price of Shame: Monica Lewinsky," March 2015, accessed January 31, 2016, https://www.ted.com/talks/monica_lewinsky_the_price_of_shame/transcript?language=en.

第8章

1. "Cyberbalance in a Digital Culture," iKeepSafe, 2011– 2016, http://ikeepsafe.org/cyberbalance/.
2. "Cyberbalance in a Digital Culture," iKeepSafe.
3. Cathy Davidson, "The Myth of Monotasking," *Harvard Business Review,* November 23, 2011, accessed February 01, 2016, https://hbr.org/2011/11/the-myth-of-monotasking.
4. Nicholas G. Carr, *The Shallows: What the Internet Is Doing to Our Brains* (New York: W.W. Norton, 2010).
5. Robinson Meyer, "To Remember a Lecture Better, Take Notes by Hand," *Atlantic,* May 1, 2014, http://www.theatlantic.com/technology/archive/2014/05/to-remember-a--lecture-better-take-notes-by-hand/361478/.
6. Lecia Bushak, "Why We Should All Start Reading Paper Books Again," *Medical Daily,* January 11, 2015, accessed February 1, 2016, http://www.medicaldaily.com/e--books-are-damaging-your-health-why-we--should-all-start-reading-paper-books-again-317212.
7. Annie Murphy Paul, "You'll Never Learn," *Slate,* May 3, 2013, accessed January 31, 2016, http://www.slate.com/articles/health_and_science/science/2013/05/multitasking_while_studying_divided_attention_and_technological_gadgets.html.
8. Alex Soojung-Kim Pang, *The Distraction Addiction: Getting the Information You Need and the Communication You Want, Without Enraging Your Family, Annoying Your Colleagues, and Destroying Your Soul* (New York: Little, Brown and Company, 2013).
9. Pang, *The Distraction Addiction.*
10. Howard Gardner and Katie Davis, *The App Generation: How Today's Youth Navigate Identity,*

November 15, 2015, http://www.tedxjackson.com/talks/young-programmers-think-playgrounds-not-playpens/.
4. Marina Umaschi Bers, *Designing Digital Experiences for Positive Youth Development: From Playpen to Playground.* (New York: Oxford University Press, 2012), 29.

第5章

1. "When a School Has a Sexting Scandal," *Note to Self,* WNYC, accessed January 30, 2016, http://www.wnyc.org/story/why-care-about-sexting/.
2. Mathew Ingram, "Snooping on Your Kids: What I Learned About My Daughter, and How It Changed Our Relationship," *Gigaom,* August 8, 2013, accessed April 17 2015, http://gigaom.com/2013/08/08/snooping-on--your-kids-what-i--learned-about-my-daughter-and-how-it-changed-our-relationship/.
3. Dan Szymborski, 2013, comment on Mathew Ingram, "Snooping on Your Kids: What I Learned About My Daughter, and How It Changed Our Relationship."
4. Dannielle Owens-Reid and Kristin Russo, *This Is a Book for Parents of Gay Kids: A Question & Answer Guide to Everyday Life* (New York: Chronicle Books, 2015).
5. Sherry Turkle, Reclaiming Conversation: The Power of Talk in a Digital Age (New York: Penguin, 2015), 115.
6. Turkle, *Reclaiming Conversation,* 116.

第6章

1. Jennifer Senior, *All Joy and No Fun: The Paradox of Modern Parenthood* (New York: HarperCollins, 2015), 223.
2. Sherry Turkle, *Reclaiming Conversation: The Power of Talk in a Digital Age* (New York: Penguin, 2015), 117–119.
3. Sherry Turkle, *Alone Together: Why We Expect More from Technology and Less from Each Other* (New York: Basic Books, 2012).
4. Susan Maushart, *The Winter of Our Disconnect: How Three Totally Wired Teenagers (and a Mother Who Slept with Her iPhone) Pulled the Plug on Their Technology and Lived to Tell the Tale.* (New York: Jeremy P. Tarcher/Penguin, 2011).
5. Alexandra Samuel, "Creating a Family Social Media Policy," *Alexandra Samuel blog,* May 26, 2011, accessed January 31, 2016, http://alexandrasamuel.com/parenting/creating-a--family-social-media-policy.
6. Lynn Schofield Clark, *The Parent App: Understanding Families in the Digital Age* (New York: Oxford University Press, 2013), 32.
7. Mike Lanza, *Playborhood: Turn Your Neighborhood into a Place for Play* (Menlo Park, CA: Free Play Press, 2012), 8.
8. Ron Lieber, *The Opposite of Spoiled: Raising Kids Who Are Grounded, Generous, and Smart About Money* (New York: Harper, 2015) 40–41.

第7章

1. Ira Glass, host, *This American Life,* transcript of episode 573: "Status Update," National Public Radio, November 27, 2015, accessed January 31, 2016, http://www.thisamericanlife.org/radio-archives/episode/573/status-update.
2. Glass, *This American Life.*
3. Amanda Lenhart, Monica Anderson, and Aaron Smith, "Teens, Technology and Romantic Relationships," Pew Research Center, October 1, 2015, accessed January 31, 2016, http://www.pewinternet.org/2015/10/01/teens-technology-and-romantic-relationships/.
4. Lenhart, Anderson, and Smith, "Teens,

注

はじめに

1. Marc Prensky, "Digital Natives, Digital Immigrants Part 1", *On the Horizon,* Vol. 5 No. 9, 1–6, (October 2001). http://www.marcprensky.com/writing/Prensky%20-%20Digital%20Natives,%20Digital%20Immigrants%20-%20Part1.pdf
2. Eszter Hargittai, "Digital Na(t)ives? Variation in Internet Skills and Uses Among Members of the "Net Generation"." *Sociological Inquiry* Vol. 80 Issue 1, 92–113. (February 2010). http://www.webuse.org/pdf/Hargittai-DigitalNativesSI2010.pdf
3. Alexandra Samuel, "Parents: Reject Technology Shame," *Atlantic,* November 4, 2015, accessed February 1, 2016, http://www.theatlantic.com/technology/archive/2015/11/whyparentsshouldnt-feel-technology-shame/414163/.
4. Samuel, "Parents."

第1章

1. Sherry Turkle, *Alone Together: Why We Expect More from Technology and Less from Each Other* (New York: Basic Books, 2012).
2. Deborah Roffman, Interview with the author. January 12, 2016.
3. Cindy Pierce, *Sexploitation: Helping Kids Develop Healthy Sexuality in a Porn-Driven World* (Brookline, MA: Bibliomotion, 2015), 38.

第2章

1. James Damico and Mark Baildon, "Examining Ways Readers Engage with Websites During Think-Aloud Sessions," *Journal of Adolescent & Adult Literacy* 51, no. 3 (2007).
2. David Kleeman, "ISpy 2016: Five Things We're Keeping an Eye On," SlideShare, January 11, 2016, accessed February 01, 2016, http://www.slideshare.net/dubit/ispy-2016-five-things-were-keeping-an-eye-on.
3. *#Being13,* produced by Anderson Cooper, 2015.
4. Howard Gardner and Katie Davis, *The App Generation: How Today's Youth Navigate Identity, Intimacy, and Imagination in a Digital World* (New Haven: Yale University Press, 2013), 130– 131.

第3章

1. Nichole Dobo, "Parents and Teachers Meet the 'Wild West' When They Try to Find Quality Education Technology," *The Hechinger Report* (2015), accessed March 1, 2016. http://hechingerreport.org/parents-and-teachers-meet-the-wild-west-when-they-try-to-find-quality-education-technology/.
2. Alexandra Samuel, "Parents: Reject Technology Shame," *Atlantic,* November 4, 2015, accessed February 1, 2016, http://www.theatlantic.com/technology/archive/2015/11/whyparentsshouldnt-feel-technology-shame/414163/.
3. Ana Homayoun, "The Dark Side of Teen Sleepovers," *Huffington Post,* June 28, 2014, accessed February 01, 2016, http://www.huffingtonpost.com/ana-homayoun/the-dark-side-of--teen-sle_b_5223620.html.

第4章

1. Howard Gardner and Katie Davis, *The App Generation: How Today's Youth Navigate Identity, Intimacy, and Imagination in a Digital World* (New Haven: Yale University Press, 2013).
2. Gardner and Davis, *The App Generation.*
3. Marina Bers, "Young Programmers — Think Playgrounds, Not Playpens,"TEDx Jackson,

話す・聞く・たずねる

モデルになる・教える

プライバシー

お金の知恵　189-198

写真　132-137

学ぶことと集中

キーワード索引

関係

7 デジタル時代のトモダチと恋愛

認定NPO法人ReBit｜リビット｜LGBT・こども｜
https://t.co/UXMxAUvIWd

モニカ・ルインスキー「晒された屈辱の値段」｜TED｜
https://www.ted.com/talks/monica_lewinsky_the_price_of_shame?language=ja

レイチェル・シモンズ
『女の子どうしって、ややこしい！』鈴木淑美訳、草思社

8 デジタル時代の学校生活

ウェブサイトブロッカー｜Google拡張機能｜ブロックツール｜
https://chrome.google.com/webstore/detail/website-blocker-beta/hclgegipaehbigmbhdpfapmjadbaldib?hl=ja

9 「公開」設定の子どもたち

みんなのための著作権教室｜KIDS CRIC｜著作権｜
http://kids.cric.or.jp/

CCライセンス｜クリエイティブコモンズ｜著作権｜
https://creativecommons.jp/

ロザリンド・ワイズマン
『女の子って、どうして傷つけあうの？』小林紀子・難破美帆訳、日本評論社

ダナ・ボイド
『つながりっぱなしの日常を生きる――ソーシャルメディアが若者にもたらしたもの』野中モモ訳、草思社

Pinterest ｜ピンタレスト｜画像コレクション｜
https://www.pinterest.jp

4 テクノロジーはコワくない

Googleカレンダー｜スケジュール・時間管理｜
https://support.google.com/calendar/answer/2465776?co=GENIE.Platform%3DDesktop&hl=ja

LITALICO ｜リタリコ｜特別支援・発達障害
https://app.litalico.com/jp.html#

5〈共感〉という名の必携アプリ

シェリー・タークル
『一緒にいてもスマホ ―ＳＮＳとＦＴＦ』日暮雅通訳、青土社

6 デジタル時代のリビングルーム

Maker Faire ｜メイカーズフェア｜ものづくり・工作｜
https://makezine.jp/

Scartch ｜スクラッチ｜プログラミング｜.
https://scratch.mit.edu/studios/3776269/

Google フォト｜写真共有｜
https://photos.google.com/?hl=ja

Famzoo ｜お金管理 （英語）
https://famzoo.com/

Etsy 日本｜エッツィー｜ハンドメイド・販売
https://www.etsy.com/jp/

日本版リンク集

1　デジタル時代の子育て

シェリー・タークル
『つながっているのに孤独 ―人生を豊かにするはずのインターネットの正体』渡会圭子訳、ダイヤモンド社

2　わりとフツーな子どもたち

YouTube Kids App ｜フィルタリング｜
https://play.google.com/store/apps/details?id=com.google.android.apps.youtube.kids&hl=ja

Google セーフサーチ｜フィルタリング｜
https://support.google.com/websearch/answer/510?co=GENIE.Platform%3DDesktop&hl=ja

Edmodo ｜エドモード｜教育｜
https://www.edmodo.com/?language=ja

Google apps for education 日本|教育|
https://edu.google.com/intl/ja/

3　ところであなたのリテラシーは？

クラッシュ・オブ・クラン｜ゲーム｜
http://supercell.co.jp/clashofclans/

Minecraft ｜マインクラフト｜ゲーム｜
https://minecraft.net/ja-jp/

著訳者紹介

著者　デボラ・ハイトナー Devorah Heitner | www.raisingdigitalnatives.com

デジタルネイティブ子育ての会（Rasing Digital Natives）代表。デジタルシティズンシップ育成の専門家。米国の公立・私立学校をはじめとした教育機関・NPO等にて子供だけでなく親同士の交流会、ワークショップ、講演会等を開催。子供たちと親双方へのグループインタビューなども各地で行っている。ニューヨークタイムズ、ワシントンポスト等への寄稿多数。ノースウェスタン大学PhD（メディア・テクノロジー・社会）、同大で教鞭もとる。

訳者　星野靖子（ほしの・やすこ）

翻訳家。ICT業界でマーケティング、翻訳等の職務を経験後、独立。訳書『ギークマム―21世紀のママと家族のための実験、工作、冒険アイデア』（共訳、オライリー・ジャパン）他。高校時代、米国に交換留学。現在2人の"デジタルネイティブ"を子育て中。

解説　株式会社NTTドコモ モバイル社会研究所 | www.moba-ken.jp

2004年1月設立。通信業界の直接の利害を離れ自由独立の立場から、モバイルICTがもたらす光と影の両面を解明し、その成果を社会に還元することを目的とする研究所。スマホ・ケータイの使われ方を量的に把握する調査を毎年実施するとともに、モバイルICTの利用による生活者の行動・価値観の変化を解明する研究に取り組み、その成果を『データで読み解くスマホ・ケータイ利用トレンド2018-2019』（中央経済社）などで発信してきた。子どもたちの安心・安全なスマホ利用のための「トラブル事例に学ぶスマートフォン安心ガイド」の制作・公開など、調査研究の成果を活かした社会活動にも力を入れている。

こどもにスマホをもたせたら――親のためのリアルなデジタル子育てガイド

2019年1月30日　初版第1刷発行

著　者　デボラ・ハイトナー
訳　者　星野靖子
解　説　株式会社 ＮＴＴドコモ・モバイル社会研究所

発行者　長谷部敏治

発行所　NTT出版株式会社
〒141-8654 東京都品川区上大崎3-1-1 JR東急目黒ビル
営業担当　TEL 03(5434)1010　FAX 03(5434)1008
編集担当　TEL 03(5434)1001
http://www.nttpub.co.jp/

装　丁　鎌内文
挿　画　平澤南
印刷・製本　中央精版印刷株式会社

©HOSHINO Yasuko 2019　Printed in Japan
ISBN 978-4-7571-0380-1　C0037
乱丁・落丁はお取り替えいたします。定価はカバーに表示してあります。